上海音像资料馆 编

上海故事

走近远去的城市记忆

上海大学出版社

图书在版编目(CIP)数据

上海故事：走近远去的城市记忆/上海音像资料馆编. —上海：上海大学出版社，2019.8
ISBN 978-7-5671-3641-0

Ⅰ. ①上… Ⅱ. ①上… Ⅲ. ①城市史－上海 Ⅳ. ①K295.1

中国版本图书馆CIP数据核字（2019）第144445号

责任编辑　陈　强
装帧设计　倪天辰
技术编辑　金　鑫　钱宇坤

上海故事：走近远去的城市记忆
上海音像资料馆　编
上海大学出版社出版发行
（上海市上大路99号　邮政编码200444）
（http://www.shupress.cn　发行热线021-66135112）
出版人　戴骏豪
*
南京展望文化发展有限公司排版
上海华业装潢印刷厂有限公司印刷　各地新华书店经销
开本710mm×1000mm　1/16　印张24.5　字数374千
2019年8月第1版　2019年8月第1次印刷
ISBN 978-7-5671-3641-0/K·202　定价　48.00元

本书编委会

总　　编

乐建强　戴骏豪

主　　编

王明远　李　霞

策　　划

王良鸣

编　　导

范竞秋　王　戎　曾凡荣　郝晓霞　周　倩
孙嘉杰　罗伟健　张云骅　邵大星　普　郁
吴　琼　赵　鹏　施依娜　李　磊

编　　辑

张文婕　李佳敏

本书执笔

陈　强　徐雁华

序：呵护城市的集体记忆　塑造城市的集体人格

2011年元旦，上海音像资料馆立足于为上海这座城市挖掘弥足珍贵的记忆，策划开办了电视周播节目《上海故事》。节目开播以来，秉承"贴近百姓、抚今追昔、继往开来"的原则，讲述上海故事、传承上海文化、弘扬上海精神，唤醒了无数沉睡于泛黄胶片中的声光色影，撰写了一部活色生香的上海影像志。

上海音像资料馆作为上海唯一的专业音像档案馆，收藏管理着超过100万小时的音像资料，其中包括拍摄于1898年的外滩活动影像、大量20世纪二三十年代以来有关上海这座城市的历史影像和上海广播电视台全部广播电视音视频资料。这些宝贵的历史人文遗产，犹如童话中的"睡美人"，等待着王子将之唤醒。

而《上海故事》栏目的"王子之吻"，为"睡美人"重拾了生命的体温。就如同家庭会通过影集留住共同的生活记忆，《上海故事》通过回顾这座城市的前世今生，化身承载《集体记忆》的"上海城市影集"。例如：本书中收录的《我的家在武康大楼》《白厢城隍庙》《快乐的大世界》等一系列既有丰富历史影像资料、又有丰富民间记忆的文章，传播着可阅读的建筑，连接起了历史与现实；而《地铁春秋》《编织美丽生活》《搪瓷的美好记忆》《浴室风情录》等，则呈现着城市的沧桑变迁，留住了上海人的乡愁记忆。

记得曾有人对"文化"下过这样的定义：文化，是一种包含精神价值和生活方式的生态共同体；它通过积累和引导，创建集体人格。《上海故事》正是通过讲述个人命运，以小见大，以水滴汇成洪流，折射出时代的风云变幻。节目通过历史见证人的真实讲述和珍贵影像资料有机结合,寻找历史记忆,挖掘精神宝藏,凸显价值导向,描摹出这座城市最具人文关怀的"集体人格"。历史岁月在这里成了将历史影像资料点石成金的"魔法棒"。

对于老年人来说,《上海故事》是真切的回忆;对于年轻人来说,《上海故事》是历史的传承;正是通过极具地方特色的史话故事,《上海故事》传承着上海的城市精神风貌,彰显着上海的城市气质特征。例如:《用镜头记录大海》《城市,是轮子滚出来的》《那些年,我们一起唱的歌》,就蕴含了上海城市精神与城市荣耀,而《寻找饶家驹》《外国人在上海》则显示出了上海海纳百川、有容乃大的感恩与骄傲。

从音像资料馆的专业角度来说,《上海故事》电视节目的播出推动了音像资料的编研与开发,赋予了历史影像二次生命。但我以为,唤起和守护人们对上海这座城市温暖的集体记忆,塑造城市"集体人格"的文化意义更为重要。

上海音像资料馆馆长 乐建强

2019年7月7日

目 录

用镜头记录上海 / 1
城市，是轮子滚出来的 / 14
地铁春秋 / 28
春节记忆 / 39
老食堂里的上海味道 / 51
吃在云南路 / 66
编织美丽生活 / 77
搪瓷的美好记忆 / 88
剃　头 / 101
浴室风情录 / 112
弄堂里的叫卖声 / 122
恋曲1980 / 133
六十岁再出发 / 146
我的家在武康大楼 / 157
白相城隍庙 / 169

快乐的大世界 / 181
上海杂技团往事 / 194
影院往事 / 206
那些年，我们一起唱的歌 / 219
快门声里的往事追忆 / 231
从年画到年历片 / 243
M50：艺术在这里聚集 / 255
淘书乐，乐淘书 / 266
出版社的故事 / 277
精武人生 / 294
沪剧情缘 / 308
海上中医 / 318
寻找饶家驹 / 333
安东尼奥尼与上海 / 348
外国人在上海 / 356

用镜头记录上海

上海有一批城市发展的记录者，他们几十年如一日，用自己手中的相机追赶着城市前进的脚步。20世纪90年代，上海进入了发展的快车道，一年一个样、三年大变样是那个年代的真实写照。上海日新月异的变化为摄影提供了天然的拍摄素材，摄影家们在自己成长生活的地方，用镜头记录着苏州河两岸的巨大变化、正在消失的石库门生活，重大工程、历史建筑、特色街区也都是他们的镜头聚焦的对象，活跃在城市各个地方的摄影者们希望尽可能地为人们多留住一些美好的弄堂记忆，并用黑白或彩色照片来讲述上海城市发展的历史故事。

从沙龙摄影到纪实摄影

20世纪80年代是一个充满理想主义和严肃讨论的年代，在摄影界，当时上海一批观念超前、志同道合的摄影家发起成立了"天马摄影艺术沙龙"这一摄影学术团体。摄影家杨元昌因为1979年的摄影作品《师徒》而声名鹊起，被选为沙龙的主席。而著名的人文摄影家、后来成为《新民晚报》首席摄影记者的雍和，当时是这一沙龙的副主席。雍和回忆，当时在中国摄影界占统治地位的是沙龙摄影，喜欢拍一些光影，追求唯美的效果，拍摄对象多为小桥、流水、落日等，所以和现实生活是脱节的。杨元昌也认为："当时主要还是搞唯美的比较多一点，而一些创新的东西，在摄影领域里面，没有占到主导地位。"

杨元昌摄影作品《师徒》

在那个充满理想主义和严肃讨论的年代,一些思想前卫的摄影师却不甘于此,在创作理念和手法上开始大胆地尝试、探索。1979年早春二月的一天,天寒地冻,寒风凛冽,傍晚时漫天大雪随风起舞,杨元昌在上海街头抓拍到了一老一小两位在劳作的工人,作品取名为《师徒》。他记得那天自己从老师家里出来,在漫天大雪中看到一个老工人和一个小青年,就通过摄影画面表现了对老师傅的敬重。

1988年10月26日,由天马摄影艺术沙龙主办的"天马摄影艺术展"在上海美术家画廊举行,"天马摄影艺术展"为摄影界吹来了一缕新鲜空气,受到参观者的交口称赞。杨元昌记得那个时候正好上海市摄影家协会也搞了一个国际摄影展,天马摄影艺术展一开幕,很多人都被吸引过来了,参观后都觉得很震撼。

雍和对于纪实摄影的价值有自己的认识,他认为,不管摄影者是有意识还是无意识的,多多少少是记录了这个社会的一些动态,时光流逝后回过头来看看,非常有味道,也具有一定的史料价值。只有把摄影作品放在一个大的时代背景,放在上海这座城市的变化当中来看,它的意义才更大。

在《新民晚报》的从业经历,使雍和有了很强的新闻敏感度,他的摄影作品不仅仅局限在艺术方面,更多的是与历史、社会以及城市建设相关。当时司空见惯却又不被现在年轻人理解的一些现象,他都通过照相机忠实地记录下来,留下了那个年代特有的味道。他回忆,由于排水不畅,当时的上海每到7、8月份,只要下稍微大一点的雨,不用说小马路,就

用镜头记录上海

雍和摄影作品《摆渡三轮车》

是像南京路这样的大马路都会积水。当时南京路上就诞生了一个新的生意,用人力三轮车把不愿打湿皮鞋的行人摆渡到马路对面,十几米二十米的路,收费5元、10元不等,雍和的摄影作品就记录下了这些画面。

上海男人体贴、顾家的形象一直以来备受推崇,《男人的一半是女人》是20世纪80年代杨元昌躲在墙后用长焦镜头抓拍到的作品,《只要你开心》则是雍和1995年在南京西路上偶然拍摄到的瞬间。这两张反映上海男人与女人的照片,准确、细致地抓住了不同年代上海男人与女人关系的微妙变化。

通过这些记录社会风貌变迁的摄影实践和反思,雍和觉得,摄影和别的艺术门类如舞蹈、音乐、美术等相比,它的独特性和最大的功能,就在于记录。

为大变样的城市留影

20世纪90年代,随着邓小平南方讲话和浦东开发开放,上海这座城市也在悄然发生着改变,所有这些都逃不过雍和敏锐的眼光,在90年代初出现的所谓"新生事物",被他用相机一一记录了下来。他记得那时圣诞节进入中国,上海也开始出现各种各样的圣诞晚会,和平饭店的圣诞晚会票价甚至达到了888元的"天价",用现在的眼光看还是比较保守的"三点式"表演、摇滚音乐会等,也都开始在上海出现。

90年代初的夏天，上海的大街上有时会有警笛声响起，鸣响警笛的不是110出警的警车，也不是救护车，而是电力公司的抢修车。改革开放后，突增的用电需求使上海原本陈旧老化的输电设备不堪重负，停电成了那个年代特有、也是常见的现象。雍和记得那时自己采访拍摄停电时的感受："（停电）有些是有公告的，几月几号几点到几分，这一条街，或者一个很大的区域停电，也有可能是突如其来的停电，电风扇就不转了，所以有很多人跑到弄堂里面去。我印象比较深的是在医院，我去拍照的时候，一个药房停电了，药房主任一脸苦瓜相，药品都是一定要冷藏或冷冻的，而当时停电是不可能在短短20分钟半小时之内就结束的，那怎么办？我就把这些记录下来，我觉得这些都是很好的画面。"

住房困难也是当时困扰上海市民的一大难题，为了缓解这一问题，一部分上海居民动起了脑筋，在电线杆或公交站旁贴小广告，到马路边的换房自由市场去碰运气。在房屋不能交易的计划经济时代，换房成了当时老百姓解决上班距离太长、缓和家庭矛盾的方式之一。雍和同样敏锐地捕捉到了这一现象，他回忆说："刚开始也没有什么中介市场、房地产市场，都是自己自发的。我记得当时上海换房有四个点，其中一个就在武昌路这里，老百姓自发地在电线杆上面贴小广告，大家聚在一块儿，从虹口区换到杨浦区，或从徐汇区换到什么地方。"

1992年10月，中央首次提出建立社会主义市场经济体制，有效地解决了计划与市场的关系问题，由此带动了整个房地产开发的热潮，特别是1998年"福利分房"制度的取消，使住房分配完全走上了商品化的道路。一直在追踪房地产市场的雍和也直观地感受到，大量的商品房在上海出现，街道边不断地有高楼矗立起来，房地产市场逐渐成为热点。

上海之所以能够飞速发展，重大市政工程建设在其中起到了重要作用。由于在《外滩画报》工作的便利，改革开放以来上海很多的市政工程建设，如延安路高架、上海大剧院、上海音乐厅平移改造、东海大桥、长江大桥，还有很多隧道等，郑宪章都有幸参与拍摄，并留下了非常珍贵的影像资料，因此他对自己拍摄记录过的重大工程具有很深厚的感情。

可能很多人并不十分了解，在长江的入海口有一个青草沙水源地，现在上海的自来水大部分都来自那里。这个被郑宪章比作自己"女儿"的重

寿幼森摄影作品

大市政工程,他为此整整倾注了四年的拍摄时间,在他的眼里,工程竣工的那一天,也是"女儿"出嫁的日子。

除了像雍和、郑宪章这样的职业摄影师以外,很多摄影爱好者也活跃在城市的各个角落,以他们的方式记录着这座城市的变迁,寿幼森便是其中之一。如今已经年过六旬的老寿以前是个职业司机,无论是早年开出租车,还是后来在外企、机关开车,对于酷爱摄影的他来说,都给了他一个用相机记录这座城市的机会。

老寿"扫街"与别人不同,他对街面上形形色色的各类人群非常感兴趣,除了关注街面上的人,老寿还在做的就是系统地拍摄街角,他认为:"一个街区的变化,街角是最早变化的,它的兴衰都在街角上体现。我拍的北横通道建设区域附近的乍浦路、海宁路,那里有家电影院,我在那边拍的时候协管员问,这个东西普普通通,为什么你还拍?我说你不知道,这边已经拉横幅,马上就要消失,我不做记录,今后就不会有了。可能白天无数个人在那边拍过,但是没有人记录过晚上是什么状态,所以我要记录它每一个时段的状态。"

苏河两岸与"水上人家"

1991年,当时还是摄影爱好者的陆元敏,因为作品获奖而得到了一部海鸥DF300相机,而他当时刚好又调到上海市普陀区文化馆工作,每天上

尤其是河南路这里有河滨大厦

陆元敏摄影作品《苏州河》之一

我拍的时候自己都有点害怕

陆元敏摄影作品《苏州河》之二

班要路过苏州河，太多的巧合成就了他后来的系列作品《苏州河》。

在陆元敏的眼中，90年代初的苏州河跟自己小时候印象中的没有多大变化。他上班的路途经过的是苏州河的中段，他后来就有意识往东西两边走，很明显东面就很繁华，而越往西走，仓库、厂房越来越多，而普陀区这一段则是"两湾一宅"，曾经是上海有名的棚户区之一，后来在上海第一轮的大规模旧区改造中变身为中远两湾城。

苏州河见证了上海城市发展的历程，它的两岸也是我国近现代民族工业的发祥地之一，中国最早的纺织、面粉、火柴、化工等民族工业从这里起步，因此20世纪90年代初期，在陆元敏的镜头中，在苏州河两岸依然还会看到很多厂房的身影，武宁路桥旁边的上钢八厂就是其中之一。陆元敏回忆在市中心见到炼钢厂的奇特感受："武宁路桥旁边的厂房那时还在冒着大量的烟，这个烟不是一天到晚在冒的，可能正好是我下班的时候，它是排放烟的,烟雾会特别大,像战场一样的感觉。在市中心,在桥上面看到下面的火花,以及红颜色的轧钢,就觉得很奇怪,这是市中心的一个地方,居然还有一个钢铁厂在这里建成。后来在一九九几年的时候又经过,一开始在改造,到后来就不断地被拆掉了。"

两岸的厂房鳞次栉比,河流上繁忙的货运船来来往往、川流不息。外地来上海谋生的人在苏州河沿岸搭起了一座座简棚遮风挡雨,做水上运输生意的干脆直接将家搭在河上。他们大多靠运输廉价的货物来养家糊口,最多的是运输黄沙和石子,这批人靠河吃河,被称为苏州河的"水上人家"。

陆元敏记得,那时苏州河里停留的船只特别多,有时也会像堵车一样发生堵船的现象。船民的孩子身上绑着救生衣,就在河堤和船板上跳来跳去,让拍摄中的陆元敏都有点害怕,生怕发生什么意外。

随着上海市政建设突飞猛进的发展,陆元敏从小到大觉得没有多大改变的苏州河终于在20世纪90年代中期迎来了旧貌换新颜的机会。1996年,上海市苏州河环境综合整治领导小组成立。1998年,苏州河环境综合整治一期工程开工,沿河两岸的棚户区也开始陆续拆迁。

"两湾一宅"即将拆迁时,一位来自《上海画报》的摄影师郑宪章,在那里几乎待了整整一个夏天,记录下了这个棚户区的最后时刻。要想拍到好照片,就得接近棚户区和"水上人家"的居民,真正走入他们的生活中,对此,郑宪章有自己的办法。郑宪章记得自己当年是提着蔬菜、拿着啤酒到船上去的,和船民们相处得很熟,可以说是称兄道弟,所以船民们

郑宪章拍摄的船民

也把他当作自己人。有时候，船家的老家来人，也会找到郑宪章帮他们拍几张照片，在他们的眼中，郑宪章不仅是信得过的兄弟，同时也是最了解自己的"御用摄影师"。郑宪章回忆说："船民的小孩都在当地读书，年轻人则在外面跑运输。到暑假的时候，家里老人会带着小孩来看他们，就住在船上。他们说，郑老师，你今天晚上能不能给我们拍拍照。我成了他们的'御用摄影师'了。到了晚上他就把水泥船一直开到杨浦大桥，又从杨浦大桥开到南浦大桥，真正的浦江游览，在这一路上我就给他们拍照。"

苏州河上最大的景观还是河上的桥，上海市区从苏州河东端的外白渡桥开始，一路往西至中环立交，共计28座桥，每一座桥都有许多动人的故事。在陆元敏和郑宪章的拍摄记忆中，苏州河上有一座通铁路的铁桥让他们印象深刻。

这座桥位于华东政法大学附近，是苏州河上唯一通铁路的桥，在历史上也曾经留下过浓墨重彩的一笔，1949年解放上海战役中，解放军就坐着火车通过这座铁路桥，轰隆轰隆地开进上海。为满足苏州河整治工程的需要，1997年，这座铁路桥被拆除。拆除之前，以它为基座建造了一座通轻轨3号线、4号线的明珠线桥，新桥建好之后，老桥被整体运到了博物馆进行保存。

苏州河上最为著名的外白渡桥是中国的第一座全钢结构铆接桥梁，现在的外白渡桥于1908年1月20日建成通车，由于其丰富的历史和独特的设计，外白渡桥成为上海的标志之一。2008年4月，外白渡桥除桥墩以外部分被从原处拆下，并送往上海船厂进行大修。郑宪章在外白渡桥的对面租下了一个房间，完整地记录下了整个过程，他回忆了那次拍摄过程："我们从它动工就开始记录，这种记录是精确到秒的。几月几号，几分几秒，这个桥的铭牌被拆下来；几分几秒，交通开始正式中断；几分几秒，最后一辆车驶离这座桥，是这么给它记录的。桥身被运送到船厂检修，我还要到船厂去，看它的铆钉怎样一个一个被卸下来，又怎样一个一个把铆钉再铆上去。"

苏州河流经普陀区内的长度达14公里、河岸线21公里，共形成18个较大的河湾，称为"苏州河十八湾"，这是大自然鬼斧神工的杰作，在全国城市的内河中极为罕见。十八湾的美在地面很难感受到，只有爬到楼上

郑宪章用无人机俯拍的苏州河

或是从空中俯瞰，才能发现苏州河的曲折转弯，具有那样的美感。因此要拍摄河边的风貌，一定要选择一个合适的制高点。对于陆元敏这种喜欢纪实风格的摄影家来说，从高处俯拍苏州河的照片非常少，仅有的几张照片还是他当年蹭朋友的项目一起拍摄的。而这种方式有个缺点，就是高度和视角被限制住了。近年，郑宪章与普陀区政府合作，用无人机重新拍摄苏州河，弥补了这个缺憾。郑宪章回忆，他那"长上了翅膀"的照相机拍下的苏州河的照片在普陀区两会上展示的时候，普陀区的干部们觉得从空中看普陀是另一番感觉，苏州河的十八湾从空中看，才真真切切地有十八湾的感觉。

镜头中"曾经的上海蜗居"

2015年，为了准备外滩美术馆的讲座，摄影家周明在整理自己的作品时，偶然发现了一组压在箱底的照片，他突然意识到，20多年过去了，这组反映一代人集体记忆的照片变得越来越有味道。照片拍摄于20世纪90年代，当时作品名叫"上海住房难"，周明整理好之后，将它重新命名为"曾经的上海蜗居"。

周明并不是一个土生土长的上海人，所以看上海的生活有一种别样的滋味。他觉得，上海人要面子，外表光鲜，实际上却有各自的生活艰辛。

在纪实拍摄的过程中,他慢慢地看到了更多的上海市民的生活实景。

在拍摄那组照片的20世纪90年代,上海的住房难依然非常普遍,那时很多人并不排斥公开自己的居住情况,有时讲到伤心处会流下心酸的泪水,甚至会询问摄影师是否能将拍摄的照片发表一下,或者向有关部门反映一下自己的情况。对此周明只能说无能为力,他回忆道:"有的时候我拍一个家庭,刚刚拍完,邻里之间都已经传遍了,为什么拍他们家?因为他们家住房太困难了。是吗?住房困难,他家有我困难吗?来,上我家来。还有的情况是这样,我觉得某户人家挺适合拍摄,他说不行,我家不够困难,我帮你介绍一家,比我更困难的,包你满意。马上带着我过去,根本不用我来说服第二家,他就帮我说了,谁谁谁,这个摄影师他要拍住房困难,我觉得你们家很合适,走走走,上你们家。"

当时,周明的拍摄地点大多选择在浦西中心城区中,人均居住面积小于5平方米的人家。当时上海还有很多解放前搭建的棚户区,蜗居在棚户区的居民住房环境差、面积小,房屋连装空调的位置都没有。他们没有厨房和卫生间,天天过着倒马桶的生活,厨房大多是自己搭建的违章建筑。

周明摄影作品《曾经的上海蜗居》

在走入蜗居的市民家中拍摄时,周明深切体会到了"蜗居人家"的艰辛。由于居住面积狭小,家里往往要搭阁楼,或者使用双层铺;缺乏储物空间,家里就显得特别零乱,墙上都是各种各样的壁橱,所有的空间都被填满,很多杂物都是到处乱放;一个房间里有床,又有一张桌子,说明这里既是卧室,又具有餐厅的功能,家中的很多功能区域都是集中在一起的。

居住空间的狭小，让个人的隐私变得无从谈起。周明的"蜗居"系列中，拍摄南京路和四川路交界处的一户人家时，他无意中问过一句话，而对方的回答却让他至今仍然记忆犹新。

那户人家是一对刚结婚一年多的小夫妻和小伙子的岳母，三个人住在一起。在周明拍摄的照片画面里，有一张比较宽大的单人床，地上还铺了一条席子，居住状况令人尴尬。周明问对方将来有孩子了怎么办，小伙子回答他，现在的问题是怎么生孩子。

解放前，苏州河沿岸的很多纺织厂都为职工造房子，职员住比较好的石库门房子，普通工人的居住条件就相对较差，随着时间的推移，苏州河两岸慢慢形成了大量石库门弄堂。长期拍摄苏州河的上海摄影家郑宪章，被苏州河沿岸石库门所吸引。当他走进去以后，发现石库门里弄反映的市井风俗是真正的原汁原味的海派特色，于是他从那时开始关注石库门。

在走街串巷的拍摄中，他觉得，拍石库门、拍建筑很简单，找个制高点就可以了，但是真正让他感动的，是石库门里面的老百姓，有很多人让郑宪章倍感亲切。弄堂里的一对蜗居老人在不经意间震撼了他，那对老人主动邀请郑宪章上自己家，那是一个只有4平方米的狭小房间，老人告诉他，最拥挤的时候，上面还有阁楼，还睡了两个人，也就是说4平方米的房间睡了四个人。郑宪章只能倚着墙，用12毫米的超广角镜头拍摄，因为空间实在太小。老人说，他们对动迁是盼了又盼，如果真有一天能动迁住上新居，哪怕是住一天也行。

被蜗居老人感动的郑宪章将照片发到了微博上面，虽然不能解决老

郑宪章拍摄的蜗居老人

人的居住问题，但作为上海这座城市的记录者，他也尽到了自己的绵薄之力。随着上海市政建设的快速发展，棚户区变得越来越少，但周明、郑宪章等记录下来的"上海蜗居"，却留下了一代人的集体记忆。

定格老建筑的最后身影

席闻雷，网名"席子"，拍摄作品多为老建筑及居民日常百态。2007年，一次偶然闲逛，让当时还是创意白领的"席子"第一次把镜头对准上海的那些老建筑，之后"席子"辞职成为"专职"城市摄影师，专门记录即将消失的老建筑。他早上不到5点钟就出门，很多时候会在原闸北区、黄浦区的一些不知名的小路里徘徊，一拍就是一整天，直到晚上10点多才回家。

位于梧桐路、人民路的老城厢里弄也是"席子"经常去的地方，他在那里寻找老上海的痕迹。石库门几乎是上海摄影家们都会涉足的题材，但"席子"却将镜头更多地对准了弄堂里不为人知的细节。

对于石库门细节的关注使席闻雷积累了许多很有意思的故事。斯文里位于新闸路北的大田路两侧，以路为界分东、西斯文里，这是上海规模最大的旧式里弄。20世纪末，这片上海最大的石库门群落已着手拆迁，如今西斯文里被夷为平地，只剩东斯文里孤独地存在着。在静安区东斯文里拍摄的时候，"席子"将弄堂里的几百个前门、后门整体拍了一遍，这些门在初建的时候是一模一样的，但经过岁月的洗礼，如今却呈现出不同的形态。当他重新整理这些照片时，觉得石库门弄堂的"请走后门"特别有意思，他说："上海的居住条件跟其他城市不一样，石库门房子的二房东把房子租出去，他可能住在前面，那么他希望他的租客不要从前门走，而是从后门走，那样就可以不影响到他的生活，这是一种情况。到后来可能二房东也不住在里面了，他自己把房子也租出去了，前门可能就被搭建作为其他的用途了，前门有时候开都不能开了，天井可能就变成房间了，那么更要从后门走了。所以那时候就有人在石库门的前门贴一张红的纸条，用毛笔写上了'请走后门'。"

用镜头记录上海

席闻雷摄影作品

　　同样关注斯文里命运的还有摄影家郑宪章，他也是从弄堂里走出来的，他对石库门有着很深的感情。在东斯文里面临拆迁时，当时正在《上海画报》工作的郑宪章痛心疾首，开始对斯文里进行抢救性的记录，他天天在那里转，完整记录了东斯文里被拆的过程。

　　郑宪章在大中里拆迁时拍下的照片，他称之为"石库门的墓碑"。据说这座石库门在拆除的时候，上面的石框部分被人用切割机切下来放到了自己的别墅里，当郑宪章赶到那里时，只能怀着惋惜的心情按下了快门。郑宪章回忆起当时的情景："当时我在斜阳下面，就看到这个石库门被拆得只剩两根石柱子，就剩石箍，箍住那个门的石柱子，斜阳下面晚风这么吹过来，一片废墟，觉得很凄凉。我觉得石柱子就是石库门的一个墓碑，它在无声地向我们作最后的告别。"

　　从摄影家到草根，从重大市政建设、石库门再到马路上的各色人群，上海的记录者们用手中的相机为这座城市拼贴出了一幅五彩斑斓的美丽画卷。上海是幸运的，因为它的沧桑变迁被影像忠实地记录了下来，上海的摄影家也是幸运的，因为城市的飞速发展为他们提供了丰富的拍摄素材。希望若干年以后，这些用相机连接了上海过去和现在的记录者们，也能成为明天的故事，而被这座城市和这座城市的人们深深记住。

城市，是轮子滚出来的

历史上的上海曾经是一座"有舟无车坐轿子"的小城，直到1843年开埠以后才有了车轮，从独轮车到黄包车再到三轮车，从自行车再到电车与汽车，车轮滚滚，各种车辆无疑都对城市的发展起到过重要的作用。上海用了一百多年的时间，从一个周长9里、面积不到2平方公里的小城发展成一座国际化的大都市，如今，上海已经成为一座车轮上的城市，现代化的交通是现代化城市的命脉，也为广大市民的出行带来极大的便利。

开埠后的新风景：西洋马车和独轮车

中华路和人民路是上海最早的环城道路，而城墙围起的老城厢方圆面积不到2平方公里，1840年以前的上海在中国的版图上只是一个三流的江南小县城，隶属于江苏省松江府。从一段19世纪的上海历史影像中可以发现，一条客船靠岸了，百姓步行上岸，富人和官员则坐上了轿子，这就是当年上海人的出行方式。概括地说，当年的老城厢内外是"有舟无车坐轿子"。

1843年11月7日上海开埠，这既是上海沦为半殖民地的历史开端，也是上海建成一座近代化城市的历史起点。上海开埠以后，外国军舰和轮船开进了黄浦江，离船上岸的不仅是洋人，还有他们的巨大的行李，这就是西洋马车。

南京路以前叫大马路，因为最早筑路不是为了开汽车，而是为了走马

西洋马车

车,后来有了汽车、电车,但是上海人叫马路叫惯了,也就不改口了。最初坐马车的是一些有钱的外国人,后来很多中国的达官显贵也坐上了西洋马车,而坐马车去郊游更是成为上海人的一种休闲方式,每到春天,龙华寺前就会停满了前来看桃花的马车。

薛冬泉老人对儿时随父母坐马车去龙华看桃花还记忆犹新,他回忆说:"龙华当时是郊区,统统是农田,现在是高楼大厦了,过去都是农田。我们当时是坐马车来的,当时有一首歌叫'啦啦啦,骑马到龙华',当时到龙华看桃花是很出名的。"

薛冬泉所说的歌就是当年由周璇演唱的《龙华的桃花》,歌词唱道:"上海没有花,大家到龙华,龙华的桃花也涨了价。你也买木兰花,他也买桃花,龙华的桃花都搬了家。路不平,风又大,命薄的桃花断送在车轮下。"

西洋马车后来成为上海重要的公共交通工具,1906年,上海登记在册的公共马车有711辆,后来由于电车等大型机动公共交通工具的出现,马车逐年减少。马车在上海街头消失是在1956年,上海市人民政府对最后的14辆马车的业主和工人作了安置后,结束了这一交通工具在上海的百年历史。

上海开埠以后,除了西洋人带来的马车,由于其逐渐演变成为一个移民城市,有些外省的农民坐着一种叫江北车的独轮车来到了上海,这种独轮车把人运来了,自己也留下了,成为上海的一种交通工具和出行方式。

独轮车

已经退休的工艺美术师赵启明老人用绘画记录自己的身世,在他的人生组画中,有一幅就画了独轮车。赵启明是江苏人,因为小时候要到上海来读书,他的外公就推着独轮车把他送了过来。

要把独轮车推着走并不容易,需要掌握平衡的技巧,不然就会东倒西歪,甚至把人摔伤。原国家名誉主席宋庆龄1907年去美国留学时的护照上对她的特征描述是:"右眉上有一疤痕。"据知情人说,那是宋庆龄小时候与小伙伴坐独轮车玩耍时由于推车人的失手而摔伤留下的。

独轮车带来了一个移民社会和近代城市,从19世纪60年代以后,独轮车就成为上海最早的TAXI,由于价格很便宜,当时许多工厂女工会结伴乘坐独轮车上班。有一个外国人用诗一般的语言描述了上海的这一道风景,他说:"太阳刚刚照天空,纺织姑娘去上班,她们坐着独轮车,吃吃地笑……归来已是黄昏,她们面向家门,年轻的脸上露出倦容,独轮车慢慢滚动……"

独轮车不仅载人,还能运货,在很长一段时间里,独轮车在上海的货运物流方面唱了独角戏。无论是筑路,还是建楼,很多所需的建筑材料都是独轮车运来的。后来上海出现了一种拉货物的板车,上海人管它叫老虎塌车,因为它的载重量更大,装运货物更多,逐渐取代了独轮车的货运功能。

拉老虎塌车很劳累很辛苦,是拉车工人拉来了城市的繁华,担当起城市的物流重任。1927年,有一位外国的摄影师通过一个拉车工人在路边喝水时所看到的情景,用蒙太奇的剪接把一个享乐至上的冒险家乐园和一个苦难深重的底层社会摆在了世人的面前。

由此可见,上海开埠不久就开始坐在车轮上了,尽管这车轮还是靠马腿或者靠人脚来拉动,但是轮子的转动使得上海的城市化进程加快了,短短二三十年,城区面积就扩大了一倍多,人口也翻了一番,轮子推进了近代上海的城市化进程。

从黄包车到三轮车

从一段拍摄于1898年外白渡桥南边桥堍的上海最早的影像资料中可以看到,当年的上海已经是一座车轮上的城市,有独轮车、西洋马车,还有黄包车。

黄包车是从日本引进的,所以也称东洋车,最早出现在上海街头的年份是1874年,如今如果去日本旅游,还能够看到日本街头用这种人力车载游客兜风的风景。

在上海很快就有了东洋车的出租车队,为了区别于私人包车,当年的工部局就要求把作为公共交通工具的东洋车都漆成黄色,这就是"黄包车"这一名称的由来。后来这种车也从上海出发,流转到了全国大小城市,在北京叫作洋车,著名作家老舍笔下的骆驼祥子就是一个拉洋车的车夫。

黄包车

黄包车的年代距今已很久远了，《上海故事》栏目组也在坊间寻找当年的上海"祥子"，因为他们的记忆就是有关上海近代交通的珍贵历史。在桃浦新村的一个小区里，我们找到了王绍幼老人，退休前他曾是原上海闸北区的一位体委干部，长期担任篮球队、游泳队和长跑队的教练或领队，解放前他的职业是拉黄包车和骑三轮车。王绍幼老人说：解放后，他之所以能从事体育运动便是得益于拉黄包车练就的铁脚板。

王绍幼老人带领我们找到了曾经的黄包车行，青年时代的他每天就是从这里领取租用的黄包车，开始一天的奔波。王绍幼回忆说："我当时每天接送一个老板，每天早上到他家里接出来，送到目的地，下午再去接，当中有活就干，没有就回家。"

在王绍幼的记忆中，当年的人力车夫社会地位很低，但是拉车的收入还是能养家糊口，王绍幼说："轮子一转，钱就来了，养一家四五人没问题。"

但是同样在旧社会拉黄包车的程德旺老人的记忆中，黄包车夫的生活是很苦的，他回忆说："我们一部车子要由几个人拉，大家混口饭吃吃。晚上人家做到七八点钟的时候把车给我，叫打野鸡，打野鸡就是不固定的。我没有生活来源，人家给我一点，过去叫车夫是'两只脚的马'。"

邵作海老人没有拉过黄包车，不过他第一次来上海坐黄包车的经历是终生难忘的，他回忆那次坐车的经过：那时他16岁，到上海来学生意，妈妈再三叮嘱他刚到上海人生地不熟，要直接叫辆黄包车到目的地麦根路麦根里14号，也就是现在的泰兴路703弄14号。黄包车一直拉，拉到麦根路麦根里，车夫对他说到了。他问到哪里了？车夫说麦根路麦根里，他又要求车夫拉到14号门口，到了门口，他觉得亭子间还没到。车夫光火了，骂他："侬这个小人，哪能这么憨，亭子间哪能拉得上去啦？"

黄包车进了上海，就逐渐地取代了独轮车，因为与独轮车相比，坐黄包车更舒适，也更安全。优胜劣汰是市场的规律，到了20世纪30年代，黄包车成为上海主要的客运工具，有六万辆黄包车在上海中心城区大行其道，而独轮车就散落到了城市的边缘，因为一个轮子更能适应郊区泥泞狭窄的小道和田埂。市民邱健康回忆："像我小辰光到我外婆家里去，外婆家那时住在法华镇，属于农村，黄包车坐到那里就要下来了，因为车不好拉，都是很窄的田埂了，一家四个人只能坐着独轮车吱吱呀呀推过去。"

抗战胜利后的1945年12月，上海还搞了一次黄包车皇后的比赛，但是真正比的不是黄包车皇后的美丽和风情，而是黄包车夫的腿力和速度，到了终点，跑了第一的黄包车被戴上荣誉的花环。这是黄包车最后一次的风光，因为上海城区的地盘越来越大，从徐家汇到杨树浦有20多公里，跑上一个来回，就等于跑了全程的马拉松，黄包车工人实在跑不动了，而取代黄包车的就是三轮车。

虽然说黄包车和自行车都是国外引进的，三轮车却是中国人的发明创造。1923年，南京路上同昌车行的一位技工用黄包车身和自行车做了一下拼接，就造出了三轮车。

日军在侵华时期对汽油进行管制，1941年底，太平洋战争爆发，日军更是发布公告，规定私人汽车除特许发给通行证的之外，包括公共汽车电车在内一切机动车全部停驶。上海交通日趋紧张，出行不便，三轮车的生意红火了起来，许多出租汽车公司因为没有汽油，也被迫改为出租三轮车了。1943年上海有3 000多辆三轮车，而到1948年，三轮车的拥有量更是达到了32 000辆。

程德旺老人是踩着三轮车进入新社会的。20世纪50年代，三轮车工人程德旺被评上劳动模范，这具有标志性的意义，既显示三轮车工人的社会地位大大提高，人民当家作主了，也表明在1949年后的很长一个时期，三轮车还是上海很重要的公共交通工具，上海人出行离不开三轮车，而程

三轮车

德旺就是数以万计的上海三轮车工人中的一个杰出代表。

那时,在上海人民广场举行的国庆大游行的游行队伍中,人们可以看到微型小汽车的方队,当年人民政府计划用这些国产的小汽车来替换三轮车。很多三轮车工人都去学汽车驾驶,这是上海公共交通史上的一件大事,而他们就是上海解放以后最早的一批出租汽车司机,程德旺就是他们中的一员。

上海电视台纪录片编辑室拍摄于1993年的纪录片《上海最后的三轮车》显示,那年,上海还有26辆三轮车和27位三轮车工人,上海的三轮车已接近了它们行程的终点,这些风里来雨里去的三轮车工人也都老了。

据上海市地方志记载,到1995年底,上海注册的营业三轮车还有9辆。

领风气之先的自行车

说近代上海是一个开风气之先的城市,自行车的引进是一个证明;说近代上海是一个引领时尚的城市,自行车的普及也是一个证明。

1868年11月24日的《上海新报》上面有一则有关自行车的新闻,不过从这条新闻中,我们得知当年人们骑自行车是坐在车上,靠两条长腿蹬地的推力来驱动车轮的,和现在青少年玩的滑板车是一个原理。

到了1885年,一个英国人将链条传动装置整合到自行车上,而这种自行车的出现使得人们可以真正双脚离地地行驶在路上,这种新型的自行车很快由外国侨民带到了上海,并成为上海街市上一道时尚的风景。最早骑自行车的多是外国人,还有在洋行上班的中国人。1898年4月1日的《申报》就预言"脚踏车将来必盛行"。

不久,上海的青年人中骑自行车的多了起来,有一些科学家和文化人也成了自行车的爱好者,他们中间有后来创办上海医学院的颜福庆教授和曾代理复旦大学校长的唐露园先生,最早的这些骑车人都成了上海的新闻人物。

上海人把时尚的旗帜插在自行车上,用时尚这只看不见的推手来推动自行车的普及,推动城市交通工具的变革,体现了上海乐于也善于接受新

城市，是轮子滚出来的

20世纪的七八十年代自行车是上海人的第一出行工具

事物的城市品性。

现在有些上海人热衷于收藏一些老牌子的自行车，上海市民赵文涛就是其中之一，他说："'兰羚'的商标像凤凰牌样的，上面是一只鸟，后面的花鼓筒是三飞，是可以变速的，慢档，中档，快档，这车子踏起来惬意的，轻得不得了。"葛云老人也是自行车的爱好者，曾经收藏过多辆名牌自行车，据他介绍，某些品牌的老自行车，在北京潘家园旧货市场的价格已经到了上万甚至十万元。

在上海人骑上自行车的一百年后，即20世纪的七八十年代，上海也成为一个自行车车轮上的城市，自行车也几乎成为上海人的第一出行工具。在那个自行车凭票供应的年代，有一位上海农民因买不到自行车而自制了一辆木头的自行车。那时候如果拥有一辆名牌自行车，就会有和现在拥有一部名牌小汽车一样的好感觉、好心情。

在上海已进入汽车时代的今天，自行车并没有过时，在上海闵行、张江和市中心的一些地方，公共自行车正成为政府扶持的项目，而骑自行车也成为低碳经济的标志和节能环保的需要，成为一种新的都市时尚。

扩展城市版图的电车

老上海的不少俚语与电车有关：两只脚走路叫"11路"，额头上的纹路叫"有轨电车",说话离题万里叫"开无轨电车",熬夜通宵工作叫"开夜车",人死了叫"翘辫子"。

老上海们所说的这些俚语为什么大都和电车有关?因为大多数上海老百姓最早乘坐的是电车而不是汽车,虽然汽车比电车更早来到上海,但那时只是少数人的交通工具。

20世纪初叶,西方已完成第二次工业革命,电动机和内燃机的发明和使用带来了交通工具的创新与革命,各种新式的机动车辆的相继发明和推广使用,使得西方的城市变样了。

现在能看到的上海最早的历史影像拍摄于1898年,在这段历史影片中我们所能看到的只有马车、独轮车和人力车,10年后,1908年,第一条有轨电车线路在上海投入营运了。1908年3月5日,第一辆有轨电车从静安寺的起点站出发,经南京路到达延安东路外滩的终点站,全长6.04公里。尽管英商电车公司从2月6日起就大做广告,大街小巷贴满了新式电车的宣传画。但据说第一辆有轨电车上只乘了24个人,而且大多数是外国侨民,很多上海人只是在路边看着,而不敢上车。这是为什么呢?

《上海故事》栏目组来到上海闵行福利院,访问了董健身老人,他曾经撰文记录他父亲乘坐第一趟电车的事,他告诉我们:"当时车站上人山人海,只看见一部长长的车子躺在马路旁边,但是车子上没几个人,大家在看,议论纷纷,说的都是对电车不利的,都讲外国人没有好事情的,这

有轨电车

是在愚弄中国人，这电车电车就是车上有电的，上去以后要触电的，要死人的。但是我爹排开众人就上去了，人家就说你不能上去，上去要死的。我爹说，没这事的，我看过书的，外国很早就有电车了，也没听说过什么触电触死人的。"

就这样，董健身的父亲成为当年为数极少的乘坐第一趟电车的中国人之一。原来电车不会电死人，于是越来越多的上海人也就乐呵呵地坐上了有轨电车，电车这种大型快速机动车辆的使用对上海的城市化发展有着极其重要的推动作用。

当第一条有轨电车线路开通的时候，静安寺周围还是一片农田和村落，叮叮当当的电车声响使这里很快变了模样。第一条有轨电车线路的开通和南京路的繁华无疑有一种因果关系，四大公司相继汇聚到这里，南京路成为中华商业第一街，上海也成为远东最热闹的城市。

就在英商电车公司开通第一条有轨电车线路两个月后，法商电车公司也在法租界开通了有轨电车线路。今天的淮海路当年叫霞飞路，是法租界第一条有轨电车行驶的地方，热闹，繁华，它同样是车轮滚出来的商业街。

后来中国人自己经营的电车线路也开通了，叫华商电车。有轨电车的车厢有等级之分，这在许多老上海脑海中留下了深刻的印象。据老人们介绍，电车的前面一节绿色的车厢是一等车，票价4分，后面一节银色的拖车是三等车，票价2分。当时的中国人大多会坐三等车厢。

电车车厢成为上海人生活中的移动空间，很多上海的老电影都演绎着发生在电车上的情趣盎然的故事。1929年的老电影《十字街头》，故事的男女主人公是居住在同一石库门里的房客，居住空间的狭小使两人产生了矛盾，但是在电车车厢里，他们擦出了火花，互相来电了。

上海市区的版图因为电车轨道的铺设而迅速扩大，上海街市的繁荣也因电车线路的开通迅速蔓延，但上海人口中的一句俚语却说出了由于英法电车公司互相独立运营的特点。这句俚语叫"大英法兰西，大家不来去"，形容人关系搞僵了，大家互不来往。

20世纪30年代的上海，租界占据并分割了中心城区，在各自的租界里，英商和法商的有轨电车都按自己的标准建设，各自为政。因此，乘客到了租界的分界处要下车换乘，这真是上上下下的烦恼，有人评说这是"局部有序，全局无序"。

上海解放后，电车的线路重新排列了数字顺序，1路有轨电车仍然行驶在南京路上。1963年，拆除南京路的电车铁轨成为上海交通史上的一件大事。当年的新闻影片解说道："在上海，有着光荣革命传统的、久负盛名的一条马路，南京路，8月14日深夜到第二天清晨，拆除南京路上的电车轨道，从此，在南京路上行驶了整整55年的这一落后的交通工具——有轨电车将永远退出南京路，一根根沉重的钢轨被拖拉机拉走了，落后的东西都将在这新生活中被代替或淘汰。"

有轨电车在南京路上停驶了，取而代之的是国产的新型铰接式无轨电车，到了1975年，上海的有轨电车全部停驶了。前些年编写的上海交通史书上说，从1908年开来的第一辆有轨电车在开行了67年后，开进了历史的博物馆。

上海的无轨电车线路是从两位数开始排列的，11是无轨电车的第一顺序号码，但是上海最早的无轨电车并不是11路，而是14路。

德国人在1882年发明了无轨电车，可是直到32年后才被真正投入使用，最早将无轨电车用于商业运营的地方就是上海。1914年，上海开通了全世界第一条无轨电车线路，从今天的延安东路沿福建路开到苏州河边，线路总长1.1公里。建在终点站的钢铁大转盘，电车要开到转盘上，靠人力推转一百八十度调头，再开回去，今天的14路仍然是无轨电车，仍然从这里开过。

为什么上海的第一条无轨电车线路叫14路，我们无从考证，也许是和它开通的1914年有关吧。

1949年以后，上海无轨电车的线路大大增加了，这当然是城市发展的需要，也是市民出行的需要，同时也是由于上海的工人开发制造出了国产的无轨电车。据当年的新闻资料介绍，"我国第一辆具有国际水平的巨型无轨电车红旗牌在上海诞生了，这是上海电车修造厂全体职工在短短的39天里制成的。它所使用的全部材料都是我国自己制造的，车厢宽敞舒适，车厢里涂有香味喷漆，阵阵散发出清香，车顶上装着电钟、日光灯和电风扇，为了便于售票员服务和宣传，还装了扩音器和收音机。红旗牌无轨电车的制造成功,标志着我国在城市交通运输工具的制造上,已跃居于世界第一流的水平"。

汽车驶入大上海

1885年,德国人本茨发明了汽车。20世纪的钟声刚刚敲响,1901年,一个叫李恩时的匈牙利人就把两部小汽车开进了上海。1902年李恩时向公共租界的工部局申请汽车牌照,这对当时的租界工部局来说是一个新事物,工部局参照人力车牌照的收费价格,收取每个月2银圆的牌照费。10年后,上海的汽车拥有量达到了1 400辆。

虽然汽车开进上海的年代还是清王朝的光绪年间,但是从这些车水马龙的上海街市的历史镜头可以看到,一座近代化的大都市分明从古老的黄土地上成长起来,从没落的清王朝中游离出来。

在旧上海的历史影片中,我们看到能坐上小汽车招摇过市的都是一些达官显贵,而这个从国际饭店出来就钻进小汽车的时髦女子就是当年名声显赫的好莱坞华裔女明星黄柳霜。

随着上海马路上汽车越来越多,当年新兴的出租汽车行业也生意兴隆。到了20世纪30年代,上海有了近百家出租汽车公司,其中既有外商开办的,也有华商企业,而全上海出租汽车行业中,祥生公司的规

祥生公司

模最大，牌子也最响，当年的上海人都知道，祥生公司的电话号码就是40000：四字当头，四只轮胎。

1922年，上海的公共交通开始使用大型汽车；1934年，上海的路上已经可以看见双层巴士在营运，此时上海的大型公交车已经和世界先进水平同步。日军侵华时期对汽油进行管制，太平洋战争爆发后更是发布公告，包括私人汽车、公共汽车电车在内的绝大部分机动车全部停驶，抗战胜利后，交通恢复困难重重。

李瑞弟老人在那个年代曾经是公共交通行业的一名售票员，由于职业的缘故，当年的公交运营线路他至今还烂熟于心，他回忆说："当时上海公交有14条线路，南市区有1路；2路，从老西门到北站；3路，从延安东路到江苏路；4路，从延安东路外滩到高郎桥；5路，从曹家渡到徐家汇；6路，从老西门到曹家渡；没有8路的，因为国民党统治时期跟八路是敌对的，所以从7路跳到9路，一直到14路。"

也就在汽车开进上海的两年以后，即1904年，租界的工部局颁布的马路章程规定，行车一律靠左边，超车需从右边超越，就如同今天的伦敦、东京。如今还有很多上海老人对当年的交通规则、行车之道记得很清楚，上海市民邱健康回忆说："小时候读书，就一直念，向我看齐，靠左走。一直是靠左的，后来抗战胜利，日本人投降后，马路上美国人的吉普车很多，经常要闯祸的。"

不过如今很多反映20世纪30年代上海的影视剧中，车辆大都是靠右行驶的，这就违背了历史的真实。事实是到抗战胜利后，1946年的1月1日，上海的车辆才开始靠右行驶。

那时的上海是全世界交通最为拥挤和混乱的城市，为提高市民的交通素质，改善上海交通状况，1946年，上海交通主管部门委托电影公司拍摄了一部宣传交通法规的影片，片名叫《行车之道》，在电影院里公映。如今我们再来看这部交通影片的片段，既为当年上海的交通混乱而感到吃惊，也对当年上海的交通繁忙而印象深刻。

进入20世纪以后，坐在汽车、电车以及火车车轮上的上海迅速成为远东的金融中心和中国最大的工商业城市，市区的版图也越来越大，人口也从1919年的100多万人猛增到1949年的500多万人。

1949年，上海解放，城市交通发展翻开新的一页。

20世纪50年代起，上海建起了很多大型工厂和工人新村，人民政府大力发展公共交通，很多新的公交线路开进了工人新村。特别是工业卫星城的建成，需要公交开设更长的线路，一张更大、更广、更密的上海交通网络也渐渐编织起来了。

21世纪的第一个十年，上海已经建成了现代化的立体交通网络。车轮滚滚，四通八达，尤其是高架快速通道的不断架设和地铁线路的不断延伸、辐射，使得上海城区的版图不断地扩展，轮子把上海滚得更大了。

地铁春秋

上海，一座曾经被外国专家认为不适宜建设隧道工程的城市，却在短短二十多年间，地铁网络四通八达，如蛛网般纵横交错，输送着来来往往的乘客。地铁不仅改变了这座城市的面貌，而且也改变了人们的出行方式和生活理念。如今，在中心城区，只要步行500米左右就有地铁站，一些大型的公共场所通过地铁换乘就能到达，地铁成了这座城市最便捷的交通工具。

上海地铁的由来

上海地铁的历史可追溯到20世纪50年代，当时根据中央关于防止帝国主义突然袭击的指示，上海提出了建造地下铁道的计划。1958年，苏联专家经过勘探，认为上海处在软土地层，含水量高，不适宜建设隧道工程。

对于苏联专家的这一说法，上海市隧道工程设计研究院高级工程师高英林表示赞同，他说："情况确实如此，上海造高层建筑，不像其他城市，打桩打下去一些就能碰到岩石，一碰到岩石，承载力就有了。在上海地区，打桩打下去三五十米，还能再打下去，所以上海现在造高层建筑，打桩至少要打下去九十米。这说明上海土层是很软的，它没有一个很好的持力层。"

20世纪60年代初，中苏关系发生变化后，苏联撤走了专家，但上海

20世纪60年代在衡山公园附近进行地铁隧道和地铁站建设试验

"上海地铁之父"刘建航

始终没有放弃建设地铁的设想。1961年,上海成立了上海隧道设计部,最早在浦东的塘桥进行了地铁建设摸索和试验,因为那里靠近黄浦江边,是为越江工程做准备的。后来,又陆续在衡山公园、漕溪公园附近进行试验。一段拍摄于60年代的影像,记录了当时在衡山公园附近进行地铁隧道和地铁站建设试验的情况,这个代号为"60工程"的项目,当年属于保密工程。

外国人曾经断言上海滩不能建地铁,但是偏偏有这样一个不信邪的人,他就是被誉为"上海地铁之父"的刘建航。1951年,刘建航毕业于上海交通大学土木工程系,他对盾构的研究非常深,在土建的平衡方面,他提出了很多施工的设想,可以说,刘建航的一生全部贡献给了上海的隧道事业。

1965年,这是中国地铁建造史上值得记住的一年,刘建航带领工程人员成功地建造了上海地铁试验段,虽然总长才660多米,但试验段的建设成功表明中国人能够依靠自己的技术,在软土地层里建造地铁。上海申通地铁集团有限公司总体规划部高级工程师陈烨介绍说:"技术问题成功解决以后,在60年代,上海也已经规划过几条线路,包括当初规划的1号线,基本上就是我们现在形成的1号线、2号线,2号线的大致走向有一点变化,以前是到杨浦的,现在到浦东了。"

但由于当时建造的衡山公园车站和地下隧道规模比较小,而且又太深,最终没有融入1号线的建设中。现在它仍然保留在衡山公园的下面,成了一处人防设施。陈烨在学校学的是交通土建工程,那时还没有地铁,但让他没想到的是,毕业后他被分配到了隧道设计院工作,当时上海刚刚开始了开埠以来最宏大的市政工程——地铁1号线工程。1号线是1993年开通的上海第一条地铁线路,最大的契机便是浦东的开发开放。浦东开发开放以后,城市的交通问题就显现了出来。那时候,上海市民无论要到哪里去,基本上靠乘坐公交车,时间长,效率低,实在很不方便,当年挤公交的经历是那一代人难以忘却的记忆。有市民回忆说,那时挤公交车时最后一个上车的人,往往要拉住两个把手,才能把自己顶上去,前胸贴后背是常有的事,甚至还要踮起脚尖站立,这种"亲密接触"造成的不便与尴尬,让人难以启齿。当然,挤公交车还不是最艰难的,最难的是挤轮渡,在很长一段时间里,除了一条70年代建造的打浦路越江隧道,人们来往浦东浦西就只能靠轮渡。

1993年上海地铁1号线开通,六年后地铁2号线通车,从陆家嘴到静

地铁1号线施工工地

安寺只要十多分钟。随着城市进入地铁时代，人们发现过江竟如此方便，地铁让城市变小了。上海也成为继北京、天津之后，中国大陆第三个拥有地铁的城市。轨道交通最大的特点就是将各条线路连成一个网，通过换乘就能比较快捷地到另一个地方去，而且出行时间基本可控，因此受到了上班族的欢迎。在陈烨看来，像上海这种特大型城市，人口比较集中，市民一般居住在中心城区以外，而工作地点包括商业中心都在中心城区，显示出了"向心型"的特点，那么这种向心型的交通纯粹靠地面公交已经远远不能够解决问题，地铁的快速发展，正好解决了这一"顽疾"，为市民出行带来了极大的便利。

上海轨道交通在提速

1863年，世界上第一条地下铁路在英国伦敦正式开始运营。在修建这条地铁之前，伦敦的各大报章对它进行了各种猜测：地道会不会塌下来？乘客会不会被火车喷出来的浓烟毒死？1910年，一个叫陆士谔的上海人，在他写的幻想小说《新中国》中有过一个预言，一百年以后，在上海浦东要开万国博览会。"把地中掘空，筑成了隧道，安放了铁轨，日夜点着电灯，电车就在里头飞行不绝。"他描绘道："一座很大的铁桥，跨着黄浦，直筑到对岸浦东。"陆士谔关于浦江大铁桥、地铁（电车隧道）、越江隧道等三大工程及方位的设想竟与现在的南浦大桥、地铁1号线及延安东路越江隧道出奇地相仿。

2002年，中国获得2010年上海世博会举办权，上海迎来了轨道交通快速发展的新机遇。2004年9月，上海提出用五年多的时间，到世博会前建成总运营里程达到400公里、共11条轨道交通线的宏伟目标，此后，上海轨道交通建设拉开了大决战的序幕。

当时上海地铁建设的规模究竟有多大呢？2005年至2007年的三年间，上海轨道交通每年平均新增40公里，2008年至2010年的三年间，每年平均新增80公里。2010年上海世博会期间，上海地铁全路网有419辆列车、2 589节车厢，最大运力达到每小时35.8万人次，世博会期间的运营里程相当于围绕地球开了近4 000圈！上海轨道交通运营管理中心高级工程师张凌翔说："什么是大容量的公共交通，就是说城市像搬家一样，从东边搬到西边，这就要靠地铁去搬了，世博会以后，上海的城市发展就上了一个新的台阶。"如今，上海轨交网运营线路总长已经超过600公里，车站增加到366座，换乘车站51座，这标志着"上海城市轨道交通基本网络"已全面建成。张凌翔说："上海作为国际化大都市，各种大型的展览特别多，车展、服装展、医药展等等，规模大，人流大，这么多的活动，到最后都离不开交通的保障。到晚上，公交车的车次少了，就得靠地铁增加运力，这就是大型活动的后勤保障。"

随着城市地铁网络的完善，这个特殊的空间也在影响着人们的行为习惯。上海市静安区万航渡路小学的一堂品德与社会课上，老师正在与学生交流着地铁给城市带来的变化，小学生们你一言我一语地说着地铁的种种特点，如快速、安全、舒适等，看得出小学生们都有乘坐地铁出行的经历。

地铁改变了置业理念

地铁改变了百姓的出行方式，给百姓生活带来了便利，同时也促进了城市的经济发展。有人风趣地说，上海的房价有这样一个规律，就是地铁通到哪里，房价就涨到哪里。这种说法也许有些夸大了，但现实生活中有许多上海人就是冲着地铁通达的地方去购房、去找工作的。

过去上海不同区域房价的高低，与它离中心城区的距离有直接关系，越靠近市中心，房价越贵，而轨道网络不断成熟，改变了原先都市的房价格局。现在很多市民购置房产都考虑到了出行因素，地铁沿线的房源特别抢手，地铁通到哪里，房价涨到哪里，一条轨交从立项到开通，附近房价就会同步上涨。陈志鸿的工作单位到家里这一段正好有地铁8号线经过，一开始周边房价比较低，但是地铁8号线项目一立项，周边的房价应声上涨。地铁的开通也带动了房租的上涨，资深IT人士黄山的小区旁边，12号线即将开通时，房租也跟着水涨船高，这说明地铁沿线的地产价值得到了市场的认可。海纳百川的上海吸引了很多外国人来就业,他们与普通市民同住一个小区,很多市民发现,他们并不买车,而是乘坐地铁上下班。

当时,上海郊区在没有地铁的情况下,公交车发车的间隔时间比中心城区的长很多,出行很不方便,但有了地铁,人们选择住房地段时,观念发生了变化。市中心的房价相比近郊高出不少,但地铁使出行不再成为障碍,所以很多市民宁可选择远一点的地方去居住。张凌翔说:"如闵行浦江镇,很多小区是配合世博会动迁而开发的,后来像松江九亭、泗泾,实际上有很多市区的市民被安置在这里。还有像地铁7号线沿线的刘行、罗店等地,有很多经适房,中心老城区改造时很多市民搬了过去,现在上下班、去学校、去买东西,市民大多靠地铁出行。"

按照城市发展理论,城市开发以公共交通为导向,城市居民向郊区转移,通过地铁快速来往,高英林认为:"交通方便了之后,老百姓其实也不在乎是在市区还是在郊区。市区的地价贵、房价贵,这是明摆着的事实,只要公共交通方便,老百姓愿意住在相对远一点的地方,就像莘庄,现在的人口多得不得了。"

当年1号线通到闵行,莘庄段由区政府自己出钱修建,为的是带动莘庄地区的发展,最终结果非常符合预期,地铁使得莘庄发展成了一个卫星城。同样,地铁11号线的开通也造就了嘉定新城,朱明岐在嘉定办了一个古砖陈列馆,当年的嘉定还没有建地铁,到处都是农田,朱明岐说:"地铁带来了极大的快捷性,使得嘉定的面貌发生了巨大的变化,嘉定新城冒了出来,现在从嘉定到上海市区很方便,许多人住在嘉定,上班在市区。"

地铁给商业带来了很大的价值,地铁线路的选择与商业的结合是非常紧密的。在一个板块内,第一条地铁开通,带来的是出行便利,随着第二条、第三条地铁的开通,轨道密度提高了,就会带动商业发展。地铁不仅能够吸引板块内的消费者,还能够形成区域的商业标杆。如今,地铁能够到达的地方,大商场就如雨后春笋般冒了出来,中山公园板块、莘庄板块、五角场板块无不如此,大型商业都跟着地铁走,流动量大的地方,商业就会蓬勃发展。政协上海市长宁区委员会原主席陈建兴记得,在静安、长宁跟普陀三区交界的曹家渡地区,曾经是上海的商业副中心,但就是因为交通没有发展起来,现在比较僻静了。

现在，地铁已不再是一个简单的出行交通工具，而是集中了出行、休闲、购物、消费等多种功能，为市民营造了一个以地铁为核心的生活环境。

地铁提升了文明程度

地铁车厢是一个特殊的空间，文明乘车是每一个乘客都应该具备的素质。很多市民有这样的体会，乘坐飞机时，大家基本上都很井然有序，而现在随着地铁的设备越来越先进，市民的文明程度也在不断提高，比如会主动让座、有序上下车、不大声喧哗、不在车厢内进食等，而且守时的观念也在加强。朱明岐说，比如嘉定的地铁11号线，早上第一班几点，晚上最后一班几点，只有心中有数了，才不会误点，否则就会影响出行，这在潜移默化中提升了人们的守时观念。

黄山记得，早年的上海地铁还有点乱，比如在地铁里吃东西的人也有，在地铁里扔垃圾的人也有，在地铁里高声喧哗的人也比较多，但是这些年，他感到整个地铁的环境有了非常大的改变，不文明的现象很少见了。

避免在地铁车厢里进食，这是近几年越来越受到重视的一项礼仪，乘客们对一些不文明的现象也能够予以善意的提醒。前段时间，一个女乘客在地铁上吃凤爪的视频引爆朋友圈，上了热搜。她一边吃凤爪一边将骨头随手往地上扔，视频拍摄者、青年教师张聪辉当时就在那节车厢上，对于这种不文明的行为，他在劝阻女乘客无效的情况下，就将这一幕拍了下来，并上传到网上，张聪辉认为对于这种不文明的行为进行曝光，是为了提醒市民，希望以后不再发生类似的事情。资深教育工作者张人利说："良好的行为意识与一个人的经历和本身的素养都是有关的，地铁文化是在不断提升人的素养的基础上创设的。只有当人们的素养在不断提高，一个人在影响别人，别人又在影响他的前提下，才有可能创造出更优秀的地铁文化，也可以创造出更良好的教育氛围，所以在地铁里，人人是教育者，人人又都是受教育者。"

随着乘客的素质逐年提高，上海地铁的管理者给乘客提供的服务也越来越人性化，比如，带着行李的市民，可以直接乘坐电梯达到地面层，不用费力地搬运行李，而且还有专用的直达电梯，可给走路不便的市民提供便利。再比如地铁的安全门，最早的时候是没有的，后来人流量大了，势必会产生一些安全方面的问题，现在的地铁站内基本上都装有屏蔽门。

地铁提升了文化品位

纵横交错的上海地铁日夜奔驰在浦江两岸，好像蛛网般密布的血管，为上海源源不断输送着活力。随着地铁线路的不断增添与延伸，上海地铁车站的装饰设计更注重结合周边环境，融入人文特色的元素。

2010年上海世博会前，上海的轨道交通进入了大规模建设期，公共艺术全面介入地铁空间，有效地建立起两个空间的关联性，增强了地下空间的识别力，也缓解了地下空间的沉闷压抑感，同时创造了地铁空间的品牌效应等各类附加值。到2010年世博会期间，上海地铁280座车站中，共有54幅壁画，覆盖率接近20%。与此同时，艺术工作者根据每个车站所在地的历史文化特色以及地面相关信息开展创作选题，成为营造地铁空间文化氛围不可或缺的一部分，其中，静安寺站的《静安八景》、临平路站的《犹太人在上海》、豫园站的《韵之风》等都深受乘客的喜爱。

灯箱、壁画、橱窗，这些文化长廊所传递出的人文与艺术魅力，在熙

地铁11号线迪士尼站

地铁13号线淮海中路站

地铁人民广场站音乐角

熙攘攘的地铁乘客的心中，留下了深刻的印记。如今走进地铁站的人会在不经意间感受到地下空间越来越浓郁的文化艺术气息，陈志鸿觉得有的地铁站的走道就像一个博物馆、展览馆，这给了市民学习知识的机会。王琳有一次就在地铁站出口到地面的这段橱窗前驻足了很久，因为她被一架古琴吸引住了，橱窗里展出了箜篌、古琴、琵琶等一系列的传统乐器。王琳经常能够在地铁站里看到不同的文化，包括上海最传统的地方文化等，她觉得上海的地铁站是一个非常有文化内涵的地方。

近年来，地铁也正在成为这座城市丰富人们精神文化生活的绝佳场所，像人民广场站就是一个音乐的舞台，经常会请一些专业的或者是有兴趣爱好的人拉小提琴、弹钢琴、唱歌，或是请上海音乐家协会的专家来介绍怎么欣赏交响乐。在熙来攘往中，一首曼妙的曲子说不定就能给人带来一整天的好心情，若是有闲情逸致，停下脚步细心聆听片刻，艺术的熏陶在不知不觉间便会在心头留下印记。

一个周末的下午,人民广场上的音乐角,悠扬的音乐声再次如约响起,匆匆路过的乘客开始放慢了脚步。张人利说:"从物理学的角度说,这就是一种场,场是看不见、摸不着的,但是客观存在的。地铁文化,既有有形的文化,也有无形的文化,既有有形的教育,也有无形的教育,如果从这个角度来观察地铁,那么地铁的作用和功能会发挥得更大。"

地铁,让生活更美好

在上海几十米深的地底下,地铁载着数百万乘客,在四面八方间穿梭流动,这种地下与地上的交错,在人流密集、狭小空间中的相聚,也是一种缘分。

从1993年5月28日地铁1号线南段试运行以来,20多年间,上海地铁建设取得了骄人的成绩,至2018年底,总长705公里、位居全国第一的地铁运营线路穿行于这座名副其实的地铁城市,地铁空间的繁华热闹程度,不亚于地面的马路街道。上海的地铁网络已经基本上形成了,在市中心500米范围内就可以找到一条地铁线,这张网越来越密,运力越来越大,激活了这座城市的生命力。

从当初地铁1号线、2号线刚开通时,还需要鼓励市民乘坐,到如今轨道交通网络基本形成,平均每天已经有超过千万人次的客流量,上海地铁不仅成了大家出行时普遍使用的交通工具,而且扮演着生活社区的角色。

王琳说,生活中的很多小事,在找不到解决的地方时,总会想到地铁站。例如她想要拍一张证件照却找不到地方时,在地铁站里就可以解决问题;若是取钱的话,地铁站里就有ATM机;就算是买早点这样的小事,也能在地铁站的便利店内完成,十分方便。如今的上海市民,遇到亲友聚餐或同学聚会时,总会想到地铁站旁边或者地铁可以到的地方,大家觉得这样比较方便,只要查好路线,便可以出门了。

上海地铁陪伴这座城市走过了20多个年头,见证了上海高速发展的历程。几年后，当总长810公里的地铁网络建成，上海将全面跨入轨道交通的新时代，到那时，市民的出行将更加畅通，生活品质将变得更高，上海的未来将会更加美好。

交通是城市的命脉，建设一流的城市交通系统是促进城市经济和社会持续发展的基础，是增强城市综合竞争力的重要因素，地铁的建设者正在为此而做出不懈的努力，正如陈烨所说："在上海做地下工程，会碰到很多不可预见的因素，地下的障碍物、上水管、污水管、煤气管、电力管、通信管道等等，都是工程最难的地方，在实施的时候要把它搬掉，等到实施好了，还要把它复位，保证它的供应。"

上海地下的"城市动脉"将继续高速发展，未来，将会出现一个区域城际铁路、轨道快线、城市轨道、中低运量轨道构成的强大轨交系统，这个系统将串联起上海和周边的城市，将给更多的人带来出行的便捷。

春节记忆

春节是中华民族的传统佳节,许多人对春节都有过美好的回忆,不过春节这个传统节日也曾经历了一次次的变革。辛亥革命废除了旧历,改用公历纪年,并从1912年起规定1月1日为新年,但在民间,百姓依然沿袭着千年的农历新年习俗,1914年,民国政府又重新确认了农历新年。

只有百余年历史的农历"春节"

都说春节是中国人的传统节日,但是在我们祖先的字典里,并没有把农历新年称作"春节",而"春节"在历史上的确立也经历了多次起落,其实,把农历新年称为春节至今也就百年出头的历史。

2011年是辛亥革命100周年,1911年爆发的这场革命运动推翻了封建王朝,建立了中华民国。1912年1月1日上海出版的《申报》,头版套红,刊出的头条消息是"孙中山在南京就任临时大总统",报纸上还宣布:中华民国废除旧历,改用公元纪年,每年的1月1日,即"新年"开始,这是为了与世界历法接轨,求世界之大同。

不过中国人的困惑也随之而来,已经过了几千年的中国传统农历新年还过不过?根据1912年的报纸记载:"民间仍在当年2月18日按传统扫尘、贴春联、年画和倒'福'字,全家团圆守岁,早起放鞭炮,互相拜年。"

1913年,当局者不得不作出了改变,当时北京政府的内务总长向临时大总统袁世凯呈报:"我国旧俗,拟请定阴历元旦为春节。"袁世凯予以批准,从次年也就是1914年起施行,从那时起,中国人就把农历正月初一称为"春节"。

上海人过年"白相"城隍庙是源远流长的传统习俗,从历史的影像中可以看到,每年的农历新年,上海人依然到城隍庙烧香祈福,中国民间不想西化,还是按照旧历过新年,显示了中华传统力量的强大。

过年是中国沿袭了千年的盛大节日,是农耕时代我们的祖先设计的一场生命的嘉年华。但是北伐成功后的1928年,国民政府又一次提出要废除旧历,把原先农历春节里的一切娱乐活动统统改到阳历的新年元旦举行。

当时上海很多报刊上登出漫画,嘲讽国民政府废除旧历,不过农历的春节。漫画画面里儿子问:妈,怎么不给我穿新衣呢?母亲答道:过新年的人才穿新衣,咱们是过旧年的人,不穿新衣啊!

著名电影演员秦怡回忆这段历史道:"我们不过阳历年,以前都过阴历年,年三十就不睡觉了,但是小孩不许一夜不睡,走到哪里都被赶走,只能到楼上去。楼上哪肯睡呀,爬到那个窗口就一直等着,看待会儿还有没有别的地方放花筒,那时候没有烟火,所以放花筒。阳历年知道,元旦元旦,不去理它了。"

看来,广大的中国百姓并不买账,他们只认一个理,那就是过年不能更改日期,改了便不是那个味了。过年了,《白毛女》里的杨白劳躲债回来,也不忘称两斤面回家包饺子过年,还给喜儿买根红头绳。秦怡认为,

嘲笑国民政府废除旧历的漫画

过年的仪式是不能少的："一个人积累了一年的劳累啊，辛苦啊什么的，洗个澡，擦擦干净屋子，吃点东西啊，看个戏啊，这个是非常重要的事情。所以才会有一种感觉，就是一年比一年好。"

1949年5月，上海解放了。就在新中国开国大典的前夕，中国人民政治协商会议第一届全体会议决定，中华人民共和国采用世界通用的公元纪年。为了区分阳历和阴历两个"年"，又因一年二十四节气的"立春"恰在农历年的前后，故把阳历1月1日称为"元旦"，农历正月初一正式改称"春节"，并规定春节统一放假三天。

至此，春节也正式进入新中国的日历，中国的老百姓可以名正言顺、欢天喜地地过中国年了。

过新年：从年年难过到欢天喜地

春节是不能不过的，不过老百姓能不能过好年，总与国情有关，与年景相关。旧时代，老百姓有一句话，那就是"年年难过年年过"。

1932年1月28日，侵华日军在上海向中国守军悍然发动进攻，"一·二八"淞沪抗战爆发，对于在战争的焦土上挣扎，笼罩在亡国奴阴影下的上海市民来说，此时，过年只是远去的记忆和未来的憧憬，防弹背心竟然成了富有人家的新年礼品。

1933年，作家茅盾在上海过年，他在《上海大年夜》一文里写下了除夕那一天上海南京路上一派凋敝的景象："废历大年夜那天的上午，听得生意场中一个朋友说：'南京路的商店，至少有四五十家过不了年关，单是房租，就欠了半年多，房东方面要求巡捕房发封，还没解决。'这就是报纸上常见的所谓'市面衰落'那一句话的实例么？"

同样在1933年的那个大年夜，刚刚从浙江到上海来唱戏跑码头的徐玉兰，也留下了一段刻骨铭心的记忆。

那是初来上海的第一年春节，班里的大部分姐妹都回家了，只有徐玉兰和几个同乡留下过年。徐玉兰记得当时过年时的情景，戏班老板自己回家过年了，不管唱戏的演员了，她们睡在那个小小的阁楼里面，大家饭

年轻时代的徐玉兰

也没有吃,到后来吃的是一点豆腐、咸菜什么的。当时徐玉兰和小姐妹们家里条件都还是可以的,想想家里过年嘛,总归要肉啊,鸡啊,总归有得吃,于是大家都哭了鼻子。徐玉兰回忆说:"我不哭,我出主意,哭有什么用啊,吃还是要吃饱。霉豆腐就霉豆腐,发芽豆就发芽豆,吃饱嘛。家里人晓得了,我们都是小康之家,三五块钱还是拿得出的,于是钱还给老板,把我们赎了回去。"

原本在越剧科班里再苦再难也能默默忍受的徐玉兰和她的小姐妹们,因为一年之中一顿最重要的年夜饭,只能吃霉豆腐和发芽豆而忍无可忍,终于一走了之。

1945年8月,日本政府宣布无条件投降,抗战终于取得了胜利。

1946年的农历新年是中国人在抗战胜利后的第一个春节,有一位外国的摄影师用镜头记录了上海人过年的景象,这段珍贵的影像,呈现了当时抗战胜利后上海热闹的街市,喜庆的市民正在享受浓浓的年味。

曾经于1933年春节一走了之的徐玉兰,到了1947年,她自行创办的玉兰越剧团在上海龙门大戏院首演了《香笺泪》而轰动一时。从此,每到逢年过节,徐玉兰总是与舞台相伴,每年的大年夜,徐玉兰都是在舞台上度过的,连年夜饭也顾不上,因为过年看戏是上海人的一种春节习俗。丈夫俞则人对此难免会有怨言,当然,徐玉兰丈夫对于大年夜不能一家团聚吃年夜饭的抱怨和徐玉兰12岁时只能吃霉豆腐和发芽豆的年夜饭的苦难,那完全是两种年味。

1949年1月21日,蒋介石下野。尽管是他宣布了"农历为废历",但一旦他自己被"废",废历便不废了。在浙江溪口老家,除夕夜"全家在报本堂团聚度岁,饮屠苏酒,吃辞年饭,犹有古风"。据蒋经国日记记载,年夜饭后,蒋家还特意请来数位京剧名家唱堂会,当然曲终人散的时候也要到了,蒋家王朝已处于风雨飘摇之中。

春节记忆

1949年起，春节正式被载入新中国的日历。解放后的第一个春节，也让秦怡至今记忆犹新，她回忆道："1950年的那个春节，我们在（电影制片）厂里，把所有小吃都叫到操场上，人们都点起了灯火，热气腾腾的，一会儿去吃一碗小馄饨，一会儿去吃碗什么，像庙会的感觉。我们表演打腰鼓，真的人的心情不同了，过年了，咚咚咚咚，完了以后，说不要走不要走，最后要给你们发双薪哦。第一次拿双薪，开心死了，双薪一发，好像钱是用不完了。"

秦怡的丈夫金焰被誉为"电影皇帝"，第一次拿到双薪之后，他整夜乐不可支。当时金焰每月的工资是350元，双薪就是700元，比毛主席的收入还高。

解放就是人民的盛大节日，解放后的第一个春节，对上海的老百姓来说更是双喜临门。

在解放初期人们欢度春节的历史影像中，每个人都是满面春风，眼睛里都闪烁着幸福，人们对新年充满着新的憧憬、新的希望，而国泰民安、国运昌盛，老百姓才会有好的生活。

如今每年的农历除夕之夜，中国的老百姓总是一边吃年夜饭，一边看电视上的春节联欢晚会。可新中国建立初期的一场春晚可能是很多观众从未看到过的，那就是1956年的春晚。当时中国还没有电视，于是由中央新闻电影制片厂拍摄录制了这场电影春晚，总导演是来自上海的一位著名的电影导演。当时，参加春晚的主要演员和各界人士也主要来自北京和上海两座城市，这是一场群英的聚会，很多京、沪两地的学术和文艺界的大

1956年电影春晚主持人郭振清

师都一一出镜。而这场春晚的报幕员就是电影《平原游击队》中队长李向阳的扮演者郭振清,在这场春晚的影像中,我们能随着郭振清的介绍和现场镜头,看到很多耳熟能详的各界名人。

"为了迎接更加光辉灿烂的1956年,中央新闻电影制片厂今晚邀请了各界人士来参加这个春节大联欢。乘着下面的节目还没开始,我来给大家介绍介绍,这位是每天坚持写作一个上午的老舍先生,这位是老作家巴金先生。

"亲爱的来宾们,同志们,非常荣幸,今晚有很多各界的杰出人士来参加这个晚会,梅兰芳先生也来了,今晚在座的还有知名的科学家,这位就是1955年回到祖国怀抱的空气动力学家钱学森先生。同志们,同志们,郭沫若先生到会了。你又在给谁拍照呢?哦,电影演员张瑞芳、苏绣文、李玲君、白杨、赵丹。白杨同志,你们的影片《为了和平》拍完了吗?影片的内容是什么啊?

"唉,你又给谁拍照呢?噢,袁雪芬、徐玉兰、王文娟、范瑞娟、吕瑞英都来了。这位是中华全国工商界联合会副主任委员荣毅仁先生,这位是上海永安公司总经理郭琳爽先生,这位是北京工商界主任委员乐松生先生。"

被誉为"中国夜莺"的著名女高音歌唱家周小燕也应邀参加了这次春节大联欢,并演唱了压轴歌曲《向着社会主义前进》。

1956年的电影春晚,周小燕是通过现在的录像才第一次看到,她还有了一个意想不到的发现,那就是原来那场春晚的总导演不是别人,正是自

周小燕领唱大合唱《向社会主义前进》

己的丈夫张骏祥，一位上海著名的电影导演。当时周小燕在台前，张骏祥在幕后，张骏祥从未说起过那件事，周小燕也就一点不知道。

由于中国是从1958年起才有了电视，1956年的这场电影春晚先是在广播电台播出实况录音，而后才在电影院里播映。虽然其排场、气势和演出阵容都无法和现在的春晚相比，但是喜庆和欢乐都写在每个人的脸上，新中国，新社会，过新年，新年景，新希望，国家好，家家好，这就是银幕内外所有中国人的春节心情。

凭票凭证过大年

春节是中国传统佳节中最隆重的一个节日，说起春节，大家都有特别快乐和美好的回忆。收藏家胡申南的春节特供票证、老艺术家李家耀的心爱饼干箱、市民楼阿姨的防盗菜篮仿佛又让人回到了那个物资匮乏的年代，有苦涩，也有温馨。如今，老百姓的日子好过了，有吃有喝，天天都像在过年，但那份浓浓的年味却只能成为许多人记忆中的春节味道了。

一段拍摄于20世纪70年代的历史影像展现了当时的上海市民在物资匮乏年代为过年而采购食品的情景：春节前的一天清晨，天还没亮，家住上海静安区张家宅的钟大妈就起床了，她匆匆赶到小菜场去买菜。所有从那个年代过来的人，都记得那年头过春节买菜就是要起大早，排长队，多买菜，因为能否装满菜篮子关系到年夜饭是否丰盛，这可是全家人一年到

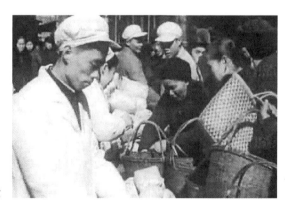

20世纪50年代上海市民购买年货

头都盼望的大事。

已经买好了菜正打算回家的钟大妈,听到了菜场里的一阵喧闹声,她马上转身直奔卖鱼的摊点。上了年纪的市民可能猜出了其中的原因,因为在那时,买鱼要凭鱼票,是计划供应的,而只有这种从深海里捕捞上来的鱼是敞开供应的,当时上海人称这种深海鱼叫橡皮鱼,买到了橡皮鱼的钟大妈在年夜饭的饭桌上,又多了一道海鲜。

那时,为了提早排队占位,市民们用上了篮子、砖头,从半夜冒着寒风开始排队,一夜无眠。如今日子好过了,生活小康了,很多上海人会脱口而出地说一句话,"现在阿拉天天在过年"。不过即便是天天在过年的人们也会对过去一年盼到头的那些春节多少有些怀念,他们难以忘怀的就是过去所充满的而如今有些变味的"年味",而花样繁多的购物票证是那个年代过年置办年货所不可缺少的。

一些拍摄于20世纪的新闻电影反映了上海市民迎接新年,在节日市场里购置年货的情景,在这些历史镜头里,可以看到营业员手里紧紧攥着的小本子。如今可能很少有人知道这小本子是用来做什么的,而中年以上的上海市民都知道,这就是当年的购粮证。在计划经济的年代里,每年春节的年货也是配给定量供应的,而买年货就要凭这本购粮证。经历过那个年代的人都清楚那本购粮证对老百姓的日常生活尤其是过年有多重要,如果这个小本子不见了,那这家人家的年也就别过了。

除了购粮证外,政府还会发放很多春节特供的票证。在民间收藏家胡申南的家里,我们看到了不少年货的特供票证,比如当时买糖年糕也需要

春节特供票证

凭票，大户可以买两斤，小户只能买一斤。在当时，所谓大户小户就是按户口本的家庭成员人数来计算的，一家四口人以下算小户，四口人以上算大户。

胡申南回忆道："春节的票子是增加的，平常肉一个人只有半斤，春节再增加半斤。所以小孩过春节最开心了，平时吃不到的小菜可以增加了，像各种鱼、肉，平常都很艰苦的。春节的票子有期限的，两个礼拜里面要用掉的，过完年就作废的，一般一两天就去买掉了。"

记忆与收藏中的年味

胡申南的家里还收藏着很多大大小小的竹篮，这也是他们家曾经过年所不可缺少的器物，胡先生的妻子楼静年向我们说起了篮子的故事。

原来，过年前上海市民们会准备风鸡、风鸭、酱油鸡、酱油肉、风鳗，腌好以后风干，吊在屋里，一进门，家里过年的气氛十分浓郁。然而楼阿姨却发现，第二天一看，怎么鸭的一只脚没了，肉像被狗牙咬掉了一点，这是怎么回事？仔细一看，上面有鸟粪、狗粪，原来是鸟啊、猫狗啊什么的被食物的味道吸引。后来听到鸟叫、猫叫，来不及套衣服，楼阿姨就会赶紧去把挂着的食物收回来。于是，胡先生后来想了个办法，他找来带盖子的竹篮，把风干腌制的食物放在里面，往窗上一挂，就不怕猫狗偷吃了。

当年，要做一顿丰盛的年夜饭的原料是需要有一段时间储存和累积的，竹篮子既透气又防盗，竹篮里的家禽和海鲜的味道对猫狗是有诱惑力的，而这种弥漫和散发在空气中的味道就是每家每户的年味。

当然，食品不同，保存的手段和器皿也会不一样，胡申南有个爱好，就是到旧货市场去淘过去春节所必备的用具。一天在旧货摊上，他找到了一只饼干箱，这种饼干箱上海人的家里都会有几个，那些要留到过年才能享用的各种糖果炒货放在饼干箱里，才不会受潮变味。老电影演员李家耀在孩提时代就有一个被他当作宝贝的饼干箱，在那时的他眼里，那就是个保险箱、百宝箱，要用的要吃的，容易受潮的，放在外面容易变质的，都放在饼干箱里。有的时候不单吃的东西放在里面，一些不舍得扔掉的玩具，比如弹子什么的也会藏在里面。

过去，过年的年货在平常的日子里都是很稀缺的东西，越是稀缺就越是要珍藏，只有藏到春节才能够心安理得地尽情享用，而在平时就吃掉用掉，会被当成是一种奢侈，所以年味就是一点点地积聚起来的。在计划经济的年代，每个家庭都把怎么样过日子、怎么样过春节计划得很严密，安排得很周全，李家耀回忆说："我们中国人常常会把希望放在春节过年，常常会说把这个藏好了，过年再穿，把那个藏好了，到过年再吃，一天到晚就是等等等。大人对小孩说，这衣服好，不要穿，藏起来，过年再穿，所以我们从小好像最盼望过年。"

其实无论是小孩和大人都盼望着过年，紧张工作、学习了一年的人们在春节假期里，在浓浓的年味中使得身心放松，使得生命愉悦，而春节又是中国传统文化中的辞旧年迎新春的一个时令节点，所以在浓浓的年味中，人们对新的年景总是充满了希望，总是在虔诚地祈福。

在上海市民的记忆中，有一年过年却一点年味也没有，那一年是在"文革"年代的1967年，那一年的春节没有放假。在当时的报纸上，上海某厂的一位青年工人写信倡议，春节过年不休息，也不回乡探亲，很多上了年纪的上海市民还对那段往事有着清晰的记忆。这么多年过去了，很多老人还能记得那一个没有一点年味的春节，这本身就说明，在人们的心目中，春节有多重要，年味有多么美好。到了第二年，在节约的口号下，春节放假恢复了，看来老百姓要过好年，这就是民心、民意。

著名越剧演员徐玉兰以往每年春节期间都要登台演出，因为上海人有春节看戏的习俗。但是到了"文革"年代，徐玉兰被剥夺了演戏的权利，作为演员没戏可演，这无疑是一段痛苦的黑色记忆，不过在这片黑色的记忆中也有一抹亮色的回忆，那就是她终于能在家和家人一起吃年夜饭了。

人的记忆是很神奇的，它会过滤掉很多的苦难，沉淀下很多美好和温暖。而在年三十的晚上，可以和家人团聚，一起吃一顿年味浓浓的年夜饭，这就是徐玉兰温馨的春节记忆，可见中国年对中国人来说有多重要。

过去上海人过春节，烧年夜饭是过年的重头戏，在几家人家合用的灶间里，是各家的家庭主妇们展示自己的独门厨艺的一个舞台。在锅碗瓢盆

上海人过年"白相"城隍庙是传统习俗

各种音响的伴奏下升腾而起的油烟雾气，那便是浓浓的年味，而在阖家团圆的圆台面上，说说笑笑，吃吃停停，那也是浓浓的年味。

除了吃，春节里也少不了玩。大世界游乐场里挤满了人，照照哈哈镜，看看各种贺岁节目，人们笑声不断，乐在其中。而"白相"城隍庙，则是上海人春节期间的一个传统节目。五香豆和梨膏糖不仅是城隍庙的特产，也是很多上海人家必备的春节时令食品，而各种彩灯、兔子灯则是孩子们的最爱，可以说，春节里的城隍庙是上海年味最浓的地方。

在过去的年代里，小孩子平时也有糖吃，但是要吃到当时人们说的高级糖，就只有等到过年了。而在胡申南先生的收藏品中，就有不少花花绿绿的糖纸，他的妻子楼静年回忆："我最喜欢吃大白兔糖，因为大白兔糖最好看，最好玩，剥开放在嘴巴里不要嚼，慢慢自己会溶化的，很好吃的。那么我就挑糖纸头漂亮的，红的，绿的，每次吃糖，不是吃糖了，到后来是为了挑好看的糖纸，我没有的，快点收起来，摊得很平的，然后就夹在书里面和人家去交换。到亲戚家里看见好的糖，就藏在口袋里。"

收集好看的糖纸，就是收藏春节甜蜜的记忆。胡申南还有一种春节的收藏，那就是现在已经很少见到的小小年历片，他介绍说："（过去）春节前一个月，各种年历片印得很精美的，特别是这种印有美女的，因为男同志都喜欢看美女。在'文化大革命'以前，没有这种彩色的年历片，多数都是黑白，改革开放后就能看到这种花花绿绿的，当时很时髦的，特别是像这种芭蕾舞，最突出，镶金边的。"

在改革开放以前很长的一个历史阶段，人们的物质生活和现在相比还比较匮乏，于是大家就把各种好吃的、好看的、好玩的都放在春节里来享受和展示，这也许就是当年年味这么浓，当今的我们对当年年味的记忆还如此清晰和温暖的原因。如今的日子好过多了，人们的生活也富裕起来了，过年什么都不缺，但是似乎缺少了一点年味。这是现在很多人普遍的一种春节心情，让如今的过年也充满年味，这是现在很多人的春节向往。

老食堂里的上海味道

有人说,中国有八大菜系,而食堂里的菜就是第九大菜系。从20世纪50年代起,上海的工厂企业、里弄等纷纷办起了职工食堂、居民食堂,解决了企业职工和加入里弄生产组的家庭妇女们的吃饭问题。上海的老食堂里那些美味佳肴菜品丰富、质优价廉,至今让人垂涎三尺、回味无穷。到了80年代,社会上有一些人向往去大宾馆、大饭店吃饭,久而久之吃出"三高"的毛病,于是很多人又回归到了家庭和食堂,他们觉得还是家常菜、食堂菜有味道。也有人看准了这个巨大的社会需求,把单位的食堂向外延伸,提出了"中央食堂"的概念。

吃食堂的点滴往事

20世纪50年代是上海办食堂非常红火的年代,那时候上海的食堂基本分为两类,一类是里弄里的居民食堂,还有一类就是企事业单位的职工食堂。那时候还拍了很多反映食堂新气象的电影,其中一部影片反映的就是上海华通开关厂的职工食堂。片中的食堂职工说出了他们的心声:"别看我们不能生产机器,可是我们的产品,每个同志离开了它,就不能生活。"

半个多世纪过去了,当年在华通开关厂吃食堂的老人们都还健在吗?《上海故事》栏目组四处奔走,终于找到了几位老员工,这些老人最年轻的也已经年过八旬,最年长的已经90多岁高龄。

马孟良老人曾任华通开关厂工会主席,在他的记忆里,解放后办职工

上海华通开关厂食堂

食堂也是工人当家做主、社会平等的象征。马孟良回忆，解放前只有职员能在食堂吃饭，工人需要自己带饭吃。有的工人连饭也吃不起，只能弄两个馒头啃啃，那个时候工人吃饭确实蛮苦的。

华通开关厂食堂刚创办的时候，由于各种菜肴的质量一般，工人群众并不满意，相比于工厂的食堂，他们更愿意去马路上的合作食堂。当年反映食堂状况的老电影中，旁白声说道："为什么食堂里吃早饭的同志这么少呢？马路上的合作食堂却能吸引这么多的顾客？他们这热腾腾的生煎馒头，一咬一出油，这外焦里嫩的粢饭糕，谁能不爱吃呢？"

工厂食堂不受欢迎这一问题引起了华通开关厂厂领导的重视，工厂党委为此专门开会研究食堂的问题。提升食堂饭菜质量的一个重要举措，就是从社会上的一些大饭店引进了一批名厨师。饭店厨师来到工厂食堂后，他们不会去烧高档小菜，而是面向工人群众，做一些普通的家常菜。从此，华通开关厂的职工可以吃上价廉物美、品种丰富的菜肴了。曾任华通开关厂技术部设计组组长的虞志勇回忆，那时他一顿饭的花费只有一角二、一角四，难得一角六，而一角二就可以吃到四喜肉、狮子头、鸡翅膀、鸡脚、鸡头等荤菜了，"四菜一汤，有排骨，饭嘛随便吃，很开心的，家里面肉吃不到的"。马孟良也回忆道："在蛮短的时间里，品种就不断增加了，像什么素板鸭、素鸡啊，还有豆腐干、饺子、生煎馒头，各种花样的。炒啊，爆炒啊，蒸啊，溜啊，各种制作方法都用上去了。"

那个年代有一句很响亮的口号,就是"工业战线要超英赶美,要把中国贫穷落后的帽子甩到太平洋"。当年产业工人的干劲很足,而食堂作为后勤部门,也加班加点,保障供应。工人加班完了,食堂还会供应夜宵,有馄饨、白斩鸡,虞志勇记得,一份白斩鸡大概两角钱。

食堂办好了,工人师傅满意了,他们干起活来也就更有劲了。工厂办好食堂,其实也是搞好企业文化。曾任华通开关厂厂长的刘锦祥回忆道:"当时上海有一个口号嘛,叫'生产长一寸,福利长一分'。食堂办好了以后,对生产促进非常有好处。因为'民以食为天',吃好饭非常重要。"

马孟良老人回忆,在那些年,有些工人师傅经济不宽裕,因此很节约,食堂里的荤菜、素菜都不舍得吃,而是从家里带些小菜,再在食堂里盛一碗免费的大众汤。马孟良记得厂里有个师傅因为吃饭时总是带几根"龙头烤",被大家起了个绰号叫"龙头烤"。

龙头烤是一种小鱼做成的宁波菜,而人们给他取"龙头烤"的绰号,也只是个善意的玩笑。当年在食堂里,还有一个善意的绰号叫"汤司令",有些工人师傅经济不宽裕,还有些年轻人正在筹备婚事,需要节约每一分钱,所以他们在食堂只吃白饭和免费的大众汤。

到了50年代末60年代初的"三年自然灾害"时期,中国的经济遇到了极大困难,物资极度匮乏,吃饭成了大问题。没有经历过那个年代的人,很难想象饥饿的滋味有多难熬。原黄浦区集体事业管理局副局长刘椿华记得,那时的卷心菜因为没有肥料,卷不起来,是开花的,当时人们把它叫作"光荣菜"。他们在食堂除了吃"光荣菜"外,还要省下粮食与国家共渡难关。

20世纪六七十年代虽然艰苦,但是人们对老食堂也有许多温暖的集体记忆。比如,在每年12月26日毛主席生日那天,食堂里都会免费供应长寿面。长寿面的做法有点像阳春面,清汤寡水下面,但面的浇头很有讲究。在12月26日这一天,浇头的品种难得地丰富,有大排骨、狮子头、红烧肉等。袅袅回旋在空气中的香味,刺激着在饥饿年代里嗅觉变得异常灵敏的人们,这碗面还没吃到嘴,口水已经流了一地。

到了如今,吃过食堂的老人们对于单位食堂的记忆,往往就是那一套进厂时就领到、陪伴了他们大半辈子的搪瓷饭碗。沈美娟老人从1958年参加工作一直到退休，她吃了36年的食堂。如今，她还保留着上班第一天领到的那套饭碗：两只碗，一只碗盛饭，一只碗盛菜，还有一个杯子盛汤。

职工食堂里的好滋味

对于老食堂里上海味道的记忆，每个年代都是不一样的。老一辈人回忆起老食堂里的经典老味道，红烧肉和红烧大排，一定是少不了的。当年上海人把吃大排和红烧肉说成是吃大荤，而把吃肉片、肉丝说成吃小荤。在那个计划供应的年代，这样的好滋味让人回味无穷。

尤其是红烧肉，一定会勾起很多人的满腔感慨，味蕾的条件反射会在一瞬间喷薄而出。有人说：中国有八大菜系，食堂菜是第九大菜系，而红烧肉堪称食堂菜中的巅峰之作。为什么食堂里的红烧肉那么好吃，原上海石化总厂化工二厂膳食科科长王锁扣认为："食堂里红烧肉是大锅菜，因为它的量比较多，烧的味道串在一起，特别浓，所以食堂里最受欢迎的菜，就是红烧肉。"

有人说，上海人做红烧菜的统一特征是"一手酱油瓶，一手糖罐头"，红烧肉这道著名的本帮菜，也充分体现了浓油赤酱口感甜的特点。肉是五花三层，经过长时间烧制之后，香甜软糯，肥而不腻。红烧大排也是上海本帮菜的杰出代表之一。这个菜有一个烧制的诀窍，那就是先要给大排"敲背"。有经验的厨师会用刀背横向竖向将大排拍松，这样炸出的口感更松软，吃口更鲜嫩。裹面粉、鸡蛋后油炸两分钟，这道工序是为了给大排"定型"，之后用老抽、料酒、盐、糖、葱、姜调出浓稠的汤汁，滚开后放入大排煮3分钟，一道美味就出锅了。浓油赤酱甜咸兼具，浓稠的卤汁拌饭那叫一个香啊！

陈福海在上海石化总厂的食堂里干了40多个年头，他的拿手菜是红烧狮子头。狮子头的选料一般是夹心肉，三分肥七分精，比例恰当，拌入适量生粉、鸡蛋，做出来的肉圆就弹性十足。打肉馅的时候，一定要顺着一个方向搅拌。待油锅烧到七成热，油炸5分钟，肉圆的表皮变硬，呈现金黄色的时候,就可以起锅了,然后加入酱油、糖等作料轻轻翻炒。这样烧出的狮子头,嫩得像豆腐,不能用筷子夹,只能用调羹舀。

他还记得当年师傅教他们检验狮子头质量的方法:放一盆水,如果狮子头的肉酱没有打出劲道,调料放得不到位,狮子头一放入水中就会沉下去,反之,如果狮子头能漂在水面上,就说明打出了劲道,油盐酱醋葱姜等调料也放得正好。

在沈美娟老人的记忆中,上海老食堂里还有一个很好吃的汤菜——腌笃鲜,这个菜本来也是上海人家的传统菜肴。那个年代,家庭餐桌上哪怕只有两三个素菜,但只要这个腌笃鲜一端上桌,那就是一桌盛宴。

"腌"指的是咸猪肉,"鲜"指的是鲜猪肉,"笃"则是"炖"的意思,顾名思义,这个菜要小火慢炖。做腌笃鲜最好是用鲜春笋,不用任何调料,鲜肉的香味、咸肉的腌味和笋的鲜味,互相交融,渗透到汤里。这锅汤,散发着清新的山野气息,承载着妈妈的味道,笃出浓香的春天。

食堂里的腌笃鲜之所以那么受欢迎,是因为那时家里烧腌笃鲜要备齐这三种原料,价格比较贵,一般人家烧不起,而在食堂吃就便宜不少。沈美娟说:"有腌笃鲜大家抢着吃的,家里烧烧钞票贵,像我们一个人在食堂吃腌笃鲜,一份一角五分,那吃得蛮好了。"因此如果当天食堂有腌笃鲜,工人们都会早早去排队。

在很多人的记忆中,当年食堂里还经常供应一种烂糊面,虽然名字不

华通开关厂食堂为工人送馄饨到车间

雅，但味道并不差。烂糊面的做法简单方便，先把面条煮烂了以后，放一段时间，用上海话说，就是让它"涨一涨"，把细面条涨成粗面条，面汤涨成糊状，再把青菜切碎了煮在里面，只要两三道工序，烂糊面就算完成了。上海人对烂糊面最深刻的记忆，也是在"三年自然灾害"时期，严格意义上说，它只是为了填饱肚子，很难跟美味挂上钩。

但是对于一直在上海市纺织局工作的巢雷川来说，一碗淋上麻油、热气腾腾的烂糊面，曾是他中班下班后的夜宵，也成了他对食堂最深刻的记忆。他回忆道："中班我们是晚上10点半下班，下班洗好澡以后呢，11点钟不到。拿好碗再跑到食堂里吃二两烂糊面，二两烂糊面不是用小碗，而是大碗装，讲讲二两，其实是一大碗。"

人的记忆很奇妙，那些难忘的好味道，大多是经济比较拮据、物资比较匮乏的年代里流传下来的。那时候好吃的东西不多，所以每当尝到一些好味道，印象就特别深刻，并会把这些好味道保存在记忆的仓库里。如今，烂糊面成了上海人的一道传统主食。

在困难年代，单位食堂的办法和资源，毕竟要比一家一户的老百姓多，很多人都是靠着吃食堂度过了那个饥饿年代。

从家庭灶台到居民食堂

上海人对过去吃食堂有那么深的记忆，和这座城市的特点是有关系的。解放以后，上海由一座消费型城市变为一座生产型城市，1958年，很多原先围着锅台转的家庭妇女走出家门，加入里弄生产组的行列，参加社会生产劳动，而解决吃饭问题自然就要依靠食堂了。

原上海福中食堂负责人夏文仙回忆，1958年，她们敲锣打鼓动员原来在家里抱抱儿子、生生炉子、买买小菜的家庭妇女，丢掉篮子加入生产组。于是，里弄生产组、居民食堂、托儿所等先后开办起来。截至1959年底，上海里弄参加各项生产组的共有约856 000人，举办了34 600多个加工组，另外还开设了1 660多个食堂、2 100多个托儿所和3 270多个生活服务站。

老食堂里的上海味道

　　1958年3月16日凌晨3点,当大多数人还沉浸在睡梦中的时候,家住上海市黄浦区云南路的夏文仙,就匆匆离开了家。那天,是27岁的她踏上工作岗位的第一天。夏文仙后来成了居民食堂里的大师傅,并一辈子与食堂结缘。她对于居民食堂刚刚创办时的那些艰辛,仍然记忆犹新。没有碗、桌子,就到居民家一家家动员,请大家把不用的台板、凳子等贡献出来,而居民们也排着队把办食堂需要的这些东西送了过来。

　　一部20世纪50年代拍摄的新闻纪录影片,反映了上海第一个工人新村——曹杨新村办居民食堂的事情。片中介绍道,"一个普通的家庭妇女,现在已经成为一个优秀的炊事员了,并且烧得一手好菜"。从老电影中可以看到,那些居民吃起食堂的饭菜,津津有味,感觉和自己家里做的味道差不多。这就透露了一个小秘密,因为很多家庭妇女成了食堂的大师傅,那年头她们没去大饭店里培训过,原先在自己家的灶台怎么烧,到了食堂的厨房里还怎么烧。夏文仙就没读过书,当时还是文盲,也没接受过厨师培训,都是自己翻着花样尝试做各种菜肴点心。用她的话说,"家常菜,买点鱼煎煎,买点茄子炒炒什么的,家里吃什么外面(食堂)也吃什么"。

　　都说众口难调,但这些家庭主妇们烧的土菜、家常菜,用如今时髦的话说是"私房菜",却很符合多数居民的口味。

　　年逾八旬的刘椿华老人,在20世纪五六十年代的时候,担任过黄浦区集体事业管理局副局长,对里弄里的居民食堂也很熟悉。50多年过去

家庭妇女去居民食堂参加工作

上海故事：走近远去的城市记忆

居民食堂

了，他至今还记得居民食堂里一个家庭妇女出身的大师傅："这个人叫董海凤，她也是一个里弄的家庭妇女，蛮会烧小菜的。同样一个黄豆芽，她会烧很多花样，黄豆芽油豆腐啊，黄豆芽肉圆啊，黄豆芽细粉汤啊。她蛮会把一个菜烧出好几种味道。"

刘椿华老人还记得那位董阿姨会做各种美味可口的小砂锅，至今他舌尖上似乎还留存着董阿姨做的小白蹄砂锅的味道。小砂锅里面放一个小白蹄，小白蹄不是一整只，而是要切成近十块。汤烧滚以后像牛奶一样雪白雪白的，蹄髈皮又糯又酥，油而不腻，刘椿华一想到就忍不住流口水。

董海凤和夏文仙的手艺其实都是在家庭厨房里练就的，很多上海女性会过日子，会烧菜，她们总是能把一种原料翻出几种花样，花钱不多，味道不错，有种化腐朽为神奇的本领。在夏文仙和姐妹们的操持下，她们的食堂办得红红火火，菜肴的品种也越来越多。夏文仙说："厨房里面有十八道菜打底，样样有的。肉丝炒豆腐干、鸡丝啊，还有咖喱鸡、油炸排骨、红烧排骨。"

夏文仙老人从1958年起办食堂，工作到1993年退休，有苦劳，也有功劳。她曾经7次被评为"三八红旗手"，还受到过时任上海市市长的江泽民的接见。因为从"小辫子"做到"头发白"，政府最后还奖励了她一套房子。

在1959年之前，国民经济状况比较好，居民食堂也办得热火朝天，上海民间收藏家刘德保那时候虽然只有八九岁，但对于里弄食堂还是有些印象的。刘德保回忆，平时父母在单位里吃饭，自己在里弄食堂里吃饭，当时小孩只要挂把家里钥匙就好了，中午吃饭的事大人是不用操心的。

可是，到了20世纪60年代初，很多里弄居民食堂因为粮食匮乏、物资供应紧张办不下去而关门了，这种食不果腹的状况一直延续到了70年代。

创造"第九大菜系"的食堂大师傅

如果把时光倒回到1989年11月28日，上海石化总厂的大院里，正上演着温馨浪漫的一幕。27岁的小伙子崔荣泰，在这一天迎娶他的新娘。而举办酒席的地方，竟然是小崔的单位食堂。崔荣泰回忆说："我既要经济实惠，又要让我们的婚礼别具一格，让我们一辈子有一个记忆犹新的婚礼。我说我们厂里生活区职工食堂呢，地方又大，环境还可以的，因此我们就想在食堂里布置一下，操办一下。"

为崔荣泰操办婚宴的大厨叫王志标，当年也就三十出头，他给崔荣泰的婚礼准备了一个大大的惊喜——一个烛光晚餐，这让来宾们眼前一亮。婚礼给宾朋的感觉就好像在自己家里一样。王志标觉得在食堂办的这个婚礼，比在饭店里面办的钱花得少，但是享受到的感觉，不比饭店里面差。

对王志标来说，在食堂里操办了一个大家都满意的婚礼，还是第一次，这也提升了他在食堂当炊事员的荣誉感。因为他1979年中学毕业后，被分配进了响当当的上海石化总厂，没当上技术工人，却干上了炊事员，这让他心里很不是滋味。他觉得，"大门"走进来，"小门"没走对，因为在当时一般的观念里，食堂的地位相对来讲比较低，在机修车间当一个工人才是响当当的。

当年上海的大工厂像个小社会，生活服务类部门和设施一应俱全。作为解决全国人民穿衣问题的大厂，上海石化总厂同时也要解决众多职工的吃饭问题。为此在70年代时厂里设立了20多个食堂，最高峰时有四五万名职工同时就餐。原上海石化锦纶厂膳食科副科长朱天忠记得，当时早餐烧粥就要用掉一百四五十斤米,可以想象烧成稀饭后将有多少的量。

"糖醋"是中国各大菜系都拥有的一种口味,而酷爱酸甜口味的上海人,毫不掩饰对糖醋排骨这道菜肴的迷恋。酸味能促进消化,提振食欲,在烹制肉类时,加入醋还能使肉质变得更加细嫩。而当酸和甜结合在一起时,酸味更加悠远醇厚,而甜味则变得更加灵动,更加通透。

王志标至今还记得自己学烧的第一道上海名菜——糖醋排骨,说来好笑,他竟然只放糖却忘了放醋。他回忆说:"有一次师傅让我自己去操作,我是只放糖不放醋。因为我只看颜色,酱油放进去太咸,太咸我总归要加糖,糖加了太甜,太甜我再加酱油,反反复复,所以最后这个菜是烧坏掉的。"当然后来经过反复实践,他的糖醋排骨还在食堂里的评奖中获了奖,职工们都觉得他烧的糖醋排骨特别好吃。

原上海石化总厂化工二厂膳食科科长王锁扣,也是在70年代被分配到食堂工作的。当时车间里学徒需要三年才能转正,而食堂里面只要六个月,六个月就可以转正拿到36块工资了。对于家境不好的他,觉得很高兴。

那个年代的青年人,进厂就想学到一门技术,没有人会认为在食堂里烧饭是一门技术活。但是后来他们感悟到,要供应成千上万人的饭菜,要把众口难调变为众人叫好,也是一门技术和手艺。王锁扣为此努力钻研烹饪技艺,1984年他参加了上海石化总厂烹饪比赛,获得第一名,为此工资还加了两级。当时是6元钱一级工资,12元钱已经是个不小的数目了。

上海石化食堂技术比武

20世纪50年代末，华通开关厂出了多位全国劳模，技术革新能手丁杏清就是其中之一，食堂大师傅郑阿华也是其中的一位。在北京召开的全国先进生产者表彰大会上，他们受到了毛泽东、刘少奇、周恩来、朱德等党和国家领导人的接见并合影。华通开关厂的食堂成了先进食堂，成了上海食堂的一面旗帜，上了报纸，拍了电影。工会主席马孟良回忆起50多年前的那一幕，仍然激动不已。

在大搞技术革新的社会大背景之下，食堂也吹起了科技之风。当年有一部老电影，就记录了上海市人民委员会的食堂是如何进行炊具改革的：一台淘米机，它转动10分钟，淘的米就够500个人吃一顿了。自动加米加水机，不仅分量准确，而且工作效率比人工操作提高了28倍。炊事员张海局和同事们花了三年多的时间制成的饺子机，1秒钟就能包2只饺子，1 000多人要吃顿饺子，对他们来说，这已经不是一个难题了。

农场食堂与知青记忆

对食堂念念不忘的还有上海黄山茶林场的上海知青们，在食堂的酸甜苦辣味中，当年的这群毛头小伙和黄毛丫头度过了自己难忘的青葱岁月。当时，上海有100多万名知识青年上山下乡，其中一部分去农村插队落户，还有一部分去的是军垦农场或国营农场。而插队知青与农场知青最大的不同就是，农场知青有固定的工资收入，还能够吃食堂。

对于被分配到上海黄山茶林场的梁大明和他的伙伴们来说，食堂与他们的青春、情感和记忆都联系在一起。对农场的记忆中，当然少不了对食堂的记忆，而当年农场生活的艰苦，当然也包括食堂伙食供应的紧缺。"文革"年代也是票证年代，生活资料严重短缺，而远离上海的农场食堂，肉类食品更是成了稀缺资源。

1968年9月至70年代末，在长达十余年的时间里，上海黄山茶林场的食堂里经常会出现奇特的一幕：一只千疮百孔的搪瓷碗，被牢牢钉在食堂的木头窗框上，搪瓷碗的主人叫梁大明，是一位来自上海的知青小伙子。跟在梁大明后面有样学样的，还有一个18岁的名叫盛金发的年轻人。

20世纪60年代末上海知青在黄山茶林场劳动

那是个物资短缺的年代,国家实行计划经济,梁大明他们之所以要用搪瓷碗抢先排队,就是为了能吃到肉。梁大明回忆当时的情形:"半个月甚至于一个月吃一次肉,对于我们这些年纪轻又做重体力劳动的,吃饭肯定是一副急吼吼的样子。晓得今天吃肉,想办法要抢在前头排第一个,为什么?生怕到后面买不到。"对于被钉子钉穿的碗,既不能打汤,也不能装菜,只能用来盛饭了。

而到了冬天,副食品供应更是困难。原上海黄山茶林场知青董俊康回忆:"到了天冷,只能吃青菜和萝卜,一吃就是一个月。萝卜里有点小荤,小荤是什么?苍蝇。"

而被分配到农场食堂工作的知青,凌晨两三点就要起床磨豆腐、做馒头,即便是爬不起来,但为了全大队人的早饭,也不得不咬牙坚持。原黄山茶林场知青、72届毕业生吴美丽就是其中一个。一部当时拍摄、反映上海黄山茶林场知识青年工作和生活的影片,其中就有被分到食堂工作的部分农场知青的镜头。影片的旁白说道:"从前帮父母烧的是煤球炉和小锅饭,今天,来到革命的大家庭里,要烧几百个人吃的大锅饭,你瞧,这位姑娘正在认真地学炒菜。"

对于食堂的炊事员,让很多老知青印象深刻的是,食堂炊事员为他们盛菜的时候,手会习惯性地抖一抖,这一抖抖得知青们心尖发颤。原上海黄山茶林场知青朱曰兰回忆说:"我是食堂里烧菜烧饭的,烧好要开饭了,因为菜、肉少呀,生怕后面的人吃不到。因为100多个人呢,你控制不了的。我这一盆菜可以打多少份，我不知道的呀。勺子里抖啊抖，我是出名的。勺子抖抖，抖了之后肉都抖掉了。"盛金发回忆当时自己的心态，最好炊事员菜舀上来直接就舀在自己的小碗里。然而往往原本二两肉是六块，炊事员一只大拇指一伸（抖）就变成了只有四块。

俗话说，"塞翁失马，焉知非福"，到嘴的红烧肉是被炊事员抖掉了，但知青盛金发却在食堂里找到了比红烧肉更重要的女朋友。盛金发的妻子卢宏英也是黄山茶林场的知青，她回忆，当年在农场的食堂里，要吃到好一点的小菜，就要早一点去排队，而盛金发总是早早地排在队伍的前面，召唤她。

卢宏英回忆："他很捣蛋的，我不想很夸张的，那个时候刚刚认识，总觉得很引人注目不大好。但是他在前面排着了，他会叫，卢宏英你快点来，快点来。"盛金发和卢宏英的爱情在食堂里萌芽，又迅速在食堂里升温。那时候盛金发甚至还把自己盆子里的红烧肉让给女朋友吃。

这就是那个纯真年代，在食堂里上演的红烧肉里品尝出的浪漫爱情故事。这样的故事可能在不少知青中，在工厂的师兄妹中，都曾经发生过。

黄山茶林场的老知青们，回忆当年农场食堂还有一样美味佳肴，他们称作"炸蛋"，名字听起来有点吓人，实际上就是油炸鸡蛋。每次农忙之后，农场食堂会想方设法改善一下伙食，比如做点"炸蛋"，给知青补补身体。卢宏英看似柔弱，吃起炸蛋来却有点像古代的花木兰："谁说女子不如男"，她曾经创造过一顿吃下16个炸蛋的纪录。她回忆说："吃蛋那个时候很可怜的，有名额的，一人吃两个，记名字的。那么有的人不吃嘛，我嘴巴蛮馋的，蛮喜欢吃的。（就问人家）你今天不吃是吧？跟我讲一声，那么我赶紧去拿了一只碗，一会儿冲到食堂里去，一会儿冲到食堂里去买。十六只，一口气吃下去了。馋啊，这时候也没有什么东西吃，再说爸爸妈妈又不在身边，不懂的啊，有吃就拼命吃，像狼一样的。"

一顿吃下16个炸蛋，现在想想真是不可思议，但那时候食堂供应的荤菜少，知青肚子里没有油水，再加上干的又是体力劳动，因此一个个胃口超大。卢宏英记忆中的"炸蛋"，也就是上海人口中的"虎皮蛋"。如今这样的炸鸡蛋，既是高蛋白又很油腻，估计许多人已经对它敬而远之了，不过它仍然是老知青们难忘的好味道。

食堂的告别与回归

20世纪80年代以后,改革开放使得老百姓的生活越来越好,人们对吃饭的要求也越来越高,由吃得饱变为吃得好。在一段时期内,食堂菜、家常菜对很多人来说,已经不那么有味道了,而吃饭店菜、宾馆宴才津津有味,动辄上千甚至数千元的豪门宴风靡一时。

就算是山珍海味,也有吃腻的时候,当味蕾在大饭店的重油重味刺激中逐渐麻木的时候,它给人们的健康也带来了诸多的问题。于是很多人又开始怀念起家常菜和食堂菜来,因为它们不仅可口,而且不会吃出高血压、高血脂、高血糖等所谓"三高"的毛病来。

90年代以来,上海由一座工业城市,转型发展为一座经济金融中心城市,很多工厂纷纷"关停并转",一些工厂食堂也随之人去楼空。在上海市宝山区长江西路101号院内,也静静地矗立着一幢爬满了青藤,写满了历史和沧桑的老食堂。这里是原上海铁合金厂的老食堂,由于工厂停业了,食堂也就闲置起来,不过,旧时的模样依然保留着。如今,这些老厂房的区域,被改建成了上海国际节能环保园,而铁合金厂的老食堂,也计划改建成园区里的一座高级会所。

如今的上海,老企业纷纷转制,新公司大批开办,很多公司的老总为了节约场地和成本,就让员工到外面去吃饭,而食堂则被忽略了。于是,很多问题也随之而来。不少白领因为单位里没有食堂,每天中午都会为去哪儿吃、吃什么而发愁。公司白领裴旻昕说:"我很羡慕这种大楼里有食堂的单位,如果中午这顿饭吃得很开心,很合你胃口的话,说不定下午工作积极性也会有的。"在原上海石化总厂腈纶厂膳食科科长王志标看来,"民以食为天,到单位里上班,今天一顿饭我吃得很不舒服,心里总是会有疙瘩的"。

70年代进上海石化总厂食堂工作的王志标,此时又干了一件比当初在食堂里为人办婚宴更轰动的事。单位里没有食堂,也会使员工少了一份归属感。而且如今的年轻人,结婚生子,买房买车,如果再天天吃饭店,在家庭财务上也有一种不可承受之重。王志标敏锐地感受到了社会对食堂的需求，于是他把工厂食堂的大门打开，面向社会，办起了新式的"中央厨房"。

如今，王志标是上海渤海餐饮公司的董事长，他带领上海石化食堂的一批员工，开办了一个"中央厨房"。他们每天要为上海的几十家企事业单位，以及高铁、动车的乘客等约12万人次提供餐饮服务，其中有很多就是公司的白领。

王志标认为，如今的上海人，又在回归食堂。

虽然那个轰轰烈烈办食堂的年代已经远去，变成了很多人关于青春的记忆，但是"民以食为天"，在那些食堂大师傅们精心烹制的美食中，我们可以强烈地感受到，老食堂里的上海味道，历久醇香，回味无穷。

吃在云南路

沪上享有盛誉的云南南路美食街，由20世纪20年代兴起的路边饮食摊演变而来，改革开放之后，随着特色风味小吃的逐步恢复和发展，1991年9月云南南路美食街正式创建。美食街全长250米，南起金陵东路，北迄延安东路，这里汇聚了小绍兴白斩鸡、小金陵盐水鸭、鲜得来排骨年糕为代表的特色小吃。很多年来，上海老百姓的生活发生了翻天覆地的变化，但云南路上的味道，总会在人们津津乐道中唤起美好的记忆。

美食街的百年路

从19世纪50年代起，云南路周边的戏园、茶馆及娱乐场所市面逐渐兴旺，售卖饮食小吃的流动小贩也开始增多，到20世纪20年代，云南路上已经出现了一批固定摊位，成了云南路美食街最早的雏形。

解放前曾在大新公司，现中百一店游乐场魔术班学徒的胡文德当时家住老西门附近，云南路是他每天来回的必经之路。他记得那时云南路上有很多卖油煎饼、大饼油条的摊位，天蟾舞台后门外也是排档，一个很大的锅子里面有肠、肺、肚子等猪下水，汤不要钱可以自己去舀，食物是要称分量付钱的。

20世纪40年代，在云南路众多的饮食摊点中，两条长凳、三块铺板撑起了小绍兴鸡粥摊。一些当年的知名演员成了小绍兴的常客，胡文德回忆，晚上戏院演出结束，演员、观众都会去云南路上的马路排档小绍兴吃夜宵，其中包括筱文滨、施春轩、王雅琴、王盘声等戏曲名家。

吃在云南路

云南路上从事餐饮的商贩，大多是在战乱时期从各地来到上海的，他们带来了各自家乡独特的饮食风味。在上了年纪的上海市民的回忆中，各种小吃琳琅满目，有油豆腐细粉、生煎、烧卖、面条、水饺、大饼油条、粢饭糕、脆麻花、香菜饼、老虎脚爪、葱油饼等。

20世纪50年代，正逢社会主义改造初期，云南路上近百户摊贩结合马路整顿，组织成立了集体所有制的合作食堂，统一经营，自负盈亏。60年代后，这里的店家又逐年减少，品种趋于单一，特色也渐渐消失。在金陵东路以北的云南路上，到了1978年仅有七家饮食店。

改革开放后，沉寂多年的云南路又开始热闹起来，人行道上又出现了一大批临时搭建的简易店铺，许多特色风味小吃也逐步恢复，慕名而来的食客络绎不绝。

在上海市民翟如林记忆中，那些简易店铺规模颇为壮观，他回忆说："云南路靠东一边，从金陵路拐进来以后，一路上一直到延安路口，都是点心棚棚。棚棚也是很结实的、永久性的，上面也有瓦、油毛毡，还有支撑的梁，它就是正规搭出来的房屋。饮食店的棚棚是连着的，除了人家住户、商店、弄堂口不能拦住之外，一路过去是棚棚连棚棚，连成一片的。"

随着时间的推移，当时的云南路逐渐形成一个多元化的餐饮格局，国有、集体和个体户共同生存，争奇斗艳，一派繁荣的景象。1986年，云南路上首家专卖热气羊肉的个体户火锅店开张，灵活新颖的经营方式吸引了一大批顾客。上海小绍兴的退休职工董法康回忆，店家把每天送来的羊放在自家店门口一爿爿批，让顾客都看得到，后来经营得法，名气渐渐大了

20世纪80年代末的云南路夜市

大世界美食街

起来，国营餐饮店也开始学习做热气羊肉。

80年代末，云南路开设了夜市，慕名而来的人们一时把狭小的云南路挤得水泄不通。市民瞿凤妹回忆，晚上七点钟到十一点钟，云南路人山人海的，因为离南京路不远，有些游客听说了也来了，云南路夜市就好像一个景点一样很热闹。在著名滑稽演员周益伦印象中，云南路本身就狭小，两边摆摊摆好后，人都没办法走。上海人喜欢挤热闹，拥进拥出，特别是一到晚上，都是弄根棒子挑好的一只只白炽灯，看上去简简单单，但是感觉非常繁华，非常热闹。

1991年9月，上海在筹备第一届黄浦旅游节之际创建了大世界美食城，从此，这条南起金陵东路、北迄延安东路、全长250米的云南南路就成了闻名上海的美食一条街。从那一年开始，云南路上先后恢复了小绍兴鸡粥店、小金陵盐水鸭店、长安饺子楼、鲜得来排骨年糕店等各具特色的15家餐饮企业，在就餐时间，几乎每家店门口都会大排长龙。

2008年12月，崭新的云南路美食街又一次开街亮相，短短250米的云南南路上，先后新增了洪长兴、五芳斋、大壶春、德大和燕云楼等沪上老字号餐饮品牌。

小绍兴白斩鸡的奥秘

关于名扬沪上的小绍兴白斩鸡有一个传说，上海小绍兴退休职工董法康介绍,早年小绍兴的创始人在云南路上摆鸡粥摊,有一次不慎,挂着的已经烧好的滚烫的白斩鸡掉进了下面的冷水桶里,没想到食客吃了以后觉得冷水浸过的鸡比热的好吃。此后,小绍兴便改变制作工艺,上桌的白斩鸡不再是热的,一定要冷却后再上桌,鸡肉里外都嫩,食客们也都接受了。老食客们回忆,"文革"期间没有鸡可吃。1979年6月,小绍兴恢复白斩鸡、鸡粥和全色血汤,选用优质鸡种,采用传统操作工艺,活杀、现烧和现卖,保持了原有的特色风味。市民翟如林回忆,他曾和隔壁弄堂余庆里负责给小绍兴杀鸡的老绍兴师傅有过交流,了解到鸡活杀好、烧好之后是用冷水浸的,有时候鸡来不及做,师傅会和大堂里说,鸡没有了,客人假如等不及的,就让他们回去好了。

小绍兴的绝招,除了鸡是活杀的,还有就是现烧。当年在小绍兴工作的董法康曾被安排去学烫鸡,他回忆,烫鸡之前要把鸡的内部洗得很干

小绍兴

小绍兴白斩鸡

净，否则就会有血水，随后一只手拎着六只鸡放在滚烫的开水里烫，鸡是烫出来的，热水全部都到鸡肚子里去了。刚学的时候，师傅让他一只手拿三只鸡就可以了，因为这滚烫的开水要烫到鸡肚子里面去，因此要把鸡浸没在开水中，初学时不熟练就容易烫到自己的手。

白斩鸡一直以来是上海人钟爱的食物，擅长烹饪的市民曲来顺，对小绍兴白斩鸡神秘的制作工艺有着浓厚的兴趣，为了能自己动手制作，那时的他会经常去小绍兴边吃边看边问。他了解到，小绍兴所用的鸡都是从浦东进货的，重量基本在三斤半到四斤半之间。这是因为白斩鸡是看着时间烧的，鸡的大小不一，时间就不好掌握，同样的时间，大的还没有烧熟，小的却已经煮烂了。而且在开水里烧和冷水里浸的工序，要反复进行好几次，这样才能使鸡肉嫩、鸡皮脆。曲来顺介绍说，他自己现在烧白斩鸡的方法，就是用以前从小绍兴学来的方法，他说："水烧开了，鸡放下去，烧3分钟，拎起来，拎起来以后，放在冷水里冲，再放进开水里烧，这样反复两三次。所以小绍兴的白斩鸡，不管是天冷、天热，出来的鸡都是冰冰凉的。"据董法康回忆小绍兴烧白斩鸡的这些方法，曾经都是秘密，进入小绍兴学习烧鸡的员工，还必须签保密合同。

严格的企业规定却也无法抵挡人们对美食的追求，小绍兴不但白斩鸡好吃，蘸料同样鲜美，其中到底有什么秘密？曲来顺曾经问过小绍兴的师傅，得知小绍兴的白斩鸡蘸料是用鸡汤调制的，鸡汤加上酱油、糖、醋以及葱姜，最后再放一点鸡油在上面，肯定要比一般人家单单用酱油蘸白斩鸡更好吃。因此不少食客都认为小绍兴的蘸料有秘方，特别好吃，还会在买鸡的同时再买一份蘸料带回去。

小绍兴白斩鸡的传统制作工艺，除了活杀和现烧，还有就是要现卖。董法康记得，活鸡从浦东鸡场出来，宰杀运到店里不超过两小时就上桌了，因为隔夜的、隔顿的全部都会扔掉。

云南路上的上海美食

小绍兴风靡上海的同时，鲜得来排骨年糕店也利用光明中学的人防工

吃在云南路

鲜得来

鲜得来排骨年糕

事,建造地下餐厅,正式恢复老字号招牌。鲜得来排骨年糕店的店面在光明中学隔壁的一个弄堂口,上面的店面负责制作,地下的防空洞就是食客们堂吃的地方了,尽管地下空气不流通,十分闷热,但食客们并不在意,生意十分红火。店里斩排骨的师傅每天要斩几千块排骨,而地下则是满满的等位的食客,每桌都有站着等位子的人。在人们要吃一次肉并不容易的匮乏年代,鲜得来排骨年糕就是这么吸引人。

滑稽演员周益伦回忆说:"第一次吃的时候觉得大吃一惊,因为那个时候,主要是这块排骨值钱,过去我们小时候吃肉的机会少得很,难得吃一次排骨是一件大事情了。"市民瞿凤妹也记得当时吃一客鲜得来的排骨年糕,一块排骨、两根年糕、一杯芬达,就觉得自己很有面子。

专营生煎馒头的大壶春,老店原先开在四川路汉口路转角上,2009年又在云南路上开了新店。有一种传说,在20世纪30年代,其实店主取名为"大壶春",想跟同样卖生煎的"萝春阁"齐名,没想到食客们把"壶"念成了"壸"字,于是店主将错就错,之后在他的店里索性摆出一把大壶。大壶春云南路店店长余红英说:"过去吃生煎没有汤,店家就拿一个壶烧了一大壶大麦茶放着,食客边吃生煎边喝茶,后来'大壶春'的名字就一直叫到现在。"

大壶春生煎的特点是采用全发酵面,馅内不放肉皮冻,馅子汁水少,馒头褶子朝上。余红英介绍说:"因为上海人喜欢味道偏甜,皮冻不放,就是纯肉,一只只生煎馒头里面就像一只只肉圆一样的,和人家外面其他生煎不一样。馒头包法就是照原来的,花纹朝上的,人家一看这个就知道是大壶春的。吃上去口味和人家也不一样。馒头将要出锅之前,一把葱、一把白芝麻撒下去,吃口香、脆、皮子松。大壶春煎生煎的锅子也是有讲究的,它是用熟铁打出来的,熟铁制成的锅子,煎出来的生煎馒头的底板厚、脆、香。"

有一年的《福布斯》杂志评选出全球最为精彩独特的"必吃"美食,大壶春生煎馒头榜上有名。店里的生意一直很不错,食客盈门,余红英回忆,四川路老店因为排队人实在太多,有的人一买就是一锅或一饭盒,因此顾客拿的筹码也分红、黄、蓝三种颜色,一锅生煎筹码就是一种颜色,排队往往需要等上一个小时。中午最忙的时候,有的人只能站着吃。还有人从宝山、闵行坐车过来,一买就是两斤,甚至还有人把生煎带上了飞机,余红英就遇到过这样的食客:"人家坐飞机的人,一大早等开门,买好一盒子,乘飞机到台湾、香港,甚至于有到美国的。双休日等节假日,外地游客来吃的很多,吃好以后还会对着大壶春铭牌拍一张照片回去。还有住在附近的外国人,天天来吃,吃好以后,大拇指一竖说,'好吃,好吃'。"

在上海人眼中,吃生煎馒头,再来一碗咖喱牛肉汤,那是绝配。余红英介绍,牛肉汤是用牛油和沙茶酱熬出来的,以前食客们常常是二两生煎加一碗牛肉汤,后来生煎个头大了,人的胃口也小了,一两半生煎加一碗汤就可以吃饱了。

上海人爱吃糕团面点,在云南路上,也能找到它们的踪影。规模最大的是五芳斋,五芳斋以糕团、面点为主,赤豆糕、条头糕、松糕、双酿团等上海传统的糕点在这里都可以买得到,天热时还供应冰冻绿豆汤、刨冰、冷面等。

容纳各地风味的小吃街

除了上海及江浙的美食,云南路上还汇聚了来自北方和西南地区的各种特色小吃。

1991年9月,具有北方传统点心特色的长安饺子楼,在云南南路美食街开张营业。从事中式点心培训教学的姜圣华是当年长安饺子楼的创办人之一,作为一名国家级面点技师,她在饺子色香味的开发创新上,独具匠心。她曾开发出珍珠饺,一两面粉可以做156只珍珠饺。这种饺子的皮子不是用擀面杖擀的,而是用手按的,每个饺子皮才比手指甲大一点点,里面的馅子则是用牙签挑进去的,制作十分精细。

长安饺子楼的饺子不仅做得精细,品种也多,经过改良,北方的传统美食在上海重现风采。一百零八饺就是长安饺子楼打出的广告,据姜圣华介绍,实际上长安饺子楼的饺子品种还不止108种,而是180多种。

长安饺子楼还结合江南船点动植物造型的特色,运用西点的烘焙方式和广式的烹饪技艺,集合各派点心之长,独创出了海派饺子宴,成为当年云南路上的一大亮点。姜圣华介绍说:"虾仁蒸饺在西安,配料比例是八分肉酱二分虾仁,我们和它反过来,四六开,四分肉,六分虾仁,口感就

长安饺子楼的海派饺子宴

不一样了，突出虾仁。饺子馅料的食材包括天上飞的、地上跑的、水里游的。口味也变化多样，鱼香茄子、咖喱、椒盐、椒麻、怪味，甜的咸的是最基本的口味，我们都有。还加入高档原料，如鱼翅、鲍鱼、海参，食材变了，特色不一样了，海派饺子就出来了。"

在调整口味、研发新品种的同时，他们还把蔬菜汁和在面粉中，改变饺子的颜色，一盘盘五颜六色的饺子，令人赞不绝口。姜圣华回忆，他们去西安学习做饺子的时候，发现西安饺子皮胚颜色比较差，回上海后进行了改良，使饺子颜色和吃口都变好了，还加入了菠菜汁、胡萝卜汁，开发出了不同颜色的皮胚。

云南路上的小金陵盐水鸭符合上海人的口味，店门口排队的人总是很多，店堂里常常是座无虚席，也常有不少明星光顾。小绍兴、小金陵、鲜得来和长安饺子楼四家餐馆，是当年云南路上的"四大金刚"，除此之外，西北的羊肉泡馍、云南的过桥米线和四川的火锅等各地的风味小吃在这里一样深得人心。

滑稽演员周益伦就在云南路上吃到了他念念不忘的四川火锅和从未吃过的西北菜。他记得，当时他演出所在的共舞台的化妆间，和后面的云南路隔开只有约一米宽的一条小弄堂，这条小弄堂里便是老四川火锅店。周益伦以前在四川待过，已经习惯吃火锅，回到上海以后吃不到四川火锅，还以为上海没有，谁知道化妆间窗户一打开，一闻，隔壁这股火锅味道让他口水直流。一个人去吃又没有味道，于是他只能约朋友一起吃，尽管其他人辣得吃不消，他一个人吃得却很开心。剧团演出期间，也常会去云南路吃饭，他记得有个叫雅叙居的西北菜馆，里面有他只在文章中看见过却从未吃过的羊肉泡馍，又鲜又烫的汤，和吸满汤汁的面饼，让他一吃就觉得特别美味。

小绍兴的退休职工董法康记得，云南路宁海东路口，有一家店的过桥米线很出名。小店的汤锅里面总有三只鸡在煮，鸡烧酥了，另外再放三只在里面，鸡汤始终在锅里保温，食客点完米线，鸡汤就被浇在过桥米线上。

京帮名店燕云楼曾经出售的鸭架子对翟如林来说是最难忘记的，他回忆说："人们说，上海燕云楼的烤鸭不输给全聚德。北方叫鸭架子，上海叫鸭壳子，上面肉还有很多，当初只卖五角钱一只。买回来以后，上面的肉还可以剔出来烧成汤，所以买鸭壳子要抓紧时间的，熟门熟路才能买得到。"

吃客们的美好记忆

从一段反映20世纪80年代末云南路夜市的影像资料中可以看到，曾经以小吃排档为主的云南路，供应各式烧烤、面、馄饨、春卷、小笼包等数十种风味小吃。狭窄的街道吸引了许多上海人、外地人和外国人的驻足关注，现在的一些老上海们还能如数家珍地报出一串美味，对云南路小吃留下了很深的印象。

让滑稽演员周益伦印象最深的是小馄饨，读中学时，同学间互相请客，由于条件有限，往往就是吃小馄饨，派头大点的还会加上排骨年糕。有一次他跑到后厨一看，才发觉小馄饨并不是像大馄饨那样一本正经一只一只包出来的，而是捏出来的，一只手拿一张皮子，一只手拿一根竹签，挖一点肉馅，一刮，一捏，一扔，一只小馄饨就包好了。正是由于小时候对云南路小吃留下了深刻印象，他回忆说："从外地工作回上海后，先跑云南路，把各种各样小时候吃过的东西，包括大饼油条、豆浆、小馄饨、排骨年糕、生煎馒头，一样一样吃过来。有时候成心不吃饭，就是要去云南路过过瘾头，把以前的记忆都找回来。"

对于曾经居住在云南路附近的曲来顺来说，云南路是他每天骑车上下班的必经之路。每天早晨，他总能看见那些手拿早点，急匆匆赶去上班的人，他说："早饭一般会吃点粢饭、吃两只大饼、吃根油条，喝碗咸浆或者甜浆。时间来不及的就买一点糕团，如黄松糕、赤豆糕、条头糕、双酿团、金团、蜜糕、年糕团。"在他的印象里，只要是早点摊基本上都在排队，而那时的云南路小吃大概也只有小绍兴可以坐在店堂里面吃，大多数人都是把食物拿在手上，边走边吃。

有些人在小吃街吃了还不过瘾，干脆自己开一家店，想什么时候吃就什么时候吃。游俊华就是因为当年的男朋友翟如林酷爱云南路上的热气羊肉和白斩鸡,跟着一起吃,结果吃出了一世姻缘。翟如林回忆自己那时一年要吃100多顿羊肉,他说:"比较喜欢吃,味道好,那个花生酱调料,再放点辣,再放点香菜,弄盆羊肉上来,一个紫铜火锅,炭炉一烧,涮起来,这热气羊肉的肉是不缩的。"妻子游俊华回忆:"他说这个东西好吃,就要到这个地方去,要么吃羊肉,要么吃白斩鸡,一直去吃。喜欢吃了就跟着他去吃,接触时间多了,两个人就走在一起了。"

到后来翟如林天天要吃羊肉,怎么办?正好夫妻俩有一间门面房子,为了老公吃羊肉,游俊华决定自己开羊肉馆,这样真的就可以天天坐在店堂里吃羊肉了。于是,她请来了云南路的师傅,开了一家叫"金来顺"的羊肉馆。

德大西餐社搬迁到云南路后,依然受到食客的追捧,曾在附近开店卖服装的翟如林夫妇同样也是德大的常客。早上忙完生意,两人就会来到德大,点一块猪排、一盆浓汤、两只小面包,吃好以后再喝上一杯奶咖或清咖。

云南路美食街上店家林立,美食荟萃,早已是家喻户晓的小吃街,它不仅成为上海这座城市的一个符号,还承载着许多上海人的美好记忆。

编织美丽生活

上海人对织毛衣独到的追求最早缘于20世纪三四十年代的毛衣编结学校和编结社,"良友编结社"的冯秋萍大师创造了2 000多种绒线编织花样,开创了海派绒线编结技艺,带动了上海人的"织毛衣热"。而在60后、70后、80后的记忆里,冬天的衣柜里总有一件妈妈织的毛衣,款式虽然不新潮,但一定厚实,让整个冬天都被温暖包裹着。那些年,到处可见妈妈们围坐一起织毛衣的场景,一双手、一副针、一团线,编织的不仅仅是一件衣服,更是一份暖暖的温情。

海派绒线编结技艺的开创者

说起海派服饰,人们的第一反应便是《花样年华》中张曼玉那一袭袭

冯秋萍

冯秋萍编织品——《孔雀披肩》

美丽而风情万种的旗袍,海派旗袍能恰如其分地展现上海女性的美,但海派绒线衫因其繁复的花样和精巧的设计,也成为爱美女性的"宠儿"。

海派绒线编结技艺的开山鼻祖是有着"巧夺天工"的"编结界不可多得之奇才"之称的冯秋萍大师,出生于1911年的冯秋萍早在20世纪30年代就以精湛的手艺和独特的技法享誉行业内外,不少电影界、戏剧界明星和社会名流都主动要求给冯秋萍当编结教材上的模特。在海派绒线编结风格的树立和普及上,冯秋萍作出了巨大的贡献,当时在上海,她是家喻户晓的名人。上海工艺美术研究所工艺美术师瞿启蒙介绍说:"冯秋萍老师给周璇小姐做的一件绒线编织的旗袍在当时是独一无二的,冯老师是一个很敢于创新的人,她非常敢于走前人没走过的路。"

1956年,作为杰出的民间艺人,45岁的冯秋萍应聘于上海工艺美术研究所任工艺师,主持绒线服装设计工作。在此后的近半个世纪里,冯秋萍创造了2 000多种绒线编织花样,设计了难以计数的经典编织工艺品,其代表作《孔雀披肩》以孔雀羽毛为蓝本,运用多种针法将其绚丽多姿的色彩表现得淋漓尽致,完全体现了冯秋萍大师的独到匠心。冯秋萍在绒线编结上的艺术造诣提升了当时上海乃至全国的绒线编织水平。现在,她的作品被留在了上海工艺美术研究所,上海工艺美术研究所所长助理徐旺德说:"一来是为了传承冯秋萍大师的技艺,二来是为了把她的文化底蕴展现给世人,告诉世人,普通的民

冯秋萍编写的书

间工艺也能上升为一种艺术。"

上海解放后的第三天,冯秋萍就应上海人民广播电台的邀请教授编结技艺,后来还创办了美工联社手工编结班等,来帮助广大的妇女姐妹获得谋生的基本技艺。1983年,冯秋萍开始在电视台的节目中教授绒线编织的基本技法,一共40讲的"冯秋萍绒线钩针编结法"系列讲座大受欢迎,同步发行的150万册教材也被抢购一空。上海的老百姓跟随电视上的冯秋萍编织绒线衣、绒线裤、绒线帽子和围巾,掀起了学习绒线编结技艺的新一轮高潮。

80年代,命运的红线牵引着李黎明,让她遇到了冯秋萍老师,更让李黎明没想到的是,有一天她会成为冯秋萍老师的得意门生。

让海派绒线编织技艺享誉世界

2006年1月5日到15日,在法国戛纳购物节的时装T台上,一场编织时装的专场展示让在场为数众多的业界人士颇为震撼,而这个在诸多世界知名服装品牌中名不见经传却让人无比惊艳的纯手编时装,它来自中国,来自上海。

一个衣着朴素、举止还有些拘谨的中年女士,在外国模特的簇拥下走上T台,她就是被海外媒体称为"中国时装界最具潜力的编织皇后"、上海非物质文化遗产——海派绒线编结技艺传承人的李黎明。李黎明设计的

李黎明编织时装专场展示

李黎明的女儿穿着妈妈设计的毛衣

李黎明和冯秋萍

服装在意大利、法国、澳大利亚、日本、埃及等国家和地区的T台上都做过展示。从1997年开始活跃在中国的时装舞台到2015年获得"上海市工艺美术大师"的称号,李黎明在五彩缤纷的绒线世界里执着地坚守着精雕细琢、精益求精的"工匠精神",将上海女性擅长的织绒线技艺发展成国际知名的中国原创品牌,成为一张靓丽的上海名片。然而这一切是三十多年前在工厂宣教科当干事的李黎明做梦也不会想到的,当时李黎明所在的单位宇宙金银饰品厂是手工业局的一个下属单位,80年代,改革开放的春风复苏了国人对美的追求,上海,这座对新潮之美始终充满激情的城市就成了引领整个中国服装潮流的时尚先锋。手工编织的毛衣一时间风靡大街小巷,家里家外也随处可见拿着毛线团,一边织着毛衣一边聊天的女人们。

1985年,刚做了妈妈的李黎明在电视里看到了圈圈绒编织大奖赛的报名预告,她一时兴起就报了名,还在比赛中得了奖。得了奖的李黎明从此一发不可收拾,只要有比赛就去参加,参加了就会得奖,这使得她在宇宙金银饰品厂一下子成了"名人"。因为经常和工艺美术研究所的职工一起开会的缘故,李黎明遇到了改变她一生命运的重要导师冯秋萍,李黎明回忆说:"那天宣教科的朋友把我带到了冯秋萍老师的家里,冯老师说他们正好有一个展览,要展出工艺美术作品,她让我做几件衣服给她看看,我做的几件她觉得都挺好的,就拿去展览了。"

也许命运的转向就是如此的不经意,但又特别眷顾有天分的人,能得到重量级编织大师冯秋萍的赞赏,李黎明的内心非常激动。1985年,李黎明开始帮助已经74岁的冯秋萍老师整理几十年积累下来的绒线编结花样图稿,编成了《冯氏编织555种》一书。除了帮助老师整理资料外,李黎明还代替年迈的冯老师去位于科学会堂的妇女干部学校给全上海的女干部们上绒线编结课,也就是在这个时候,她萌发了用绒线编结技艺来重振海派文化的想法。

李黎明写的第一本书是《上海花式毛衣巧编钩》,这本书很畅销,也引起了很多出版社的关注。那时挂历非常流行,上海人民美术出版社就专门找到了她,那三年里,李黎明就一直在忙着出绒线编结书和绒线时装挂历,这也为她以后的时装设计打下了坚实的基础。当时,上海人民美术出版社每年都会推出三四本挂历,挂历上的模特穿的都是她的作品,这些样式新颖别致的编织衫,一时间风靡上海滩。

1994年,李黎明成立了自己的公司,打出了"李黎明"的品牌,一门心思做起原创的手工编织服装。1998年,李黎明应邀赴日本举办"中国民族服装展示",媒体称这是"来自中国最具吸引力的时装秀"。就在那一年,李黎明应邀去了香港参展,她的原创服装还登上了T台。演出结束以后,很多媒体一哄而上,争着向李黎明提问。当时,其中有一个问题问她最大的理想是什么,李黎明脱口而出说"要登上法国巴黎的T台"。

作为一个中国人,李黎明觉得中国元素透露出的经典性和低调、内敛的感觉,富有无与伦比的意蕴和美感,所以她十分注重从优秀文化中去寻找灵感,寻找中国人独特的感受。2006年,当李黎明这个上海女子,用绒线编结技艺惊艳世界时装界的那一刹那,她的梦想终于成为现实。

清苦岁月中的织毛衣情结

20世纪六七十年代,中国的一个家庭往往都有好几个孩子,为了让家里的每个孩子在冬天里都能有一件抵御寒冷的绒线衣，有的妈妈就只能在做完所有的家务之后熬夜给孩子们织毛衣。在陈苇姐妹的记忆里，妈妈床头的灯似乎整夜都是亮的；在金垚君的记忆里，小时候她的毛衣都是妈妈挤时间织出来的，特别是到了春节前，为了让她能在大年初一穿上新毛衣，妈妈的那双手就白天黑夜地织个不停。现在，金垚君只要一想起妈妈织毛衣的情景，她就会情不自禁地流泪，因为妈妈的爱是那么的纯朴、那么的炽热。

年逾九旬的孙静有七个子女，她那双织毛衣织了几十年的手依然还在为她的孩子和孩子的孩子织围巾。从1949年她的第一个女儿出生一直到现在，孙静已经记不清她给孩子们究竟织了多少件毛衣，虽然那些毛衣早已不存在了，但是每一件毛衣那数也数不清的一针一线里都倾注了她对孩子们全部的爱。孙静说："我有七个孩子，我这个当妈妈的，只要把孩子打扮好，让他们穿暖，我心里就会很高兴。他们小的时候，大概两三天我就能结一件，等他们长大一点了，穿的衣服大了就需要结一个礼拜。"

那时，为了帮助辛劳的母亲多分担一些家务，很多像陈苇这样的女孩子就开始跟着妈妈学习织绒线，因为是初学的缘故，所以妈妈们经常会教她们织一些相对简单的围巾和袜子。那个时候生活比较单调的姑娘们也非常愿意去学织绒线，因为在五六十年代人们的传统观念里，会织绒线、会做针线活的女孩以后才能成为贤惠持家的好媳妇。

当时，大部分工人每个月都会领到单位里发的劳防手套，手套积攒多了，就可以把线抽出来，用来织衣服、裤子和袜子，这样的白棉纱线也让初学织绒线的姑娘们有了练手的材料。不过，很多妈妈织绒线的针只有一套，又一直都在使用，所以她们就只能自己想办法了。赵佩英想起自己学织绒线的情景，不无感慨地说："把粗的别针拉拉直，把针头在水泥地上磨一下，再用砂皮纸打一打，就这样学起织绒线来了。"

1978年，19岁的陈苇走上了工作岗位，工作后的她织毛衣的时间就变得很少了，作为家里的老大，她就只有利用晚上的时间给全家人织毛衣。而这个时候，陈苇的妹妹平凡正在上海师范大学油画系读书，编织水平早已经超过妈妈的陈苇，给妹妹织了一件款式特别的漂亮毛衣。陈苇回忆说："那是有叶子的湖绿色的一件毛衣，当时织绒线衫，基本上用普通的针法，像这种又绣花，又织张叶子缝上去的做法比较少，我妹妹穿出去以后，大家都说好，她开心，我也很开心的。"平凡认为机器织出来的毛衣没有一针一线的情意，而姐姐的手工毛衣特别温暖，只要一看到这件湖绿色毛衣她就会想到姐姐，而这件毛衣她珍藏至今。

毛衣所传递的手足温暖、爱情甜蜜让那个年代的人们精神上变得无比富足。后来，陈苇的妹妹平凡从上海师范大学毕业走上工作岗位后谈起了恋爱，虽然织毛衣的水平远远不及姐姐，但这并不妨碍她给男朋友织一件"温暖牌"毛衣。说起当年给男朋友织毛衣的情景，平凡笑着说："那时已经上班了，所以只能利用晚上的时间一针一线地织，蛮费时的，因为是要送给男朋友，我就在心里默默地算尺寸，宽多少、长多少，还不能让男朋友知道，也不想让爸爸妈妈知道，我就一个人悄悄地躲在房间里织。"这种偷偷织毛衣的情景，一想起来就让平凡觉得特别甜蜜，现在回想起来她仍有些羞涩。

在那个物资匮乏的年代，一件毛衣织了拆、拆了织，要穿好多年，因为整件毛衣不好洗，而拆下来的毛线又会弯弯曲曲，下次织出来的毛衣就会很不平整，所以，如何把毛线尽可能地变回原来的样子就成了一个技术活。在家排行老大的祁莉萍每年都要把一家老小的毛衣拆成毛线，洗好、绕好，再织成毛衣。祁莉萍说："拆好以后，拿个方矮凳翻过来绕线，绕好后用一根绳子穿好，烧好开水后把毛线放进去。羊毛的线一烫就直了，假如不是全羊毛的，线是烫不直的。然后自然冷却到一定的温度再拿出来，那个时候还没有甩水机，就拿毛巾压压干，再晒到外面，就跟新线一样了，又直，又有弹性。"说起过去，祁莉萍有些怀念与伤感，她说："衣服都是织了拆、拆了织，反反复复的，奶奶、爸爸、妈妈、弟弟、妹妹和我六个人的衣服每年都要织一次，每年要织十几件衣服。那个时候，衣服不多，我最多三件，弟弟也三件，爸爸、妈妈、奶奶就一件，他们都不舍得穿，都给我们穿。"

1988年，祁莉萍的女儿出生了，她的姑妈送给了她一斤毛线。就是用这一斤毛线，祁莉萍在织了拆、拆了织中一直让女儿穿到了十岁，如今，祁莉萍的女儿已经过了而立之年，而那件陪伴了许多年的毛衣她始终没舍得拆掉。

每一个为所爱的人舞动双手织毛衣的人已经记不清织进去了多少个白天和黑夜，也无法数得清究竟织了几千、几万的针数，他们只记得，每多织一厘米的长度，所爱之人就多一分温暖、多一分甜蜜，就是这份温暖和甜蜜陪伴着他们生命中的每一天。

从小练就的"童子功"

20世纪70年代，随着中国恢复在联合国的合法席位，我国的对外贸易日益增长，作为纺织品重要出口城市的上海，有些工期紧张的外贸订单就会被分发到不少的家庭去完成。很多女孩子为了补贴家用，很小就学会了钩针、编织，那个时候，蒋伯环就是因为经常去婶婶家才学会了编织技艺。

为了能够多赚一些零花钱，蒋伯环经常就会多钩几顶帽子，她记得婶婶织起帽子来动作很快，那个时候钩一顶帽子可以赚到七八角，婶婶去站里领取材料，她和弟弟就跟着婶婶学钩帽子。那时候，做针线活可不是女性的"专利"，王国林就因为没有姐姐妹妹，他这个只有六七岁的男孩子也开始学起了绒线编结，练出了一手钩花的"童子功"。他的零花钱都是靠钩花钩出来的，也就是今天所说的"代加工"，王国林回忆说："工资50%是一个月一结，付现金的，50%是年终分红的，年底能分到五块、十块。我妈把年底分红的钱给我了，但是这钱不可以乱用，当时，五块、十块不得了呢，五块钱买油盐酱醋可以用两三个月呢。"像王国林这样的孩子经常会在完成订单之后被大人们奖励一些零花钱，但当时并不是每个家庭都有这样的手工活可以做，当时还是小学生的蒋鸿秀就因为羡慕别的孩子可以有零花钱，也想方设法地去别人家拿点加工活回来做。

不仅如此，蒋鸿秀还利用课余时间给自己织了第一件漂亮的毛衣，那是一件黑白双色的带有菱形图案的毛衣。为了留下穿上这件毛衣的样子，她还特地扎了两个小辫子跑到照相馆拍了张照片。当时，还是小学生的扈玉詹没有钩针，也没有毛线，别人钩的时候，她就只能羡慕地站在边上看，但让她自己也没想到的是，有一天她会成为编织高手。当发现自己有编织的天赋，再加上大家的表扬，扈玉詹的自信心一下子就起来了，她会时不时地创造些新花样。后来，她成了水上竞技运动员，在去四川邛海冬训的时候还念念不忘织毛衣，别的队员一天集训结束后都去看电视了，只有她还待在房间里琢磨毛衣花样。

80年代，日本电视连续剧《血疑》在中国播出，当时，扈玉詹正在四川山区冬训，她看到剧中演员的毛衣很好看，于是就照样子织了一件。她回忆说："就是'光夫衫'嘛，那个时候正好很流行，我就用钩针钩出一个菠萝花，放在肩膀的位置上，再加上两个泡泡袖，很好看的。"1987年的春天，扈玉詹回到了上海，这时，她可以在书店里看到很多绒线编结书，在这些书中，有李黎明为冯秋萍老师整理出版的，也有很多是李黎明自己编写的。

在那个几乎人人都对织绒线有着浓厚兴趣的年代，也会有少数的妈妈对女儿的这一爱好不以为然。小时候刚学会织绒线、正处在上瘾阶段的扈玉詹就经常等妈妈上班后偷偷地替妈妈织上几针，结果因为手法不一样，织好的几针却被妈妈全部拆掉了。在女儿织绒线这件事上，与扈玉詹的妈妈态度截然相反的是金垚君的妈妈，她对女儿的要求极为严格。那时金垚君大概十五六岁，她的两个哥哥在安徽插队，妈妈很心疼他们，给他们一人买了一斤绒线，为他们织绒线衫。妈妈教金垚君织，那是她人生中第一次织毛衣，她的心里美滋滋的，结果妈妈并不满意她的成品，把衣服又拆了，这让金垚君受了不小的打击。

而小时候被妈妈拆毛衣拆哭了的金垚君，长大后织毛衣竟然成了她最大的爱好。金垚君织的每一件毛衣，一针一线里都缠绕着她的爱，从当年当知青的哥哥一直温暖到今天年迈的父亲。金垚君说，织毛衣的时候，人就会很安静，从心底里生出一种爱心，给谁织毛衣，就会想着那个人，去感受爱、去表达爱，这种爱的力量对于她的整个人生都产生了积极的影响。

和当年的金垚君一样，因为没有编织经验，陈苇最早织出来的毛衣经常会出现尺寸不合适的情况，就在这织了拆、拆了织的反复练习中，很多像陈苇、金垚君这样的姑娘学会了织绒线，从此她们一发不可收拾地给家人织起了毛衣。

冬天数不清的白天和黑夜，冰冷的双手织出贴紧人心的温暖，一针一线织出来的爱，从清苦的当年一直温暖到幸福的今天。

相聚"梦随线飞"

在那些平淡的日子里，绒线织出了亲情的温暖。如今，老百姓的生活水平提高了，很多人不再买毛线打毛衣穿了，但是依然还有那么一群人一直不愿放下手里的毛衣针和钩针，因为有着相同的爱好，她们走到了一起。

每隔半个月，一群来自上海各个区的阿姨们就会很早出门，路上花费一两个小时，聚集在咖啡馆里，一边聊着家常，一边打着手里的毛线活。75岁的大阿姐何敏虽然是她们当中年龄最大的，但每次聚会她从不落下，和她们在一起的时候，何敏总忘记了自己的年龄，她觉得自己还年轻，记忆力也没有衰退，总有一股很积极、很健康的能量从心底里泛起，这让她相当开心。

其实这群绒线编结爱好者在七年前并不认识，是被她们称为"青竹"的杨慧英聚集到一起的。杨慧英来自江西，在上海打工，2009年8月，她突然想给孩子织件毛衣，于是她在电脑上搜到了"编织人生"网站，一群天南海北的阿姨妈妈们在网上交流着织毛衣的心得。后来，杨慧英组织了一个上海的编织群，把有相同爱好的人们汇集在一起，并给这个QQ群取名为"梦随线飞"。让杨慧英没有想到的是，"梦随线飞"的编织群很快就发展到了300多人。大家每天在QQ群里互相切磋，几个编织高手和积极分子就冒了出来，网名叫"莉莉"的祁莉萍为人特别热情，也很愿意为"梦随线飞"这个大家庭张罗一些琐碎的事情，于是就被姐妹们选为了管理员。

"梦随线飞"上海编织沙龙群有一个"呱呱教室"，群里的老师会定期在网上教大家编织一些好看的衣服，蒋鸿秀和蒋伯环都是通过"呱呱教室"才加入这个大家庭的。在"梦随线飞"上海编织沙龙里，扈玉詹被姐妹们亲切地称为"教授"，而蒋伯环织得又快又好，被大家比喻为"机器手"。"梦随线飞"就像一个大家庭,只要一有活动她们总是一起参加。有的时候,为了能买到与众不同的花色线,她们甚至会花一天的时间跑到青浦,她们中很多人都非常节约,路上用一个面包就把吃饭对付过去了,可是一买起线来,却又十分大方,这也许就是兴趣的力量。

在如今的上海,仍然有很多热爱织毛衣的人,有像"梦随线飞"那样的编织QQ群,也有像曲阳第二居委会这样的编织组。大家在编织的世界里探讨、学习,在不断进步的同时,也用自己的劳动美化了自己的生活。

不管是扬名国际时装界的李黎明,还是不厌其烦教大家织毛衣的扈玉詹,不管是给自己织毛衣的蒋伯环,还是不停地给别人钩衣服的蒋鸿秀,她们都用自己灵巧的双手,用心中的爱和智慧织出了美好生活的点点滴滴。

搪瓷的美好记忆

搪瓷，又称珐琅，由于安全无毒、易于洗涤洁净等优点，在19世纪初被欧洲国家运用在日常生活用品上。20世纪30年代，上海的搪瓷业快速发展，成了中国民族工业的一个重镇。搪瓷在中国的普及经历了从城市到农村、从富裕之家到寻常百姓的过程。1949年后，国家大力发展搪瓷产业，开启了日用搪瓷"家家有，人人用"的序幕，当时，从军营、车间到乡村，从茶杯、碗盘、脸盆到痰盂、浴缸，搪瓷制品无处不在。无论是当年"抗美援朝、保家卫国"的慰问杯或劳动竞赛的"奖"字搪瓷杯，还是"鱼虾戏水"或"花好月圆"搪瓷脸盆，搪瓷成了几代人非常美好和温馨的记忆。

搪瓷的前世今生

在上海浦东机场附近，有一位吕焕皋老人专门建立了一家东方龙博物馆，其中的搪瓷馆里就陈列着他用40多年时间收藏来的3万多件搪瓷制品，吕焕皋高兴地说："我收藏了三万多件搪瓷产品，各式各样的搪瓷，有广告的，有宣传画的，有侍女图的，有民国的，甚至有清末的。"一谈起这些搪瓷宝贝，吕焕皋总是如数家珍、滔滔不绝，而他起初对搪瓷的喜爱源自父亲的影响。吕焕皋的父亲吕岳泉是20世纪30年代开办的上海久新珐琅厂的创始人之一，然而，一家生产搪瓷器皿的工厂为什么会叫"珐琅厂"呢？其实，珐琅就是搪瓷，因为翻译的原因，进入中国以后就叫搪瓷，而珐琅和景泰蓝的工艺是相近的。

原上海市搪瓷工业公司总经理办公室主任袁定国说:"景泰蓝其实就是搪瓷,也就是珐琅,由于体积比较小,上面就镶点铜啊、黄金啊,而实用的搪瓷杯子、搪瓷脸盆,体积比较大,实际上都是硅酸盐,一模一样的。"

搪瓷是在金属基底表面涂上玻璃质的瓷釉,再通过高温烧制形成的一种复合材料。在1956年中国制定搪瓷制品标准之前,人们将搪瓷这种工艺称为"珐琅"。其实,这种工艺最早在隋唐时期就传入中国,只是一直在宫廷深藏,搪瓷用品真正从贵族的工艺品转向民用,走进寻常人家的生活那已经是20世纪的事了。1916年,一个叫迈克力的英国人在上海闸北地区开设了一家搪瓷工场,当时在我们国家的机械工业还没形成的情况下,只能靠老工人手工敲打,慢慢地生产一些杯子、盘子等颜色单一的产品。

之后,中国人自己也开始开办搪瓷厂,经过添置设备、改进技术后,不仅搪瓷制品的花色更加丰富多彩,产品的质量也不断提高,甚至让洋货在中国搪瓷产品面前都相形见绌,于是中国的搪瓷工业兴盛了起来。那时,中国民族工业开始兴起,从1917年起,就有一些留学国外的学生回来,中国原来比较富裕的珠宝商与国外回来的留学生携起手来,开始办搪瓷厂,像益丰搪瓷厂、久新搪瓷厂就是那时候兴办的。作为久新珐琅厂也就是后来的久新搪瓷厂的最后一任厂长,谢党伟人生的大半时光都和搪瓷联系在一起,当年,厂里的老师傅经常会跟他说,搪瓷最初也是一个家庭的体面象征,精致的图案装饰了生活。

那时候一般的老百姓买不起搪瓷制品,而有钱人家的小姐比较喜欢有情景的搪瓷物品,比如画仕女图的。民国时期生产的卷边脸盆上,一些画

民国时期生产的卷边脸盆

家就人工在上面绘画，吕焕皋介绍说："过去搪瓷杯子、搪瓷缸上都有一幅幅名家画的画，像艺术品展览似的，一举三得，又是装饰品，又是一种艺术品，客人来了，装上水果端出来，又是实用品。"

随着搪瓷工业的发展，搪瓷器皿除了美观，它作为日用品的好处也越来越深入人心。搪瓷比较干净、无毒，隔夜的食物放在搪瓷容器里不会受污染。资深媒体人胡展奋回忆说："搪瓷制品的优点首先是无毒，其次是不容易腐蚀。小时候父母对我们说，带点酸的东西不能放在铝锅里，要坏掉的，放在搪瓷锅里就好，再说它也不重，所以在各地都受欢迎。"

搪瓷用品上的时代印记

色彩鲜艳的图案，生动的口号标语，如果在商店里看到这一件件的搪瓷用品，你是否还会由衷地感叹，这跟我们那时候用的一模一样啊！如果你会心一笑，那么搪瓷曾经的风光故事里，也一定有你的一份回忆。上海市民殷自力有一天在店里看到一只搪瓷杯子，就立刻买了下来，因为它和当年的搪瓷茶杯十分相像，而且毛主席的题词"向雷锋同志学习"和一幅雷锋的像也印在了上面，买回去以后，他就在想，这搪瓷制品怎么会在当时这么受欢迎呢？

的确，如今只能在一些售卖复古、文艺情怀产品的小店里才能看到搪瓷制品，但搪瓷制品却曾经是几代中国人生活里最习以为常的生活用品。

早在20世纪50年代，虽然搪瓷厂里的工作条件十分艰苦，但是当时的青年工人们还是抱着极大的热情，用他们的双手见证了一个又一个带着时代印记的创举，其中就包括了著名的"抗美援朝慰问杯"。原上海久新搪瓷厂厂长谢觉伟回忆，解放以后，对搪瓷行业来说，值得自豪的一件事就是参加抗美援朝慰问杯的制作。1951年，志愿军在朝鲜打仗，搪瓷行业接到了上海市人民政府的重要任务，要赶制一批慰问杯送到朝鲜前线，每家搪瓷厂都要生产，因为订单数量大。根据久新搪瓷厂的厂志，久新厂共生产慰问杯90.2万只。

曾经参加过抗美援朝的志愿军战士朱俊贤老人回想起当年在朝鲜战场

搪瓷的美好记忆

抗美援朝慰问杯

上收到祖国慰问团送来的搪瓷杯的往事,心中仍然感动万分。他回忆说:"我们正在朝鲜,经过千里行军,到达元山,那个时候祖国的慰问团来了,我们整个营地都沸腾了。慰问团来了之后,带来了慰问杯,杯子是1952年的,上面写着'赠给最可爱的人'。大家都珍惜得很,用布包起来。拿到这个杯子以后,我们时时牢记,要永远做一个最可爱的人,听党的话,做中华民族真正的好儿女,一定为中华民族打出军威来。"

经历了给"最可爱的人"献礼后,1963年全国掀起学雷锋热潮,"雷锋杯"又成为当时最红火的纪念品,即使到现在这款搪瓷杯也很受追捧。谢党伟回忆,毛泽东指示"向雷锋同志学习",1964年,工厂马上制作"向雷锋同志学习"的搪瓷杯子、搪瓷盆子、搪瓷圆盘。搪瓷产品与整个社会的发展紧密相连,出了什么英雄人物,搪瓷产品就会马上跟进,出现在市场上,立刻就会受到老百姓的喜欢,成为畅销品。

在当年的"上山下乡"运动中,知青们在随身携带的行李中,大多会装上时兴的白底红字的搪瓷杯、搪瓷碗等,通常写着"上山下乡光荣""广阔天地、大有作为"等口号。胡展奋清楚地记得,当时要买到这样的搪瓷用品,还要凭专门的通知单:"我记得最清楚的是必须凭'上山下乡'的粉红色通知单才能去买脸盆、碗、杯子等。我印象最深的是'知识青年到农村去,接受贫下中农再教育,很有必要'这段话就印在边沿上,还有一朵朵向日葵。当时感觉这虽然有点陈式化,花色也比较单一,但是它的传播效果很强烈,每一个知青都能够买到这样的搪瓷脸盆,这是一种身份的认可。"

带着时代印记的搪瓷器皿不再仅仅是一种生活日用品,还带着人们寻

印有单位名字和工号的搪瓷杯子

找社会的身份认同,在物资稀缺的年代,参加工作后职工能领到一套搪瓷用品,也算是一种福利。年逾八旬的李正海依然记得当年新进单位的员工都会领到一套印有自己工号的搪瓷碗杯,用起来的时候也是分外珍惜。他记得自己初中毕业以后进了上海机床厂,进厂时领到了一只搪瓷杯子、两只搪瓷饭碗,编号就是他当时的工号——第6930号。

当年史明光刚进入华丰搪瓷厂工作时,最让他喜出望外的是除了领到所有工厂标配的搪瓷碗杯外,厂里竟然还给他发了一个搪瓷脸盆。他回忆说,其他工厂只发杯子和碗,但是搪瓷厂还发脸盆,方便洗澡用,特别是到下班的时候,每个人都夹着一个脸盆,进浴室洗澡去了。在这方面搪瓷厂可能比其他行业条件相对优越些,当时,有只搪瓷脸盆人们就很开心了。

作为搪瓷厂职工的子女,从小就对搪瓷有着深厚感情的史虹最大的愿望就是进入搪瓷厂工作,领到这一套属于自己的搪瓷用品,在她的人生中有了不一样的仪式感。原上海久新搪瓷厂包装车间主任史虹回忆起那时自己的想法便是接替自己爸爸妈妈的班,到久新搪瓷厂上班,随便分派做什么工作,只要能到这个厂里来工作就可以了。当她拿到这一套搪瓷用品时,激动不已,觉得自己的愿望实现了,能和爸爸妈妈一起工作,每天都可以看到自己喜爱的搪瓷了。

每个工厂发的搪瓷用品都印着自家单位的名称,所以不管是走亲访友,还是邻里邻居,不经意间看到搪瓷杯、搪瓷碗上的信息都可以是打开话匣子的源头。特别是天热的时候,人们都在弄堂里乘风凉、吃晚饭,每家桌子上都放着三四只搪瓷碗,人家在哪个厂里工作,一目了然,因为饭碗上都写着呢。

搪瓷品的设计与加工

搪瓷用品上不光有简单的印字,那些活灵活现的图案也是颇有讲究的,尤其是1958年,王个簃、唐云、程十发等十名上海中国画院画师到上海久新、益丰两家搪瓷厂劳动锻炼,画师们通过对搪瓷工艺的了解,设计了一批珍贵的搪瓷画稿。画家唐云先生还写文章,记录了画院画师们参与生产建设的往事,当时三个月时间,画师们一共画了120种以上的花样投入生产,制成两百多万个脸盆,畅销国内外。

唐云之子、著名画家唐逸览回忆,1958年,上海中国画院尚在筹备,画家都要深入生活,当时为了提高人民生活、美化人民生活,搪瓷厂虽然本身就有美工,但画院责无旁贷,有责任到厂里帮助设计人员提高设计水平。画院里的一大批画师基本上都到了搪瓷厂,在帮助搪瓷厂的美工提高设计水平的同时,自己也做设计,这批产品面世后,市场销售十分火爆。

搪瓷产品面貌一新,中国画的艺术被用于日用品上,这也是一大创举。经由上海中国画院画师们设计的那些色泽艳丽饱满的花鸟、山水图案以及各色纹样的搪瓷盆等,一经推出便大受欢迎。原上海市搪瓷工业公司

上海中国画院画师到搪瓷厂劳动锻炼

总经理办公室主任袁定国说:"齐白石画的虾,脸盆里放点水,稍微动一动,这虾就像活的一样。当时上海美院一批第一流的画家深入基层,指导各个厂的美工来搞艺术产品,起了蛮大的作用。"

在那个搪瓷工业欣欣向荣、搪瓷产品百花齐放的年代,质量和花样是赢得市场的关键,所以每家工厂都在质量把关、翻新花样上下足了功夫。谢觉伟回忆说,那个时候是搪瓷行业比较兴旺的年代,大家都想争取做名牌,要做名牌,产品质量要上去,花色要丰富,所以各个厂都找来了相当多的画家、美工人员来组建自己的设计队伍。

著名帛画家穆益林就是这个时期进入久新搪瓷厂负责设计工作的,他还记得自己在设计室里说过一句话,要把万紫千红的春天送到千家万户。他认为那时各家搪瓷厂生产的品种同质化比较严重,你做脸盆,我也做脸盆,你做痰盂,我也做痰盂,为了能够获得消费者的青睐,他提出"以花制胜"的策略。

为了创作出更多受消费者欢迎的花样,穆益林亲自到各地做市场调研,回来后设计出了"万紫千红""花好月圆""芙蓉鸳鸯""竹编牡丹""金钱牡丹""五朵金花"等系列产品,代表了当时搪瓷花色上的最高水平,在市场检验中经久不衰。他回忆说:"当时我们久新厂独立做的第一个配套产品叫'万紫千红',表达的用意是从梅、兰、竹、菊做成的窗格子里望出去,牡丹花盛开的时候,一片红调子,有种喜庆的、吉祥的、带有春意的意境。在这之前的搪瓷设计,大多数局限于一部分的花纹,所以这套产品做出来以后,能够引起市场上的震动,销售了近20年。"

"万紫千红"系列脸盆

除了图案设计，生产加工工艺同样影响着搪瓷产品的质量，搪瓷喷花就是将各式花样喷绘到搪瓷制品上，图案的美观很大程度上取决于喷绘的技巧。第一次接触这样富有挑战性的工作，谢党伟心里就暗自较劲，一门心思要吃透喷花技巧。他觉得要做好喷花，就要掌握一些工艺美术知识，要对各种造型、各种花卉和鱼类有研究，这里面有许多技术可以钻研，他就这样就全身心地投入到喷花工艺中去了。他爱钻研技术，也乐于接受挑战，当时厂里的喷花工有近百人，假如领导安排他喷个简单的花样，他还会有点不开心，而喷比较难的花样，他反倒乐意。

产品受到市场欢迎的同时，也考验着搪瓷厂的产能，怎么在保证质量的同时提高产量。在喷绘岗位上不断精益求精的谢党伟慢慢琢磨出了一套提高喷花速度的新方法，当时喷花车间是没有休息的，做30只脸盆约一小时，一天的定额是240只。他改变了原来拿起喷枪要先放一枪空枪的习惯，而是拿起枪直接喷绘，所以他的产量在车间里是比较高的，别人一天喷240只，他的产量可以达到400只、420只，甚至450只，一天下来尽管吃力，却很有成就感。

1978年，上海市轻工业局组织了搪瓷喷花技术比武，谢党伟的参赛项目是给一个口径只有26厘米的搪瓷饭碟喷花，结果一举夺冠，他回忆说："比赛前我做了充分的准备，这个比赛是根据速度、琅粉的节约程度、花色的审美、质量要求等评分的，满分为100分，我达到了99.8、99.9分，七家厂的喷花工比赛下来，我得了第一名。"这件作品也成了谢党伟人生中的第一件搪瓷收藏品。

谢党伟和他获奖的搪瓷饭碟

搪瓷丝网印贴花工艺

虽然当时的喷花工艺已经很成熟,但由于都是手工操作,产量始终上不去,而且搪瓷粉末非常微小,即使车间内配备简单的吸尘设备,还是会对生产工人的身体健康产生影响。追随父亲唐云的脚步,进入搪瓷厂从事设计创作的唐逸览把这些都看在眼里,他开始琢磨解决的方法,他从自行车架和蝴蝶牌缝纫机机头上的贴花图案获得启发,为什么搪瓷上面不能搞贴花呢?他花了一年多的时间,自费研究搪瓷的贴花。但是学习美术设计出身的唐逸览对于化工行业并不熟悉,想要在搪瓷制造上引进贴花技术碰到了一个不小的难题。唐逸览想起了自己有位小学同学在高桥化工厂工作,通过这位同学,他找到了化工厂的总工程师,正是这不懈的努力才带来了技术上的重大突破。他回忆说:"我找了高桥化工厂的总工程师后,他说你从甲基丙烯酸丁酯入手,也就是做有机玻璃的单体,把材料选择的范围缩小了。我做了几百本笔记本的记录,经过一段艰苦的试验,不断地改进配方,最后做出来几个小样,烧出来一看不错,鉴定通过,马上投产。"

唐逸览在国内首创了搪瓷丝网印贴花工艺,这一重大突破获得国家轻工部重大科技成果奖。工艺的进步大大解放了生产力,搪瓷厂产量得以不断提高。

上海搪瓷产业的辉煌

1949年以后,国家倡导大力发展搪瓷日用品工业,开启了搪瓷"家家有、人人用"的序幕,而这背后正是有一大批的青年人才把自己的人生投入到了搪瓷工业的建设中。原上海搪瓷七厂炉窑工程师周云龙1959年进入华丰搪瓷厂,当时上海有华丰、益丰、锦隆、顺风等七家搪瓷厂,后来益丰变成了搪瓷一厂,华丰成为搪瓷七厂。

原上海久新搪瓷厂副厂长张鹤平介绍说,搪瓷生产大有学问,特别是搪瓷的配方,包括100多种矿物质,瓷釉厂通过1 300摄氏度高温烧成瓷釉搪瓷的粉,再把搪瓷粉送到搪瓷厂,把块状磨成粉,也就是搪瓷的原料,再通过搪瓷厂把搪瓷粉涂在铁皮上,通过900摄氏度的高温烧成搪瓷成品。

由于搪瓷制品要经过900摄氏度的高温烧制而成,因而炉窑车间就变成了工厂里最闷热、最危险的地方,周云龙回忆说:"最老的炉窑是一个蛋形的,前面有一个口,产品要靠人用铲子铲到里面去。旁边有一个烘房,放着许多架子,搪好瓷,把产品放到架子上去烘。烘干以后再送到一个铁台上面,铁台上有工人拿把铲子从铲台上把产品铲到炉子里,温度高得不得了,以前车间里有很多人昏倒的。"

20世纪五六十年代,上海的搪瓷工业逐步壮大,但是由于上海搪瓷工厂过于集中,其他省份又极度匮乏,国家因此调整搪瓷产业的布局。上海搪瓷工厂响应号召,纷纷到内地开设工厂,帮助全国搪瓷工业发展。谢觉伟回忆,当时全国各地包括大量的农村市场都需要去开拓,而上海的搪瓷产量也有限,于是上海派出了一些技术干部、管理干部到各个省市,去帮助各地筹建搪瓷厂,生产搪瓷制品,满足当地人对日用搪瓷的需求,比如西安人民搪瓷厂里就有许多上海的老师傅。

搪瓷厂从上海走向全国,在全国也形成了欣欣向荣的局面。这之后,搪瓷产业得到了新的发展契机,更加深入地走入了百姓生活,从结婚套装到代表国家的礼品,处处都有搪瓷的身影,搪瓷工业至此走上了一个新的台阶。

进入70年代,近现代搪瓷技术在中国经历了近60年的发展后,搪瓷厂也步入了一个鼎盛时期。1973年,18岁的谢觉伟走出校门,进入久新搪瓷厂,从此与搪瓷结缘一生。当时根据搪瓷制品的质量划分出一等品、二等品,但是在那个搪瓷用品热销的年代,不管什么等级,都是十分紧俏的。一般一等品都是放在中百一店这样的大百货公司里销售,要托关系买。二等品也是相当紧俏的,说是二等品,其实当时搪瓷厂质量要求比较高,喷花喷上去的粉喷得厚了,就相当于是二等品,二等品对专业人士来说是看得出的,但对一般消费者是分辨不出来的。由于当年搪瓷用品市场销售火热,供不应求,哪怕搪瓷厂自己的员工也只能买到二等品。

在很长一段时间里,搪瓷制品还是年轻人结婚时必备的"硬件",带

搪瓷脸盆

有"万紫千红""花好月圆"等花样的脸盆、痰盂等红色套件,当年最受年轻人欢迎。当时上海品牌就是品质的保证,深受全国人民喜爱,有一套上海产的搪瓷制品作为嫁妆自然会让人欢喜得不得了。史虹就记得,当年外地亲戚结婚,她一定会买一套搪瓷配套产品送给他们作为新婚礼物,那时候还没有快递,只能火车托运,用稻草包好托运过去。新人拿到这套东西,看得比黄金还珍贵,最青睐的就是"万紫千红",因为它红得喜气。

到了20世纪八九十年代,上海各家搪瓷厂生产的搪瓷用品不仅在国内畅销,还走出了国门。当时凭借着过硬的技术已经当上久新搪瓷厂厂长的谢党伟开始针对国外的不同市场需求,带领大家开发出各种各样的搪瓷制品,他介绍说:"在非洲,烧锅的用量很大,他们买起烧锅来都是十套一买的,接到订单都是42只集装箱、46只集装箱这样子的,非洲人结婚对搪瓷制品的需求量也很大,他们要有16只花样的烧锅。销往美国的产品主要是艺术盘、圆盘、杯子,40厘米直径的圆盘在美国市场销得很好,每年的订单批量很大,可以达到80万批次、120万批次。在韩国,多边形的烧锅很热销,主要是用来做泡菜的。"

这些走出国门的搪瓷制品不仅受到不同国家人民的欢迎,更是为国家出口创汇作出了巨大贡献。

上海的搪瓷制品还经常出现在外事活动中。1972年,美国总统尼克松访华时就获赠了一套由上海搪瓷三厂生产的熊猫图样汤盆,此后,这些在国家出口创汇中大放异彩的搪瓷产品更是经常被当作国礼赠送给外宾。特别是像上海久新搪瓷厂,属于涉外单位,各个国家的代表团来,厂方都会送点搪瓷精品，比如小杯子，下面配有一个小碟子，颜色漂亮，很受外国朋友的喜欢。

20世纪90年代，上海的搪瓷制品不仅在日用品上全面开花，甚至突破性地走进了城市基础工程建设领域。1990年，上海久新搪瓷厂开发生产的6 000平方米搪瓷平板，作为两侧护墙的装饰板成功地安装在打浦路隧道内，一时传为佳话。

搪瓷业的转型与重生

但是，有潮起就有潮落，90年代中期以后，搪瓷产业开始面临诸多挑战，不锈钢、塑料等性价比更有优势的产品开始抢占原先的搪瓷品市场，特别是到了90年代的中后期，随着大量新材质的出现，搪瓷制品逐渐淡出了市场。

2000年前后，上海进行产业结构调整，上海搪瓷工业合计七家厂全部关闭，退出了历史舞台。对于钟爱的搪瓷事业，谢党伟没想到自己奋斗了一辈子，结果却成了久新搪瓷厂的最后一任厂长。他一直清楚地记着一个时间，那就是2002年9月21日，他还记得那天的情景："2002年9月21日，上海久新搪瓷厂关炉关门，这个时候正好手上还有合同，最后一笔订单是发往美国的货。到下午一点半，我关掉炉子，最后的一点产品我收下来，包装好以后送集装箱。这时候，我有些难过，甚至哭了，感觉到我没方向了，企业也没方向了，按照政策把员工全部安排好后，工厂就要关掉了。"

久新搪瓷厂关闭后，在搪瓷行业干了近30年的谢党伟内心充满了留恋，他不想就这么轻易舍弃自己对搪瓷的感情，于是他把这份情感转向搪瓷用品收藏。2016年，是近代中国搪瓷行业开创一百年的日子，谢党伟心里一直惦记着这个特殊的日子，回想搪瓷走过的这一百年，他想正好借着收藏的这些心爱之物和所有人一起回忆搪瓷的百年起伏。他在新浪网上发表了庆祝中国搪瓷行业一百年的征文启事，想不到每天的评论有几百条、几千条，有的评论让他很感动，比如"家家有，人人用""一辈子的情怀"等留言使他更加坚定了要办搪瓷百年展览的决心。有了举办百年搪瓷展的目标，谢党伟顿时充满了动力，他把这个想法告诉了以前的同事们，没想到这一想法让大家颇受触动，纷纷响应。

原上海久新搪瓷厂包装车间主任史虹回忆，家里人对老厂长的这一想法非常支持，把家里所有新的、旧的、老的、破的搪瓷产品都拿来了。原上海市搪瓷工业公司总经理办公室主任袁定国写了一个设计方案提供给谢党伟，还把自己家里珍藏的三本《上海搪瓷工业志》送给他。

2016年11月24日，中国搪瓷百年展在上海嘉定江桥的八分园热闹开展，曾经并肩工作的同事们，曾经的搪瓷行业的亲历者们又聚在一起，回忆往昔。开幕式非常热闹，有350人到场，方方面面的专家，包括穆益林、唐逸览等前辈都来了。搪瓷展开幕以后，吸引了世界各国、全国各地的人前来参观，也勾起了几代人的集体回忆，社会反响良好。谢党伟觉得收藏只是个开始，他想把搪瓷展长久地运行下去，让搪瓷文化能够继续得到发扬光大和传承。

如今，搪瓷展已成为一座浓缩了搪瓷文化的博物馆，父亲热爱搪瓷，谢贤从小耳濡目染下，深受影响。2016年，原本学服装设计的他做出了一个重要决定，与妻子高欢欢、同学臧洁雯共同创办一家主营搪瓷的文化创意公司，并把公司取名为"玖申"。

谢党伟之子、玖申文化创意（上海）有限公司总经理谢贤解释说："之所以取名'玖申'，我们一开始想的就是向我父亲以前的工厂致敬！向以前的搪瓷工业致敬！'玖申'这名字源于我父亲以前工厂的名字，久新搪瓷厂的一个谐音。从1916年到2016年正好是一百年，一百年后搪瓷慢慢开始复兴。'玖'字的话，也有一定的寓意，玖指的是光泽很好，但不是顶级的玉石，正好跟搪瓷这种材质的特性一样，我们还想用上海的地名'申'做我们这个品牌名称中的一个字，'玖申'就这样叫起来了。我们做了一些研发，包括釉料、原材料、编口的工艺甚至器型，开发出更多和以往的搪瓷在性质上有比较大的飞跃的产品。我们想让搪瓷重新回到中国人的餐桌上，让它回到我们现在的世界。"

有了像谢贤这样新一代的传承，搪瓷在新世纪也正迎来新的蜕变，今天的搪瓷制品，无论是在工艺还是在设计上都在寻求华丽转身，它绝不仅仅是过去的回忆，而是不同于以往的、经过重新定义的新搪瓷。

剃 头

平时讲究穿着打扮的上海人也非常注意自己的发型,上海俗话讲,"噱头,噱头,噱在头上",可见发型在人们生活中的重要性。理发,上海人俗称"剃头",20世纪二三十年代,外商、华商开设的理发店在上海不断涌现,原先在家里靠"梳头娘姨"梳理头发的上海妇女抛弃了以往的盘髻,走进了理发店。在老上海人的记忆里,在上海从事理发行业的很多都是扬州人,他们除了会理发,还会敲背、挖耳,甚至有的还会接骨、接脱骱等传统技术,而每个时代不同的流行发型也深深蕴含着时代的印记。

理发店和剃头摊

从20世纪二三十年代开始,上海理发行业日趋兴旺,大小理发店遍布城市主要马路,一些归国华侨、华商、外商纷纷到上海来,特别是进入上海的租界,开出各种理发店。当时理发店比较集中的有三条马路——南京路(有新新、奇华、华安等美发厅)、霞飞路(今淮海路,有白玫瑰、霞飞美发厅)和北四川路(比较著名的有香港美发厅)。

曾在解放日报社工作的谢其祥有着多年采访上海理发行业的经历,在他的记忆中,当年上海理发店盛行的时候,原本头发包给"梳头娘姨"打理的太太、小姐们都纷纷跑去理发店了。谢其祥介绍说,抗日战争爆发后,只有租界是比较安全的,有钱的人集中到租界里开高档理发店,那时,一些家里本来用"梳头娘姨"的小姐、太太都不用"梳头娘姨"了,都跑去

老上海的理发店

理发店了，男士以前是以光头为主的，现在男性也开始要理发，女性开始要追求发型，特别是1928年第一代烫发机进入上海理发市场的时候，女性开始烫刘海，一字型、燕子式、童花式等各种各样的发型都出现了。

那些年，无论是华人还是外商开的理发店，店里的理发师傅大多都是扬州人。因为当时上海的理发业发展迅速，人手不够，扬州的理发师傅就把自己的朋友亲戚叫来，很多人十几岁就随着先来的同乡到了上海，加上他们吃得起苦，因此当时百分之八九十的理发店师傅都是扬州人。国家级技师刘厚朋说："解放前，扬州剃头师傅在上海名气就相当响，扬州人的特点在于理发的技术比较到位，包括洗头、修剪、吹风。"

现已步入花甲之年的理发师刘厚朋、卜光灿和樊思强三人同是扬州人，他们的父辈在上海解放前都从事理发行业，有的是理发店的业主，有的是拎包上门的剃头师傅。卜光灿和樊思强的父辈在上海开过理发店，卜光灿的父亲在顺昌路开了个和平理发店，樊思强的父亲和叔叔们则在雁荡路的一个老虎灶旁开了家顺泰理发店，刘厚朋的父亲则是位挑着担子走东闯西的剃头师傅，在马路上给人剃头，当时叫作"掂瓶子"。在旧社会生活不稳定，今天有生意得了几个钱才可以买米过日子，过着吃了上顿没下顿的生活。

抗日战争爆发后，大小理发店多集中在租界地区，而靠一张板凳、一个脸盆、一把剃刀的剃头摊大多出现在原来的南市、闸北等地区。复旦大学物理系副教授周锡忠回忆："抗日战争时，我们家里兄弟姊妹有十个，我爸爸是教书的，家里经济蛮困难的，所以像理发什么的总归要节省一点的，

剃 头

街边理发摊

都是我自己去找的,去马路上剃头。我记忆里,一个木头架子,三只脚的,当中有横档撑起来,一个热水瓶,就给你剃头,剃好头给你洗头。后来剃出毛病来了,头上摸摸怎么高出一块,后来破掉了,里面有水了,我爸爸领我去一看,后来晓得得了头癣。"年逾八旬的周锡忠原先居住在老西门附近,自从小时候剃头传染上头癣之后,就再也不敢去路边剃头摊理发。

到了1949年后,大大小小的理发店和剃头摊遍布上海城市的各个角落,其中大多数经营者都是解放前留存下来的小业主,卜光灿则回忆,当时小的理发店有三四把椅子,自己父亲开的和平理发店属于中等规模,有十一二把椅子。上海戏剧学院退休教师范和生小时候住在老西门自忠路,他记得附近的东台路、吉安路、济南路等马路几乎都有理发店,公私合营以后,很多小的理发店、理发师傅开展了合作,还有一种则专门在弄堂口摆摊位,挂面镜子,弄个凳子,居民理发往往也要排队,生意很不错。上海市民徐海根记得弄堂理发摊给人理发的情景,他回忆说:"八支弄的一条小弄堂里,有一个老人专门剃头的,窗户下面放一面镜子,放张凳子,要刮胡子了,热毛巾先在(顾客)嘴巴旁边捂一捂,刮之前,还要拿根宽的带子在剃刀上面磨两磨。"

理发师傅功夫深

男士理发,上海人俗称"剃头",扬州理发师傅称为"揪山头",在当时能听懂理发师傅行话的,也算是很懂经(沪语,形容时髦)的人。对于这些行话,卜光灿解释说:"我们帮人家剃头,不叫剃头,叫'揪山'。人的头不是像一座山一样嘛,所以叫揪山。'老交'就是一直跟着你的顾客,比如门口一个人来了,我就叫你,'哎,你老交来了',来找你的叫老交,大家都好剃的,叫'交道'。"刘厚朋也补充说,以前把理发师叫作"老揪",吹风称作"烘一烘",洗头叫作"汪山头",头剃好了,收钞票不叫收钞票,叫"收把细",顾客给的小费则叫作"小把"。

除了行话,一名好的理发师,手上的功夫也是很深的。理发是很多扬州人谋生的手艺,要想在这个行业里立足,就必须勤学苦练。看过电影《三毛学生意》的人都记得"挺胸,吸肚,手要箩筐式"这句台词,这正是剃头师傅学徒时要练的基本功,不少理发师傅都记得自己学徒时练习站姿、摇刀等基本功的经历。一级技师樊思强回忆,自己学徒的时候,父亲天天半夜里把他叫起来练习摇刀,还把膝盖当作顾客的下巴练习修面。一级技师施恩亮也回忆,为了练习给女士吹长波浪,他会把一种大的圆形钢丝刷拿在手上转,而给男士理发的基本功就是练习摇刀,每天营业前三十分钟就会摇摇刀练手,手熟练了以后,在顾客脸上刮胡子的时候才不会开口子。原上海新新美容城副总经理贾彭伟回忆说:"我们过去学生意的时候,每天早晨都会训练。我在当时新新学校里培养学生的时候,每天都让他们练功,主要是练摇刀,每天还要练习挺胸、吸肚、收腹这三个动作,然后手腕先抓一支笔,抓在手上练,我也会给他们教节奏、节拍。"

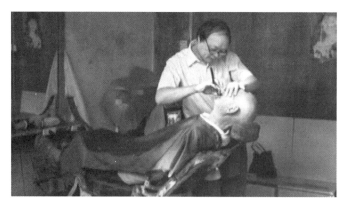

修面

改革开放后,上海的理发业出现新气象,服务规范也非常严格。当时的理发店从理发、吹风,到兜围布都有明确的规定,理一个发最多的竟然有48道工序,贾彭伟对此介绍说:"对我们新新来说是有标准的,从顾客上椅子到顾客下椅子,有48道工序,包括请你上座,给你一块热毛巾,然后给你一份报纸、一杯茶,都是一道一道程序下来的。"甚至给顾客围上围布也是有讲究的,贾彭伟介绍,应该从顾客的右侧撒开围上去,而不是从顾客头上套过去。对于理发的质量,也有严格的标准,刘厚朋介绍说:"质量上有个标准的,就是由硬到浅,由浅到深,这个坡度看上去要舒服,旁边轮廓要匀称,两个鬓角前后要相等,层次要匀称。这些已经有一套理论,每个理发店都有这种标准。"原上海华都美容发展公司工会副主席温大赉回忆,新新美容城吹风的质量同样过硬,吹完后发型可以保持一两个星期不走样,关键在于先把发根立住。

为了提高理发师的技术水平,当时的理发店还开设有理发进修室,相比一般的理发培训班教的是初学的学徒,进修室属于提高班的性质,培养的对象是理发店的骨干,在进修室从事教学的也是技术比较好的高级师傅。

到了90年代,理发店的岗位练兵和中外技术交流活动开始增多。曾被理发师选为美发比赛发型模特的市民沈燕萍对当年理发师的精湛技艺记忆犹新,她回忆,那时没有定型水,理发师将啤酒放进喷雾机里,喷在头发上后再用卷发筒定型,头发烫好后非常有弹性。

除了理发美发,老一辈的理发师往往还有一手敲背、挖耳、按摩、推拿的手艺,甚至有的还会接骨、接脱骱等传统技术,深受老顾客们的欢迎。上海戏剧学院退休教师范和生说:"过去理发师实际上本事蛮大的,好的理发师,他不单单理发,比方落枕、偷针眼,他都会帮你弄。对落枕,他最有办法了,稍微给你捏两下,头颈后面拍一下马上就好了。"还有理发师利用医学知识,运用到洗头上来,比如说边洗头边按压太阳穴,按摩百会穴和风池穴。甚至有理发师,推拿、接骨都会,虽然实际上没有做过医生,但懂得关节脱臼怎么接,到后来,人家有脱臼或头颈扭了都去找他,出名后,被调到了第六人民医院工作。

发型里的时代印记

一个年代有一个年代的发型，20世纪四五十年代，沪上男士流行三七开发型，这款由新新美发厅理发师设计出的男子发型具有俊美与阳刚之气，一经推出就风靡上海。

刘厚朋介绍，三七开的特点是头路非常清，有绅士派头，用金刚钻发蜡涂在上面，头发梳得非常锃亮，当时有句开玩笑的话，叫"苍蝇跌断了腿，蚊子飞上去粉碎性骨折"。大包头（类似于奔头），也从50年代开始流行。包头是不分头路，往后边梳的，头发上涂了凡士林，电吹风一吹，油烟一冒，看上去很光亮。资深媒体人谢其祥说："解放之后，劳动人民翻身了，当时理发行业也为劳动大众设计出一批新的发型，比如青年式、波浪式、青年波浪式、三七开，还有以前传下来的派克式，后称为经理式。"

一种发型的流行，除了理发师的设计之外，还有来自电影明星的效应。上海戏剧学院退休教师范和生认为，电影明星在银幕上的造型往往会影响人们的时尚观念和审美标准。在20世纪30年代大量的欧美电影被引进以后，欧美电影明星的打扮对上海的年轻人是很有吸引力的，所以上海在30年代的时候，很多流行风尚都有好莱坞明星的影子在里面，当时上海的年轻人基本上是从电影和画报中模仿流行的发型或服饰打扮的。谢其祥回忆，50年代有一部引进的德国影片《柏林情话》，上映不到一星期，上海的马路上到处都是影片中人物的发型，因此也被称为"柏林情话式"。

20世纪六七十年代，人们的生活过得朴素而简单，理发只是为了保持个人卫生，男性理板刷头，女性梳短发或小辫子成了当时的标签。老一辈的理发师们回忆，当时极"左"思潮泛滥，发型传统而保守，理发不许吹风，不许涂油，大包头、三七开、波浪式、青年式都是不允许吹的，只好把头发剪剪短了事。女同志只能剪齐耳短发。如果涂油吹风，都是冒天下之大不韪的。当然，追求美是人的天性，卜光灿回忆："'文革'的时候，有的理发师为顾客吹剪出来的头发看上去是松散的，但是头发中都是暗波浪，顾客回去睡一觉，自己用木梳一梳以后，第二天就有波浪，而且是越睡越深，这体现了老理发师的深厚功底。"

爱美之心人皆有之，无论贫富，无关年代，上海人都善于发现生活中的美。1974年上映的电影《杜鹃山》中，女主角柯湘的发型便引来众人争相模仿，范和生说："《杜鹃山》这个戏中柯湘的头发有点翘的，以前女性头发比较简单，直发小辫子，她这点小小变化，再加上杨春霞本身这个形象，使人们产生了一种偶像崇拜，虽然只是一点点变化，实际上有追求美的一种倾向在里面，是闭塞年代里的一抹亮点。"于是不少上海姑娘就用土办法自己卷头发，上海市民许素珍记得，当时姑娘们把火钳、火夹放在煤饼炉子里面烧，烧烫了以后就互相帮忙烫头发，这需要掌握好火候，否则会烫焦头发。

"文革"结束后，上海的理发店逐渐恢复了烫发，从电烫发展到化学烫，深得爱美的上海女士一路追捧。理发师卜光灿回忆，烫头发的人人山人海，他的手也被烫出了洞，没办法扣中山装的纽扣，拿筷子吃饭手都疼。而对于烫发的女士来说，电烫温度很高，感觉并不好受，操作上一不小心还容易烫焦头发。由于电烫技术落后，操作复杂，机器笨重，后来冷烫便时兴起来。冷烫用的是冷烫精，头发一点也不感到烫了，操作也简单多了，但它的价格是电烫的两倍。

80年代初，随着人们思想观念的开放，原本只有女士才烫发的传统也在上海的男性中开始流行起来。原上海新新美容城副总经理贾彭伟回忆，

烫头发

1984年，男士烫发开始流行，当时美容城最有名的就是由现在的总经理张何清发明的爆炸式，这个爆炸式发型在报纸上一登，真是风靡整个上海滩，男顾客到店里要烫头发都选择的是爆炸式。

改革开放之后，上海理发行业出现了新气象，理发设备也开始更新换代，各种新潮发式流行起来，染发、烫发成了当年的时尚风潮。上海华安美容美发有限公司经理董一达回忆，到了80年代，随着人们的生活习惯和观念的转变，爱美的人越来越多，理发店抓住消费趋势，引进了彩色染发。上海新新美容城执行董事董久华回忆，当时新新美容城也派人到日本、德国、美国等国取经学习，开展了大量技术性交流，引进了世界上烫发、漂染方面的新技术，头发由此可以被染成黄、绿、深棕色等各种各样的颜色。

从改革开放初期的标准化发型到现在千姿百态的形象设计，上海人发型的变化见证了社会的发展进程。

过年过节理发忙

改革开放初期，新潮时尚的发型吸引着更多的人涌入理发店，上海理发业出现了店少人多的窘境。上海新新美容城执行董事董久华回忆，当时社会上有"三难"，即理发难、洗澡难、买煤（球）难，其中理发难就是因为理发店少，理发师傅因此从早到晚忙，十分辛苦。原上海新新美容城副总经理贾彭伟记得当时每天开门营业前顾客都大排长队，从南京路一直可以排到福建路，工作人员会给排队的顾客编号，小的理发店则会用粉笔把号码写在顾客手臂上。有时候理发师工作到深夜才下班，而第二天准备理发的顾客已经在门口排队了，贾彭伟回忆："刚进理发行业的时候，我也没有房子，是睡在店堂里面的，搁一个活动的床。还没有睡觉，（顾客）叽里咕噜开始排队了，一直排到天亮，早上八点钟后面排得很长很长。我们开后门出去，先把顾客编号编好。真是很有意思，我们干活要干到夜里十二点钟，刚睡下，顾客在门口已经排好队了。"

七八十年代的上海，每年春节辞旧迎新的前夕，理发店和浴室门口都

剃 头

等待理发店开门营业的队伍

改革开放初期理发店里时常顾客盈门

有大排长龙的人群，因为中国有句俗话叫"有钱没钱，剃头过年"，人们有个习惯，在新年前理个发，以新的面貌迎接新年的到来，而且有一种说法是剃头可以把自己的晦气剃掉，所以很多理发店门口有一副对联："进来蓬头垢面，出去容光焕发。"由于人们认为头剃好才能过年，所以理发店生意特别忙，理发师常要忙到深更半夜回去，刘厚朋记得自己最晚的一次一直工作到第二天的天亮，实在是筋疲力尽了。不少老理发师都有这样的记忆，董久华说："新新原来逢年过节时排队可以排几百米，楼梯上都站着顾客，50人一批地安排顾客进店理发，这样从早到晚几乎没有休息。"理发师施恩亮回忆："临近春节的时候，到了深夜十一二点，你生意没做完，不能结束，只好再做下去。"

春节前的理发店里人满为患，一些市民就在家里请邻居或自己家人打理头发，迎接新年。市民许素珍记得新年里是妈妈替自己做的头发，市民徐海根也在春节里发挥了自己烫发的手艺，用塑料卷发筒和吹风机为别人烫出了波浪式。

理发师与顾客的情谊

顾客和理发师之间，也有不少难忘的故事和情谊。

从20世纪50年代开始，上海各大工矿企业、大专院校为了给职工提供福利和生活上的便利，有的在本单位开设了职工理发室，上海戏剧学院的职工理发室便是其中一个。上海戏剧学院退休教师范和生回忆说："我们上戏的理发师，他一定程度是发型师，比如我们最早的一位理发老师傅叫杜师傅，扬州人，当时杨在葆、梁波罗的头发都是他弄的。他平常在为职工、师生服务以外，每天夜里演出工具一带就去为演员吹头发，包括我们演《年轻的一代》，演《阴谋与爱情》，演《吝啬鬼》，那个时候李家耀的发型都是他弄的，他连外国人的西洋古典发型都会做。"理发师杜师傅甚至会和演员谈艺术、谈表演，范和生回忆，有时新演员刚上台不太自信，理发的时候和杜师傅聊天，杜师傅一句"今天好的，灵光的"，这位演员就会比较放心了。

有些人偏爱在弄堂口或路边的理发摊上剃头剪发，他们觉得这样更自在，更有人情味。复旦大学的周锡忠教授经常会去家里附近的剃头摊理发，在那里，他与扬州理发师傅老马结下了深厚的友谊。老马师傅是苏北来的，剃个头只要几元钱，五六分钟就可以剃好，这让周教授很满意。他说："像一家人一样，就像一个好朋友，我现在关心他生活，他也关心我身体。他平常没有空买菜，我有时候到对面超市看到有便宜的东西，我就会买一点给他，我们之间的关系蛮好的。"

找老马理发的人大多都是他熟识的老顾客，或者是慕名而来，同样，对自己的发型有讲究的人，也有自己认定的理发师。原上海华都美容发展公司工会副主席温大赉说，理发行业有它的特点，顾客是跟人的，顾客觉得理发师发型做得好，头发烫得很舒服，就会盯着他，还会介绍亲戚朋友过来，所以红牌师傅根本忙不过来。

剃 头

上海人注重自身形象，追求生活品质，这在老一辈上海人中尤为突出。他们把这些风尚看作是一种享受，一种乐趣，一种陶醉，因此才会注重发型，喜欢好的理发师。

资深媒体人谢其祥回忆，自己在读中学的时候，他的老师进课堂前，总是办公室里镜子横照竖照，头发弄了又弄，跑进教室里面，身上有一股香味。有些同学问他，老师怎么打扮得这么漂亮？老师就会对同学们说，一个人的发型跟衣着是一样的，是一个人的形象的重要组成部分。温大赟则说："嚓头，嚓头，嚓在头上面，头一挺括，人看上去就神气很多。蹩脚蹩脚，如果皮鞋总归脏兮兮的，灰不溜秋的，看上去就一点嚓头也没有的，如果你皮鞋擦得锃亮，头发梳得上光，衣服穿得挺括，才叫上品。"

一直以来，上海人在出席重要场合前，都会看重自己的发型，范和生也不例外，他两次去理发店吹风，都是和他人生的大事有关，一次是自己结婚，一次是儿子结婚。他回忆说："我是50后，这一辈子是最不讲究的一代人，自己要结婚做新郎官，酒水台上头发不弄弄不行，但是我以前从来没有吹过风，没有涂过油，吹过风以后很不舒服的，好像走在马路上所有人都在看我，实际上谁来注意你。理发师傅说，我人比较矮，给你吹得高一点，头发不弄，（结婚）这个关也没办法过。另一次是儿子结婚，作为老一辈来讲，总不能给儿子坍台，所以把头发理了一理。"

板刷头、大包头、三七开，这些伴随人们成长的发型成了一个时代的标签，头发长了可以修剪，可记忆深了，就会有满满的人生感悟。

浴室风情录

在上海方言中,洗澡被称为"汰浴"或"潡浴",浴室称为"混堂"。寒冬腊月,泡在浴池的热水里,这是许多上了年纪的上海人记忆中最惬意的一件事,每次从浴室出来,总会有焕然一新的感觉。上海的浴室分高、中、低三档,一般的老百姓难得去一次像浴德池、日新池这样比较高档的浴室,而更多的是去普通的大众浴室或厂办浴室。随着时代的变迁,无论是在浴室还是家里,上海人的洗澡经历,见证了这座城市社会文明的进步。

老上海浴室记忆

过去上海人住房条件差,很少有单独的卫生间和取暖设备,到了冬天,一般都是去浴室洗澡。上海浴室的历史,可追溯到开埠之初,到20世纪50年代,上海大大小小的浴室就有100多家,而到21世纪初,已发展到近2 500家,另据记载,上海最早的女子浴室出现在20世纪的20年代。

范和生年轻时就读于上海戏剧学院,毕业后留校任教,作为土生土长的上海人,他对上海的浴室十分熟悉。他介绍说,以前上海人洗澡主要分为两种类型:一种是实用型的,还有一种是纯粹享受型的。家里条件好一点的人就去浴室泡澡,也叫作"孵澡堂",这是一种很舒适的享受。浴室实际上也是一个公共交流的场所,一个社交场所,谈生意也好,谈合作也好，大家脱掉衣服后，也就坦诚相见了。

过去，上海市区的大多数街道都有浴室，对上海历史文化熟稔的范和生说起上海浴室，信手拈来，他介绍说："比如上海南市区的老西门、卢湾区的打浦桥，这些相对集中的居民区里就有各种类型、各种档次的浴室，再比如普陀区的大自鸣钟、杨浦区的八埭头、虹口区的提篮桥等地区也有很好的浴室。"正如范和生所说的，老上海人对于天津路浴德池、石门二路卡德池、普安路日新池、北京西路新闸路口大观园、淮海东路逍遥池这些知名老混堂都不会太陌生，在那居住条件极差的岁月里，混堂曾经给人们带来沐浴的快乐，而浴德池、卡德池和日新池还是老上海最知名的"三大浴室"。年逾八旬的鲁杰老人是一位活跃在社区文艺舞台上的积极分子，他小时候曾随父亲去过不少浴室，印象最深的是离他家不远的日新池。那时，鲁杰家在八仙桥附近，去日新池是最方便的，"日新池有上下两层，里面有浴室、理发室。那个时候浴室是有等级之分的，普通座的两角，稍微好一点的五角，楼上是八角、一块，我爸爸认识日新池的两个老板，所以我们就到楼上去洗澡"。日新池最初是黄金荣的产业，开设在金陵中路西藏南路路口西南转角处，后因业务更改才迁移到普安路99号，后又几经转手。在范和生的印象中，日新池的门口都是马赛克的图案，造得很高级，一楼是大间，上面全部吊着衣服，进去以后，服务员马上就会热情地招呼客人，而且他们清一色是扬州师傅。

买好筹码进入浴室，服务员会热情地招呼客人，指定好铺位后，待客人脱下衣服，他又会眼疾手快地用长杆衣叉把衣服挂好。范和生介绍说，那时的筹码上拴有一根橡皮筋，把它套在手上就可以进去了。客人把脱下来的衣服整理好之后，要把筹码勾在衣服上，等客人洗完澡，服务员就会根据筹码上的牌子，再把衣服用衣叉挑下来。

上海的浴室大多分布在人口密集的住宅区，除了设施完善的老牌浴室，更多的

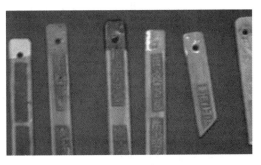

浴室的筹码

服务员用长杆衣叉把浴客脱下的衣服挂好

是便民价廉的大众浴室。浴室按价格分几个档次,最贵的是包厢,最便宜的是大池。浴室一般分统间和雅间两种,并不是所有浴室的浴池都是共用的,靠墙边还有莲蓬头或洗脸池,供淋浴和冲洗。赵镇源和韩兴友都是萨克斯的爱好者,相同的爱好让花甲之年的两个人成了老朋友,他们对洗澡的往事有着同样的记忆,赵镇源向我们描述了他常去的浴室的情况:"在大池子的角落边上,隔出很小的一块区域,专门供客人烫脚用的,烫脚的水跟大池子里的水是不一样的,烫脚的水是很烫很烫的。"

在浴室统间洗澡的人,洗完后稍作休息就得走,而雅间则不同,洗完澡浑身热腾腾的,裹上大浴巾还可以躺在沙发椅上休息一会儿。不过遇上人多时,服务员也会含蓄地请客人早点离开,但是服务员是不会直接上前来催客人走的,他会用行动来告诉客人人太多了,请他帮帮忙,腾个位子。具体来说,服务员会从木桶里拿出一块大毛巾,抛给客人,客人接到毛巾也就明白了其中的含义,这种举动,远比语言来得有深意多了。

20世纪50年代的上海浴室,除了洗浴、理发、洗衣、烫衣、敲背和扦脚等,还有各式小吃,让人真正享受到来浴室洗澡的愉悦感。鲁杰回忆说:"那时的浴室里,洗衣服、烫衣服、擦皮鞋等各式服务一应俱全,脱下来的衣服只要交给茶档(那时候不叫服务员)就可以了,等洗完澡出来,衣服也已经洗好烘干了。"而对于浴室里提供的各种小吃,曾任大同酒家厨师的翟建民记忆犹新,他说:"洗好出来后,有小商小贩挑着担子叫卖各种吃的,甜的、咸的、酸的、辣的都有,像瓜子、花生、盐津枣、橄榄、话梅都有的,一份两三分钱。"

在那个物资匮乏的年代，洗浴用品也是相对简单的，一小块肥皂就可以洗澡了，当时在卖筹码的地方，浴室会提供一块被切得很小的肥皂，就像小年糕一般大小。除了洗澡外，很多人会用剩下来的肥皂洗衣服，在范和生的记忆里，那红颜色的药水肥皂的香气始终挥之不去，这是他对昔日上海浴室的一份独特印象。当然，从最初的固本肥皂，到后来的药水肥皂、硫黄香皂，再到现在的香肥皂、沐浴露，随着社会的不断进步，浴室里的洗浴用品也在一点点升级换代。

泡混堂与擦背

对老浴客而言，所谓的泡混堂，就是浸泡在浴池的热水里，闭目养神，一直要泡到血脉偾张、筋骨舒坦，然后在软软的沙发上美美地睡上一觉。范和生认为，年纪大的人把泡混堂作为一种享受、一种休闲。因为以前人们的娱乐项目比较少，下午去淴淴浴，淴好浴以后打一个瞌睡是上海的一种市民文化。在吴警钟看来，年纪大的人的这种洗澡方式，符合现在提倡的养生观念，在热水里活血了，人也就有精气神了。而翟建民的父亲几十年如一日地喜欢洗澡，即使是在三十八九度的高温天里，也坚持要去泡混堂。翟建民爱泡澡堂的习惯是受了父亲的影响，从小父亲就带着他泡遍了大大小小的澡堂，像卡德池、大观园、小浜湾浴室、进贤浴室、虹桥浴室、和平浴室、徐汇浴室，还有一个叫大浪淘沙的浴室，翟建民都泡遍了。

有些年纪较长的上海人认为，混堂开门后的第一道水是生水，虽然清，但它洗过后皮肤会干涩，而洗到第三、第四道的水，水中充满着精气神，这种熟水用来泡澡养身是最好的，因此有"面吃头汤、浴汰混汤"之说。曾是上海市第五建筑工程有限公司施工员的吴警钟对此话深信不疑，他觉得年纪大的人一般都喜欢泡老汤（也就是熟水），他们洗澡是不赶早的，因为第一道水太清了，等后面的水浑了以后，再在这里面泡着是最舒服的，混汤水温和，不刺激人体。

泡混堂是一种放松身心的享受，而擦完背后，浑身皮肤通红，好似

孵澡堂

擦背

脱去一层老皮，也会让身心顿感轻松和愉悦。缠在手掌上的毛巾，沿着胸脯、脊背和四肢用力缓缓推擦，这种浴室服务项目，上海人叫"擦背"，北方人称"搓澡"。有一位叫腾满飞的擦背师傅，是江苏淮安人，他在浴室里干擦背工作已有30年了，腾满飞师傅说擦背是有讲究的，擦背时一定要用热毛巾从下往上擦，这样污垢就能被擦下来。其实，擦背擦下来的可能并不是污垢，而是身上的死皮，但经过擦背师傅这样一擦，浑身的筋骨都会松快不少。很多人在享受过擦背师傅的服务后都有一个体会，那就是他们用的力道是不同的，有轻有重，不同的地方用不同的力道。这是一门口传心授的技术，更要靠经验的积累。

就像电影《洗澡》中说的那样，亲情是人们心中最柔软的印记。我们每天都在洗澡，除了洗去身体的污垢，更需要的是心灵的洗礼。赵镇源从小是跟随父亲走进浴室的，一双为儿子擦背的大手，是赵镇源对父亲最深的记忆。小时候,是父亲带着赵镇源几兄弟去澡堂洗澡,给他们擦背,等赵镇源的哥哥长大了,就接过了父亲的责任,带着赵镇源和几个弟弟去洗澡。后来等哥哥参加了工作,则是由赵镇源带着弟弟们去洗澡,这个传统延续了下来,兄弟几人你帮我擦、我帮你擦的情景,以及那热气腾腾的洗澡水、洗完澡后神清气爽的感觉,成了赵镇源心底深处美好的回忆。而对于上海申新纺织九厂退休职工陆德林来说,他把帮父亲擦背看作是为人子女的责任,他觉得擦背体现的是中华民族孝敬长辈的优良传统。

洗澡这个"大问题"

20世纪六七十年代,上海市民的居住条件不尽人意,家庭卫浴设施匮乏,特别是到了冬天,洗澡就成了很多家庭的难题。在陆德林的家里,他拿出了一个颜色泛白、桶箍圈已锈迹斑斑的洗澡盆,这个60年代的木盆,曾经是他全家共用的洗澡盆,看到它,就连一旁陆德林的连襟吴警钟也唏嘘不已。陆德林十分感慨地介绍说:"这个洗澡盆是鸭蛋形的,还有一种是圆形的,有不同的尺寸,这个盆是我们以前洗澡用的,大人、小孩,男的、女的都用这个盆洗澡。"那时上海人结婚,除了男方负责准备"三转一响"和"三十六只脚"等家居用品,相当一部分女方的陪嫁中都会准备三个一套的木质洗澡盆,大号的洗澡用,中号的洗衣服用,小号的洗脚用。当时由于上海房屋结构的原因和生活习惯的不同,居民住宅很少有淋浴设备,家庭浴缸的普及率也不高,这种洗澡盆曾经是大多数上海家庭中浴缸的替代品。一开始,椭圆形的木盆比较常见,后来就基本上是圆形木盆了,到了80年代则几乎都是圆形塑料盆了。陆德林的家里还保存着这种圆形的塑料盆,颜色为深红色,尺寸有大有小,这是当时上海人居家必备的生活用品。

那时上海人在家洗澡的窘境就像"螺蛳壳里做道场",但即便上海人居住条件有限,也会创造出条件洗澡。房间里放个洗澡盆,把热水瓶和"铜吊"(一种老式开水壶)里的热水倒入盛有冷水的洗澡盆里,调到水温合适,然后紧闭房门,把窗帘拉得严严实实的,开始洗澡。此时,其他家庭成员则在屋外等候，或者在小天井里搬张凳子坐着，挨个地等着洗澡。奚熊的家住在石库门房子的二楼，在家洗澡的"排场"就颇费工夫，他要先把水从底楼拎上去，洗好之后再把水倒在铅桶里提下楼去。石库门房子的楼梯通常是比较窄也比较小的，提着铅桶上下楼还得格外留心。奚熊下楼时会先经过亭子间，再转弯到前客堂，后面才是厨房，所以洗澡对他来说是相当麻烦的一件事情。韩兴友以前住的是私房，地方相对宽敞，家里专门隔出了五六平方米一间的洗澡间。到了冬天，为了增加洗澡间里的温度，家人会把煤球炉拎到室内，放上"铜吊"烧水，待水蒸气弥漫整个房间，便可舒舒服服地洗澡了。但这种洗澡方法也存在着一定的安全隐患，就怕煤球燃烧得不充分，导致一氧化碳中毒。

在没有热水淋浴器的年代，洗澡用的热水，除了自己家里烧煮以外，最简单的是去附近的老虎灶泡热水，既方便又便宜，有些经济条件好的人家，还会让老虎灶的伙计担水上门。清水盆汤，一般由大的老虎灶在夏季兼营，门口挂了一盏"清水盆汤"的油纸灯笼作为招牌，上午喝茶，下午汰浴，设备非常简单，安置两三只木质浴盆，用布幔隔开便能洗澡。"到老虎灶洗澡的通常是体力劳动者，比如踏三轮车的、修棕绷的、弄堂口烫衣服的、小皮匠、铅皮匠等，他们每天基本上都会到盆汤去，所以上海还有一条路就叫盆汤弄。"范和生对上海民俗风情颇有心得，他把自己对这座城市的感情，注入在他的作品里，他说："早期的工人新村，像曹杨新村还没有卫生设备，后来的彭浦新村开始有煤卫设备了。住房改革以后，大家全部进入新公房，洗澡的事情就解决了。上海人在蛮长一段时间内，洗澡是个问题。"上海打火机厂退休职工朱菊娣的父亲过去就是经营老虎灶生意的，因为盆汤的设施简陋，收费又便宜，打小她就看到去洗澡的多数都是男的。

即便在那些有卫生间的家庭，洗澡也是极其不方便的，在那些煤卫合用的公房里，卫生间大都是两三户人家合用的，每户人家有老有小，于是连洗澡这样私密的事都必须在邻里间相互体谅和谦让的情况下，安排彼此的洗澡时间。比较常见的办法是一个星期里专门提供一天给某一家，然后这一家子老少轮流排队洗澡，其他住户则被分配到其他日子。总之，大家都有得洗，只是要等。当时夏天的傍晚，上海弄堂里或街边的水槽旁，时常会见到裸着上身,下身着短裤,用一桶桶自来水冲洗身子的年轻男子,他们这种简单直接的洗澡方式,是那个年代的产物。

大受欢迎的厂办浴室

清水盆汤方便了非职工人群的洗澡,而那些在没有浴室的企事业单位工作的职工,每月会领到额外的洗澡补贴。范和生说,企业公私合营以后,他父母亲这一辈人的工资里专门有一笔洗澡的费用,也就是后来常说的清洁费。

而另外有一些企事业单位逐步开始建立食堂、浴室等职工福利设施,以解决职工生活上的后顾之忧。有些厂办浴室的洗浴设备相对简单,有些则完全和市面上的浴室一样,赵镇源说他父亲工厂里的浴室和外面的浴室类似,也有大水池和莲蓬头,工作了一天后,工人们会先上大池子里泡一泡,缓解疲劳,放松身心。企事业单位浴室的普及,缓解了当时上海洗澡难的矛盾,家长带着孩子,哥哥带着弟弟,姐姐带着妹妹去家长单位洗澡成了一种常态,除了洗澡还可以在那里吃饭、看电影,这种"蹭外快"的经历,是不少人都有过的。赵镇源小时候,父亲就带着他去厂办浴室洗过澡,那是他第一次看到莲蓬头,当时他感到既好奇又陌生。他搞不明白水龙头里的水是怎么放出来的,也不清楚有冷热水之分,于是,他就随手拧开了热水龙头,这下就惨了,热水"哗啦"流了出来,把赵镇源肩膀上的皮肤都烫伤了,但即使有这样惨痛的教训,能够去厂办浴室洗澡依旧让赵镇源感到很满足。

早年间,彭正兰在去黑龙江插队之前都是在父亲工作的厂里洗澡,回沪后又顶替父亲进入厂里工作,"老土地"的她总能满足亲朋好友来厂里洗澡的愿望。回想过去带着家人去厂办浴室洗澡的经历,彭正兰觉得又好笑又自豪,她说:"最早的时候,我爸爸单位里到过年过节有券的,是发给家属的家属券。像我们家里的人,因为跟门房的人熟了,有时候一张票子能进去两个人,或者两张票子进去三个人。跟我熟的人经常会说,正兰啊,你带我进去洗个澡吧。我也不好意思推辞,就说我到门房去看一下今天是谁值班,如果是平时跟我关系好的师傅,我就去打个招呼,再把你带进去。当时,我和门房的人都很熟了。"除了带亲朋好友去厂办浴室洗澡,彭正兰还把儿子带进了女浴室里,那时候,她的儿子已有五六岁大了,有人就跟她说,儿子这么大了再带进女浴室就不合适了。其实,当时上海人的家庭洗澡条件都不好,工资收入也普遍较低,所以妈妈带着几岁的儿子去女浴室洗澡的情况并不少见,但是,尽管这能暂时性地解决洗澡问题,也能省下一笔花费,可于人于己都不是一件令人愉快的事,那个年代的洗澡问题确实也困扰着上海的普通家庭。

洗澡这件"大事情"

洗澡对于上海人而言,是一件大事情。结婚前要洗澡,外地回来要洗澡,过年更要洗澡,干干净净,清清爽爽,是上海人一种体面的生活方式。

1968年,年轻的陆德林去黑龙江插队,直到第四年才有了探亲假。回到上海后,陆德林一放下行李,就到混堂里去泡了两个钟头,立马觉得浑身轻松,精神舒爽。上海人爱泡混堂,特别是到了过年或过节,去浴室泡个澡,清洁一下身体,然后闭目养养神,使身心得到彻底的放松。

20世纪七八十年代,每逢过年,浴室门口更是人头攒动,排队人群一眼望不到头。尽管如此,干干净净过新年依然是每个人的心愿。朱菊娣说,逢年过节女同志去洗澡,排一两个钟头的队伍都是不稀奇的,有时甚至两三个钟头也得排着,洗完澡清清爽爽的,再穿上新衣服,那才是迎接新年。鲁杰说:"年夜前一个礼拜,浴室的费用就要加倍,但年夜必须要洗澡,本来浴室开到晚上九点至十点,这天要开到晚上十二点。"温润的热水,包围着被寒风吹得僵硬的身体,使微微泛红的肌肤变得柔软、轻松。几小时寒风中的辛苦等待后,每个人格外享受着这份温暖。

当日常洗澡不再是单纯的洁身净体、润肤养生时,人们身心的纯洁和清白,便与文明交相辉映。上海人大多是比较注意个人卫生的,过去三五天不洗澡洗头,便会觉得浑身不自在,特别是油腻、灰尘或汗味都很影响个人形象。父母也总会告诉子女,人要清爽一些,哪怕穿得旧一些都没关系，人一定要有精神。这或许就是上海城市精神的一种体现，即使在物质条件并不富裕的情况下，也要保持精神上的清爽和干净。

到了80年代初，聪明的上海人发明了浴罩，浴罩像一个圆形的帐子，用钩子固定在房顶上，长长的透明塑料布套在浴缸或者洗澡盆上，形成一个封闭的小空间，然后在浴缸或者洗澡盆里放满热水，洗澡时便能抵御寒冷。只要把热水倒进去后，水蒸气一上来，浴罩就会自动膨胀开来。不过用浴罩并不十分方便，因为需要有人在一旁不停地加热水，否则水温不够，水蒸气就会消失，那么浴罩就会收缩起来，贴在人的身上。

不管是浴缸还是洗澡盆，上海人一直以来在家里洗盆浴这种费时费水的洗澡方法，已不能适应越来越快的生活节奏。韩兴友就自己动手安装淋浴用的简易莲蓬头。随着取暖器在80年代的盛行，上海大部分家庭冬天洗澡取暖有了保障，翟建民和杨民英夫妇家里的洗澡取暖设备，从煤球炉到煤气取暖器，从热风机到红外线取暖器，再到现在的浴霸，不断地更新和升级，从中也可以看出上海人生活质量的变化和提高。

上海人做人讲究，做事考究，要面子也要夹里，即便上海人过去洗澡非常困难，却也会想方设法洗上一个澡，注重个人卫生和形象是上海人追求社会文明的体现。如今，上海人的住房条件得到了改善，几乎家家都有淋浴房或浴缸等卫浴设施，洗澡不再是难题了，但浴罩、洗澡盆和红外线煤气炉等还是深深地留在了许多上海人的印象中，那是过去上海人沐浴的风情录，可以说，上海人洗澡条件和洗浴设备的变化，既反映了物质条件的变化，也反映出社会文明的进步。

弄堂里的叫卖声

19世纪末,石库门开始在上海出现,弄堂里便有了小贩们高亢或低沉的叫卖声。清晨,伴随着海关大钟,弄堂里传来了"马桶拎出来"的声音,接着一阵阵哗啦啦刷马桶的声音,有人说这是弄堂叫卖的序曲,接着大饼油条、"老虎脚爪"的叫卖声在弄堂口不断回响。弄堂里各种叫卖声此起彼伏,居民们并不感到聒噪,因为这些叫卖声能给他们的生活带来便利,这些亲切、耳熟的弄堂叫卖声曾经陪伴了几代上海人的成长。

从早到晚的弄堂吆喝

著名配音艺术家曹雷小时候家住虹口的永安里,对于上海清晨的声音,她是再熟悉不过了。伴随着有轨电车的当当声,牛奶瓶叮铃哐啷的声响,一阵响亮的叫声从上海的老弄堂里传出来,一声"拎出来!"的叫声惊醒了居民们的好梦。而那些前楼阿姨、后楼好婆、亭子间嫂嫂张开惺忪的睡眼,迅速钻出被窝,习惯地拎了马桶,直奔粪车旁,接着是一阵阵哗啦啦刷马桶的声音,这些声音未免有点煞风景,却是弄堂里各种声音的序曲。曹雷回忆说:"大伙叫他什么呢?叫他倒老爷,家家户户把马桶拿出来,他就在那儿吆喝'拎出来'。然后像交响曲一样,因为马桶倒完了以后大家还要刷马桶,所以一到这个时候,街上可热闹了,就听到那个声音哗哗哗哗的。说起来这是不上台面的事情,但这也是上海人生活中必不可少的一环,要不然一天日子就没法过了。"

修沙发的师傅

如今，曹雷依然记得当年从上海戏剧学院毕业时参加演出的话剧《上海屋檐下》，当时导演朱端钧先生就提出，整个话剧不用音乐来衬，就用上海弄堂的叫卖声来表现石库门弄堂从清晨到半夜一整天时间的转换，弄堂里的叫卖声的出现与上海石库门住宅的出现密不可分。

19世纪末，石库门里弄房屋出现于上海滩，并与老城厢里的明清式民宅混杂在一起。条条弄堂都有小贩们出出进进，还伴随着高高低低的叫卖声，他们出售食品、杂货，也有收卖旧货、修补东西的，流动频繁。每天从早到晚，弄堂里响起了多种多样的叫卖吆喝声。

每天早上，居民们洗漱忙活完毕，收拾妥当。吃早饭时，大饼油条、"老虎脚爪"等各色餐点就会一起挤进弄堂里，上午九点至十点钟，弄堂里的年轻人都去上班了，只有年长的留在家里，这时各种修理物品的叫卖声开始响起，错落有致地在弄堂蔓延开来。

到了中午时分，居民们吃好午饭，大多有午睡的习惯，原本喧闹的弄堂也瞬间变得安静起来，偶尔几声应时的叫卖，也为弄堂午后的小憩增添了些许情趣。无论是居民还是小贩，大家都在养精蓄锐，因为下午还会有更热闹的弄堂，更为应景的叫卖声。

下午时分，阿婆、阿姨们开始坐在弄堂口，一边做做针线活，一边东家长西家短地闲聊时，卖零食的小贩们就开始一个个登场了。到了三四点钟，尤其是孩子们放学后，弄堂里各种小吃、零食的叫卖最为热闹。

夕阳西下，弄堂的夜幕降临了，放学的孩子们早已回到家里吃晚饭，原本喧闹的弄堂又变得安静起来。到了深夜，各种卖夜点的叫卖声又会响起，"桂花赤豆汤""白糖莲心粥""猪油夹沙八宝饭""火腿粽子""五香茶叶蛋"，夜晚弄堂的叫卖声相比白天又有不同的韵味，叫卖者将声音控制到不惊醒正在酣睡的人们，又能让醒着的人听得到，原祥康里居民刘骥回忆："那种吆喝特别有画面感，过去马路上不像现在晚上很繁华，那一根根电线杆子上的路灯非常昏暗，就在这种昏暗的小巷里飘出来一些吆喝声叫卖粽子、茶叶蛋、豆腐干。当时街上很安静，悠悠的吆喝声飘出来，茶叶蛋的香味也飘出来了。"对于喧闹了一天的弄堂来说，夜晚的叫卖声最具画面感，也最有韵味，在著名配音艺术家曹雷毕业时演出的话剧《上海屋檐下》中，导演朱端钧先生更是将夜晚的叫卖声用到了极致。曹雷回忆说："这后面那个叫卖是我叫的，导演要求我要压着她的哭声的尾声起来，这个叫卖像小夜曲一样的，她前面哭完了，我就叫'桂花赤豆汤，白糖莲心粥，五香茶叶蛋，蘑菇豆腐干'。导演说这是个小夜曲，我必须趁着那个气氛，一种凄凉的、悲泣的感觉把它延长了，通过这种叫卖声把它延长。"

夜深人静，卖夜点的人陆续收摊回家，但弄堂叫卖声并没有落幕，因为此时还会有深夜里的赶路人。曹雷记得，还会有一些卖檀香橄榄的声音响起，"檀香橄榄，一粒能含一里路"，悠长苍凉的叫卖声回荡在夜里，一天就此谢幕了。

"笃笃笃，卖糖粥"：弄堂小吃王国

"方糕、茯苓糕""定胜糕、薄荷糕"是卖苏州糕点的小贩的叫卖，他们胸前挂着木匣，一只手捧着吆喝。糕团店不是条条马路上都有，走街串巷的小贩受到居民欢迎，生意不错。鲁迅先生在《弄堂生意古今谈》中怀念20世纪20年代，他初到上海时听到闸北一带弄堂内外叫卖零食的声音，认为那些口号既漂亮又具艺术性，使人"一听到就有馋涎欲滴之慨"。

曹雷记得因为自己的外婆是苏州人，家里吃苏州点心比较多，方糕、茯苓糕就是早上吃的苏州点心。方糕是带馅、米做的，上面印着字；茯苓糕里有茯苓粉,定胜糕是一种粉红色的做得像元宝一样的糕点。

除了苏州点心,广东点心在上海的弄堂里也占有一席之地。咸煎饼、白糖伦教糕等具有浓郁岭南风味的小吃,经过广东人富有特色的叫卖,又香气四溢地飘满石库门弄堂的各个角落里,曹雷还记得广东小吃的叫卖声——"白糖伦教糕豆沙咸煎饼脆麻花猪肠粉"。而伦教糕来自广东顺德伦教镇,这个镇上有一个点心店是专门做糕的。原先其制作的糕是不甜的,有一次蒸糕的时候,老板手里的黄糖不当心洒在糕上面了,没想到顾客一吃,说这个味道比以前的好,后来老板又把黄糖改成白糖,用当地的泉水与精细优质的白面和白糖制作伦教糕,后来白糖伦教糕被称为"岭南第一糕"。

"笃笃笃,卖糖粥,三斤胡桃四斤壳,吃侬肉,还侬壳……",如今耳熟能详的上海童谣竟也是由弄堂叫卖声演变而来,虽然当下街头的糖粥摊早已不见了踪影,但人们对这首歌谣还是念念不忘。小时候在弄堂里,三五成群的孩子聚集起来一边做游戏,一边唱童谣,耳边尽是"卖糖粥"的声音。老上海人每次听到这首童谣总能勾起童年的往事,那些在弄堂里挑着担子卖糖粥的身影,担子飘出的热腾腾的香气,还有那些为了招徕小孩子的叫卖声,总会萦绕在耳边挥之不去。原祥康里居民刘骥还记得卖糖粥者的形象:"在骆驼担的前面有一个圆的竹筒,竹筒边上开一条缝,他手上拿一根细细的竹子,然后对着这个竹筒一敲——我们上海都有这个童谣,说明他是卖糖粥的。"

寒来暑往,四季更迭,弄堂里的人们在叫卖声中满足着自己的衣食住

卖糖粥雕塑

弄堂里玩"卖糖粥"游戏的儿童

行需求,随着季节的变化,弄堂里还会出现各种应时的叫卖声。

"西瓜便宜卖,又沙又甜,五分钱买一块",这是夏天卖西瓜的小贩的吆喝声。那时到了夏天,在马路边上卖西瓜的人放上一张桌子,边上堆着一大堆西瓜和一个大桶,桶里边是刚刚从井里边打上来的井水。那个时候没有冰箱,井水的温度比一般水低,就被用来冰镇西瓜。卖西瓜的人手上拿着一把长刀,一边切西瓜一边就开始吆喝了。

"卖棒冰,卖棒冰,赤豆棒冰,绿豆棒冰",弄堂口出现熟悉的身影,推着一辆自行车缓步而来,后座绑着大大的用棉被盖着的木箱子,孩子们围着蹦着,他们知道箱子里的是炎炎夏日里能给他们带来幸福的棒冰。对于几代上海人来说,红色的盐水棒冰、棕色的赤豆棒冰、绿色的绿豆棒冰,已经深深地印在了童年的记忆中。

每到入秋以后,上海的弄堂里会出现一些挑着担子卖炒白果的小生意人,一个泥炉子,一个铁锅,一把锅铲,白果则装在担子另一头的木桶里。他们边炒边唱:"热白果,香是香来糯是糯,一粒开花两粒大,两粒开花鹅蛋大。"动听的叫卖声、哗啦啦翻炒白果的声音、炒白果时特有的香味,再加上炒熟的白果肉质软嫩可口,往往会引来过往的行人。

弄堂里还有一种深受小孩子欢迎的行当,那就是爆米花。着急的孩子会自发集结成一队,到弄堂口跑来跑去打听,等老大爷在弄堂口的空地上摆好摊,"爆米花"的吆喝声还未响起,孩子们就已经迫不及待地从家里涌了过来。最后见卖爆米花的老伯伯站起身,开始拖在爆米花炉后边的大

弄堂里的叫卖声

爆米花

袋子，孩子们会心领神会地把手紧紧地捂在耳朵上，等待那一声巨响。孩子们的兴奋和惊喜在于，小小的一桶米最后竟能爆出大大的一脸盆爆米花。原平凉邨居民张后椿还记得那时的情景，他回忆说："它嘣开了以后好香，雪白的烟冒了出来好香好香，传得好远。那个时候没什么吃的，闻到这个香味好像家家户户小孩子都会来爆，爆米花的人还会提供一个像维生素药片一样的糖精片给你。"爆米花全国各地都有，但对于上海弄堂里长大的孩子来说，他们还有一种新花样：爆年糕片。心细的弄堂主妇会多买一些年糕，把它切成片，然后晒干，留给自己的小孩子爆年糕片之用。爆年糕片又香又甜，很吸引人，小孩子都喜欢。

上海弄堂的叫卖声还会运用拟声词，来凸显食物的口感和味道。三北盐炒豆是浙江慈溪一带的特产，因其独特的叫卖在上海的弄堂里受到小孩子的青睐，曹雷回忆说："盐炒豆，也就是把老的蚕豆在盐里炒，一炒会爆开来。他那个叫卖声好玩，我们小时候就愿意跟着他，叫卖的调子起得很长——'咕啦啦啦三北盐炒豆'。'咕啦啦啦'就是旮旯旮旯旮旯，它是象声词，就是形容脆。"无锡人卖豆腐花的叫卖声也很特别，歇后语"无锡人卖豆腐花——碗（完）"就是由叫卖声演变而来的。卖豆腐花的担子上有风炉，一锅豆腐花笃笃滚，吃的时候，加上葱花、酱麻油、虾皮来调味，使人看一眼就有来一碗的冲动。原祥康里居民刘骥介绍说："卖豆腐花最早是无锡的，苏州也有，上海现在也有，他那个吆喝最简单，就一个字'唔——'，他的吆喝就是这样，人家一听就知道是卖豆腐花的来了。"

"削刀磨剪刀"：修修补补过生活

"新三年，旧三年，修修补补又三年"，这是过去物资匮乏年代的一句流行语，上海人更是把这句话发挥到了极致。会"做人家"的上海人家都很勤俭持家，家里破损的生活器具都舍不得扔掉，能修的自己修，不能修的则等着师傅来修，因此那个年代弄堂里走街串巷修补各种物品的手艺人简直是五花八门，师傅们大多不是上海本地人，而以来自江浙的为多。

过去的剪刀和菜刀都是铁作坊打制的，用久了会变得很钝，由此出现了一批磨刀手艺人，他们肩扛长矮凳和工具，走街串巷地叫着"削刀磨剪刀"，或者喊"磨剪刀嘞戗菜刀"。曹雷回忆，每天上午吃午饭之前，往往有磨刀的，因为居民们要做午饭了，发现菜刀钝了要找人磨。磨刀师傅一般都是苏北人比较多，所以他的口音就是"削刀磨剪刀"，跟北方的叫法不一样。原祥康里居民刘骥说，同样是磨刀，《红灯记》里面的"磨剪子嘞，锵铲刀"是北京的京帮吆喝，南方则是"削刀磨剪刀"。

削刀磨剪刀的工具比较简单，一个前低后高的长矮凳，凳上前端钉一个木块或者铁档来固定磨刀石，后面有一个活动的长铁配，以固定菜刀之用，铁配的前端穿过凳面进行固定，铁配的后端留有拴绳的孔洞。使用时，绳子穿过凳面上的洞孔用脚踏紧，其他的就是磨石、水罐等必备工具了。

磨刀匠

修补棕绷的师傅

稍稍有点年纪的上海人，年轻时大多睡过棕绷床，棕绷床有极好的韧性，防潮透气、修理方便，尤其适合潮湿多雨的江南。但棕绷床的棕容易松动和断裂，这就催生了一批走街串巷以修理棕绷为业的手艺人。张后椿、蒋美英夫妇是地地道道的上海人，童年时他们分别居住在上海的平凉邨和新庆里，也是听着弄堂里的叫卖声长大的，他们至今还记得修棕绷的师傅的吆喝声。当弄堂里传来"阿有啥瓦额棕绷修哇，阿有啥瓦额藤绷修哇"的叫声时，居民们都会从家里拿出损坏的棕绷让师傅们来修补。

在以前，不管是城里还是乡下，人们从早晨睁开眼睛开始，直到晚上睡觉，都离不开各种大小的木桶。这些盆盆桶桶，多数是新娘子出嫁时的陪嫁品，通常要用红漆，至少也要上桐油。那时候，要置备这套生活用具是一笔不小的开支，所以用起来很是仔细，箍桶就是将破漏或爆散的木桶重新箍好。原祥康里居民刘骥回忆说："以前我们家里要用的几个桶，马桶、脚桶、洗脸的脸桶都是木头做的，木头要一小块一小块把它拼起来，要加一个大箍、一个小箍然后把它箍紧，箍紧以后涂上油灰不让它漏水。天长日久这些桶开始慢慢渗水了，就需要这些手艺人把木块拆下来重新箍紧，上油灰加固，这就叫'箍桶'。"

箍桶遵循从上到下、从里到外的顺序，共有40多道工序。使用什么样的桶箍还可以反映出一户人家的生活水平，原武林里居民胡芷苓介绍，箍桶的箍是有讲究的，箍有三种，也分三六九等，好一点的是铜箍，中档的是铁箍，差一点的就是竹制的箍了。

箍桶

补碗匠

有一个由叫卖声演变而来的歇后语,叫作"江西人补碗——自顾自"。刘骥小时候是在上海的弄堂里度过的,童年时代,喜欢模仿的他经常去弄堂口看手艺人补碗。补碗人的行头,就是一副小挑子,小挑子的两头是箱式小柜,小柜约有两三层抽屉,里面装着补碗的工具。他说,这个"自顾自"实际上是由补碗的过程中发出的一种"嗞咕嗞"的声音变化而来的。原新庆里居民蒋美英回忆,当时家里好一点的碗如果被摔坏了有了裂纹,但是还没有碎成两半,都会拿去补。

此外,修阳伞、收旧货等的叫卖声也赶来凑热闹,这些叫卖声错落有致,甚是好听。有需要的居民将旧东西拿到弄堂里,于是家门口、弄堂边上就出现了一个个临时的修理摊。

"栀子花,白兰花":走街串巷卖花姑娘

吃过早点,卖花姑娘的叫声远远地传过来,在以前上海的弄堂里,经常会看到从苏州来的走街串巷的卖花姑娘。在老上海独有的记忆中,卖白兰花的姑娘始终都留存着那一缕醇香淡雅,出现在电影院门口、大广场前,头戴红绳、手挽篮筐,操着吴侬软语叫卖着"栀子花、白兰花",甚是好听。

曹雷清晰地记得那些卖花姑娘的形象:"那些卖花的都打扮得很好看,就是乡土气息吧。她们都穿着水蓝的布褂子,下面是一条比较深一点蓝色的裤子,还把自己手制的花边镶在裤腿上,腰里还系着围裙,有的绣着花。头上土布把头发包起来往后边一扎,干干净净、山青水绿的打扮。然后手里就挎一个小篮,篮子里头是串好了的花,再把湿的毛巾搭在上面,使花不容易枯掉。"

以前苏州的小姐、太太们都有戴白兰花的习惯,她们从走街串户的卖花姑娘和阿婆手中买来新鲜水嫩的白兰花,用手绢仔细地包好,放进大襟衫的纽扣里面,靠腋下贴身放,"香闻得到,花看不到"。原新庆里居民蒋美英回忆,白兰花优雅的清香在五米开外就能闻得到,很能吸引人。

刘骥,从小在上海长大,后来跟随祖母来到苏州。从小在石库门的生活经历,给童年喜欢模仿的他留下了深刻的记忆。刘骥在9岁以后,一

栀子花和白兰花

半时间生活在苏州,一半时间生活在上海,这使得他对弄堂里的"姑苏吆喝"和卖花的讲究极为熟悉。他说:"采花的时候必须要采含苞欲放的,不能是完全开的,因为你采下来它还在继续开。而且这个花非常娇嫩,你一碰它就会变色,所以叫卖之前要把花一朵一朵排齐,用一条湿的毛巾把它盖住,稍微露出来一点,让香味透出来招揽顾客。然后叫'栀子花、白兰花',一股带着吴侬软语的香味。"

在曹雷的印象中,"栀子花、白兰花"的叫卖声也是从苏州一带传过来的。卖花姑娘会用细的铅丝把花串起来,有的还串成一个手链一样可以戴在孩子的手上,一般可以戴大半天,如果保养得好一点,戴的时间还能长一点,香味也能持续大半天。

解放前,佩戴白兰花的习惯被苏州人带进上海,那时香水还是奢侈品,白兰花自然清新、价廉物美,很快受到上海滩小姐、太太们的青睐。花农们还能送货上门,每天早上定时把花送到顾客家里。白兰花挂在旗袍边上,栀子花放在家里透明的盘子里,一阵阵清香飘出来。

白兰花的香味被称为"老上海味道",直到今天,上海闹市的马路边、地铁站旁,仍然能看到摆个小摊低头串花手链的老奶奶,这些老奶奶带个小凳子,一个竹篮、一块蓝布,上面整整齐齐摆着花朵。两朵白兰花用白线扎好,用铅丝两头各穿一朵,中间一拧,留下个小拇指大的线圈,刚好可以别在扣子上,在曹雷看来,这是那个时代的一种生活的传统。

2013年6月,在上海弄堂长大,如今定居苏州的刘骥经过整理和发掘,将"姑苏吆喝"申报为苏州市非物质文化遗产,被列为非物质文化遗产的还有"京城吆喝"和"津门吆喝",而在上海,石库门弄堂正在逐年减少,那些曾经伴随几代人成长的叫卖声也难觅踪影。昔日悦耳动听的叫卖声,如今也只能从戏曲或老的滑稽戏中找到一丝影踪了。

恋曲1980

20世纪80年代初,上海大龄青年的恋爱问题成了一个爆炸性的社会问题,一方面是因为50年代出生的人口到了婚嫁的高峰期,另一方面,大批知青返城时已成了大龄青年。当年在上海,为青年人找对象可谓是社会总动员,各单位工会、共青团和妇联纷纷开展各种活动,千方百计给他们牵线搭桥,原上海电气公司合金材料总厂的工会副主席谢菊仙、飞跃电器厂的工人彭珠凤以及轻工政治轮训学校的老师范本良都成了活跃一时的热心红娘。在那个纯真的年代,青年人的择偶标准最注重的是人的品行。

被耽误的青春

彭珠凤原本是上海市飞跃电器厂的一名普通工人,后来却戏剧性地被调到当时的南市区妇联做起了专职红娘,她的人生轨迹之所以发生如此大的改变,源自20世纪80年代初,上海突如其来的一个巨大的社会难题。

当时,20世纪五六十年代出生的一代,也就是"光荣妈妈"们的孩子,陆续都到了婚育的年龄。于是,社会上出现了大量的单身男女青年,当时称为"大龄青年"。

20世纪五六十年代出生的人,本来人口基数就比较大,他们大多经历过上山下乡运动,返城时已经耽误了青春,有的在十年动乱后,为改变命运忙于高考,把个人问题抛在了脑后,进入80年代后许多人都成了大龄青年。

原上海合金材料总厂工会副主席谢菊仙回忆说,当时厂里一千五六百人,有三百多个大龄青年。而据上海市地方志记载,新中国成立后,上海青年主要的择偶方式是由亲朋好友介绍,接触面相当小,同事、邻居在男女青年的牵线搭桥上起了不小的作用。

1982年7月29日,对于在上海南市区副食品公司卖猪肉的小伙子金圣轲来说,是一个终生难忘的日子。在之前的两天,他一直彻夜难眠,原来,他的邻居彭珠凤为27岁的他介绍了一个女朋友小杜,29日那天他们就要见面了。在经历过很多次不成功的相亲之后,金圣轲有些忐忑不安,其实他身高一米七八,浓眉大眼,挺好的一个小伙子,可就是找不到另一半。

金圣轲出生于1955年,那时候新中国成立不久,人口开始大幅度增长,当时社会上流行一个词叫"光荣妈妈",以多生多育为荣。然而到了20世纪80年代,像金圣轲这样的多子女家庭,由于生活拮据,住房紧张,结婚成了"老大难"问题。金圣轲回忆当时家里住房的窘迫:"我们家里当时是九个小孩,九个小孩(和父母)就住在一间,十六个平方米的一间房间。当时家里面还有一个阁楼,六个男的睡在阁楼上面,四五个女的睡在下面,爸爸跟妈妈是分开睡的,没有办法,当时子女多嘛。"

当时金圣轲穷得连一件像样的衣服都没有,他该怎么去见人家姑娘呢?幸好他有位同班同学,由于是家里独子,条件比较好,于是金圣轲向他借了一件当时很时髦和神气的涤卡外衣,来到人民公园,开始了他和小

20世纪80年代末的
人民公园恋爱角

杜的第一次约会。

人民公园是上海著名的"相亲角",从2004年开始,每周六这里就会出现庞大的"大龄未婚青年"家长团,心急如焚的他们亲自代替子女征婚。人民公园之所以成为"相亲圣地",是有其历史渊源的,拍摄于80年代的影视资料显示,当时这里已经是沪上赫赫有名的"恋爱角",每周六的晚上,有几百个未婚青年男女,在亲朋好友陪同下来这里相亲。

人民公园关门后,两人又转战来到外滩的"情人墙",第一次见面,两人对对方感觉甚为满意,可谓一见钟情。金圣轲回忆:"在外滩从(晚上)八点不到一直谈到夜里十二点钟。"杜桂英觉得:"谈谈觉得时间过得很快的,一会儿怎么这么晚了。"

从70年代末开始,一百多万上山下乡的上海知青陆续返沪,他们中的很多人因为怕失去回城机会而不愿在农村结婚,于是都成了大龄未婚青年。上海市浦东新区"党员红娘工作室"的负责人范本良阿姨当年也是其中的一位,她记得自己回到上海的时候已经29岁,却还没有谈恋爱,就是怕在农村谈了恋爱后,双方无法都回城而造成两地分居甚至婚姻破裂。

从18岁到28岁,上海姑娘周菊萍最美好的青春岁月,全都奉献给了黑龙江农场。受家庭环境熏陶,她从小就热爱文艺,能歌善舞,在黑龙江插队落户的时候,被安排到农场当小学老师。这样才貌双全的姑娘,当时不知道拒绝了多少追求者。当地极端寒冷的气候,让她坚定了一定要回上海的决心,她回忆道:"自己心里想,还是回到上海来,那边实在太冷了,最冷的时候呢,是零下二十五度到零下四十度左右,地里面都穿这么高的靴子,真的是叫'水跟泥',我们叫'水泥'。因为自己想回来,所以就不谈朋友。"

1980年,在知青返城的大潮中,周菊萍终于回到了阔别已久的家乡,被安排在闸北青云街道里弄加工组,当时已经28岁的"大姑娘"成了父母的一块心病。

红娘:甜蜜的事业

1978年改革开放之后,"熟人社会"逐步向"陌生人社会"过渡,陆续回沪的百万知青也加剧了婚姻的"老大难"问题,当时上海的各级共青团组织、工会、妇联等社会团体对这个社会问题极为重视,想方设法举办活动,为大龄青年的婚恋创造条件。

原上海合金材料总厂工会副主席谢菊仙回忆,1978年厂里就成立了"联姻之家",1984年四五月份,她还曾到北京参加全国红娘工作经验交谈会,商讨为大龄青年解决婚姻难的问题。彭珠凤记得当时的报纸上刊登中央领导如陈云等也很关心这个问题,希望各级组织都能关心大龄青年。

1984年7月,上海市工青妇等组织联合举办了大龄青年联谊会,在彭珠凤的印象中,类似的纳凉晚会、浦江夜游、联谊舞会等等,当年每个月都会举办三五次。大龄青年的社会交际面广了,择偶半径也不断扩大。当时各企业对本厂职工的婚姻问题也很关心,彭珠凤记得当时南市区妇联成立了一个婚姻咨询服务站,由她负责,于是她们就发动区内区外的企业,上钢三厂的工会主席送来1 200个小伙子,国棉厂的工会主席不甘示弱,也送来了约1 000名纺织女工。接着,他们就组织集体的联谊舞会给青年人提供交往的平台,而在跳集体舞或交谊舞的过程中,彭珠凤等红娘们也发现,由于当时社会风气并不是那么开放,青年男女跳舞时都比较害羞和矜持,不是很放得开。谢菊仙回忆道:"他们就头低下来这样跳,怕难为情,不好意思,没有见过这个世面。手是牵着的,男同志一只手搭在她腰上,不碰面的,离得很开,尽量不靠近,怕难为情。"

而在舞会后,红娘们对后续工作也相当尽心尽力,彭珠凤回忆,她会询问跳过舞的青年男女对彼此的印象,印象不错的就鼓励他们积极交往,并对双方的恋爱进展予以关注。"我看到是20号姑娘,我就把她喊过来对她说,刚刚跟你跳舞的这个小伙子你看怎么样?她说蛮好,那么我就说,既然你们蛮好的,那么你们出去以后就去谈。然后我就把他们两个人的表格拉出来,用别针别在一起摆开,我们也好去跟踪,他们到底谈得怎么样了,谈到什么程度。"

1984年,曾在云南插队落户的知青王国生回上海已经有五年时间了,年过三十的他仍然是"一人吃饱全家不饿"的单身汉。王国生回忆,傣族人十七八岁就要讨老婆了,但是上海知青在那里不敢结婚,因为当时害怕回不了上海。

恋曲1980

1984年7月，上海市工青妇联合举办的大龄青年交谊晚会

交谊舞近景

　　王国生没有想到，这年夏天，他所在的上海消防水带厂也加入了为大龄青年举办交友舞会的热潮，在舞会上，他遇到了令自己的心动女生，她就是从黑龙江回来的周菊萍。王国生的婚恋究竟是如何发生转机的呢？原来当时王国生并不太会跳舞，而周菊萍本来就能歌善舞，就主动跑过去教王国生跳舞，这让王国生一下子对周菊萍产生了好感。王国生和周菊萍没有想到，跳舞让他们俩在茫茫人海中相识、相知并最终结婚，跳舞又成了他们日后谋生的饭碗。1998年以后，王国生和周菊萍开始参加上海市的各种交谊舞大赛，没想到竟然一举夺魁，之后两个人成了交谊舞的专职教练。不过，现在来学跳舞的都是以健身和娱乐为目的的中老年人，而在20世纪80年代，彭珠凤利用跳舞这种形式，把几百对青年男女送进了婚姻

彭珠凤（右）安排男女青年见面相亲

的殿堂。她的体会是，这是一种高效的方式，"跳舞时人与人之间比较近，容易产生亲近的感觉，所以这样容易成双成对，又能解决得多。这样的一大批人跳舞，比如300个人跳舞，一晚上总归有十几对、近二十对就能够谈（恋爱），所以快呀"。

彭珠凤做红娘做得小有名气，在1984年，上海电视台专门拍摄了《她乐于做红娘》的纪录片。如今二十多年过去了，彭珠凤这根红娘的线一直牵在手中。她记得80年代时，曾为一米八〇的黄伟荣和一米六九的张莲娟牵线，两人最终喜结连理。纪录片中记录了她去三口之家探望的情景，当时黄伟荣和张莲娟的儿子黄安毅还只有两岁，而如今，黄安毅已经从医科大学毕业，在瑞金医院实习，有趣的是，黄伟荣和张莲娟又找到了彭珠凤，请求两人当年的月老再为自己的儿子物色个媳妇。

彭珠凤回想自己当红娘的经历，"自己开始做做也没有什么想法，后来越做越顺，越做越好。到最后他们讲，彭师傅，你很有技巧的，都成功，所以后来人家都认得我了，我又上了电视嘛，来找我的人人山人海，最多一晚上是介绍了12对、24个，少一点总归也有三五对"。

求助红娘彭珠凤的信件像雪片一样飞来，工作之余，她发动全家甚至六岁的儿子一起上阵。每天她要约定五六对男女青年会面，所用的信封、信纸和邮票，都是她用自己的钱买来的，她给有诚意的未婚青年写信，为求偶者巧点鸳鸯谱。那时候没有手机，因为联络不便还闹过不少笑话。彭珠凤记得她曾为一位患了小儿麻痹症而腿脚残疾的男青年和一位高度近视的大龄姑娘牵线。第二天,彭珠凤就约两个人见面,没想到约会现场竟然出现了两个腿脚残疾的男青年,这该如何相认呢?她灵机一动,把自己六岁的儿子叫了过来,她让儿子分别走到这两位男青年身旁,慢慢地说"妈妈,你的名字我知道的,叫彭珠凤",果然其中的一位马上跳起来问她:"你就是彭珠凤啊?"她通过这个办法认出了那位男青年。

恋爱的纯真年代

20世纪80年代,上海人的婚恋观仍相对保守、单纯,既不像五六十年代那样看重出身身份,也不像90年代后那样将物质条件放在一个更高的地位,但同时人们对婚恋的看法也慢慢产生了变化,婚姻恋爱不再是一个禁忌的话题,变得可以公开讨论,一些新鲜事物出现了,比如征婚广告。

新中国第一个登征婚广告的人是谁?媒体的普遍说法是四川教师丁乃钧,1981年他刚摘去"右派"帽子不久,就大胆求助《人民日报》下属的《市场报》征婚,举国轰动,可是谁能想到,上海有一位姑娘的征婚启事,早在1980年8月就已经发表在《青年一代》杂志上,比丁乃钧早了五个月。

在征婚启事上,这位姑娘写道:"编辑同志:我已经是二十七岁的大姑娘了,还未曾尝过恋爱的滋味,我期望能找到一个感情丰富、有事业心的青年,可是,在我周围很少有我心目中的对象,也没有什么社交活动可以参加,请人介绍吧,也是很别扭的,我该怎么办呢?"

原《青年一代》主编夏画回忆道:"1980年,我们《青年一代》提出这样子一个'大姑娘的苦恼'以后,就收到600多封来信,全部都要向她来求婚。我们编辑部呢,找了其中十个男青年到编辑部来,一个个过堂,一个个相面,就是问他,你怎么样想这个姑娘。"

《青年一代》创刊于1979年,当时它提出关注年轻人的婚姻、恋爱、家庭,在社会上引发强烈反响。夏画回忆,那个时候社会氛围是不允许你谈恋爱、婚姻、家庭问题的。所以1979年9月,《青年一代》的这篇《甜蜜的爱情,幸福的生活》一刊登以后,《中国青年报》全文转载,中央人

1980年8月《青年一代》杂志上刊登的《大姑娘的烦恼》

民广播电台全文播报,外国通讯社如法新社马上增发了一条新闻,称中国开始打破了恋爱、婚姻的禁区。

在解决了"大姑娘的苦恼"之后,编辑部又从应征的600多个小伙子里精心筛选出7个,倒过来面向全国为小伙子"征友",整个过程历时半年之久。夏画还记得那时的情况:"为七个大小伙子征友,那个时候还不讲征婚,陆陆续续来了2300多封信,每个人(小伙子)都抽了五个人(姑娘),你可以谈一到五个,第五个是最后一个,你再谈不成功我们也不介绍了。"由此也可见当时人们对于征婚征友的郑重其事。

1980年热映的电影《甜蜜的事业》曾荣获第三届电影"百花奖"最佳导演奖,这部影片最牛的地方是它让中国的观众首次在银幕上看到了女跑男追的慢镜头。上海向来是中国开风气之先的城市,街头上也出现了以"大三角"和"小三角"姿态兜马路的情侣。所谓"小三角"就是男女双方手臂互相勾着;而"大三角"就是男青年抄着女青年的腰,或是双方搭了肩膀抄着腰行走。陈德容老人回忆,当时"小三角"蛮多,而"大三角"还相对少见。

当年的恋爱青年,在牵手时和结婚后,对于物质条件看得并没有那么重,即便你一无所有,我依然爱你,这是那个年代渴望爱情的年轻人的心声。因此当摇滚歌手崔健跳上北京工人体育场的舞台,嘶哑着嗓子吼出"这是你的手在颤抖,这是你的泪在流,莫非你是正在告诉我,你爱我一无所有"的时候,台下是雷鸣般的掌声和泪流满面的观众。

谢菊仙的丈夫杨锐思回忆起两人结婚之初的情形:"当初结婚的时候,像现在所说的叫'裸婚',家里没房子、没车子,条件相当差,借了6平方米的房间就作为婚房,什么办喜酒都没的,就发点喜糖这样简单。"

虽然条件艰苦,但是人们坚信,劳动可以创造一切。金圣轲和杜桂英结婚的时候，也是一穷二白，夫妻俩住在哥哥的房子里，金圣轲每天凌晨2点起床卖猪肉，菜场下班以后还要骑上黄鱼车送货，以赚钱补贴家用。赚了钱后，他花了2 300元钱买了一间私房改善居住条件，而当时他的月工资才40多元，可见他当时赚钱的拼命劲头。

光阴荏苒，大龄青年换了一茬又一茬，似曾相识的场景仍在上演，虽然20世纪80年代距离我们已经越来越遥远了，但是那个时代男女青年纯真的恋爱方式和观念，至今让我们怀念。

日本姑娘嫁入石库门

80年代中后期，伴随着对外开放，人们的思想也开始活跃起来，随着与国外联系的增多，再加上拜金主义思想的影响，当时"嫁到国外去"成为很多上海姑娘的目标，在当时拍摄的纪录片里，我们能看到一幕幕上海姑娘与外国男性登记结婚的场景。

据上海市人民政府婚姻登记处统计，1977年至1979年上海市涉外婚姻共有446对，而从1986年到1990年则猛增到5 502对。当时社会上还出现了很多担忧的声音，说姑娘都嫁出去了怎么办呢？其实，有嫁出去的，自然也有嫁进来的，来自日本东京的村上牧子姑娘就是其中的一位。

1989年12月25日，牧子跟随一个日本文化旅游团来到上海，在华东师范大学进行短期的汉语培训，牧子没有想到，她即将在这里邂逅一段浪漫的师生恋。王幼敏是华东师范大学对外汉语学院的副教授，也是当时牧子的老师，课间休息，牧子都会把黑板擦得很干净，时间长了，引起了王幼敏的注意，他觉得这位日本学生很懂得尊重老师。王幼敏当时已经36岁了，大龄未婚，除了因为考大学、读研究生耽误了终身大事之外，当时上海姑娘的择偶标准发生重大改变，也是他被"剩下"的重要原因。

上海姑娘的择偶标准在不同时代有很多版本，比如"五十年代找工人，六十年代选农民，七十年代解放军，八十年代嫁文凭"，还有一种说法是要符合"五大员"，即"长相像演员，工资像海员，身体像运动员，政治上是党员，态度像服务员"。另外，姑娘们还普遍追求"三高"，一是

王幼敏和村上牧子夫妇结婚登记照

个子高,二是学历高,三是工资高,后两项,王幼敏基本满足,但是在第一条上,只有一米六五的王幼敏打了个大折扣,而日本姑娘却没有把身高这一条作为一个硬性条件。

牧子热爱中国文化,在华师大留学的几个月时间里,她走遍了上海的名人故居,而导游正是汉语老师王幼敏,不知不觉中,两个年轻人的心中迸发出爱的火花。1991年1月,在上海姑娘的出国大潮中,日本姑娘牧子勇敢地嫁入了石库门。

牧子还记得自己第一次走进石库门弄堂的情景:王幼敏让她不要说话,不要暴露自己是外国人,她是怀着紧张的心情走进石库门的。当时王幼敏觉得,一个外国人走进弄堂,还是件新鲜事,很容易引起围观。

淳朴的牧子嫁到石库门后,她的婚姻生活遭遇到了许多意想不到的困难,首先是住房的局促,王幼敏描述当时的情景:"同一间房间里面分成两间,隔板隔一隔,上面天花板都是通的,那你说夫妻生活怎么过?你要想表示亲密一下都不可以,声音前后都通,我的父母就在后面。"

一间房间里面住两对夫妻,这让来自日本的牧子感到不可思议。可是,还有让牧子更加难以忍受的事情,那就是不能洗澡。有学者戏称日本是"洗澡的民族",对于日本人来说,不能每天洗澡是个很大的痛苦。牧子好干净,于是只能因陋就简,拉起窗帘,在一个红漆大木盆里放一点热水擦洗身体。

"嫁鸡随鸡,嫁狗随狗",牧子不仅适应了石库门,还学会了说上海话,她快乐地"在中国做老百姓,生活在上海平民中"。牧子说:"这哪能行呢?这哪能办呢?我不晓得。这三句(上海话)经常说。上海话在上海生活、工作是必须要学习的,能听懂和听不懂完全是两个世界的。比如说,买菜时,我问他'这几钿(多少钱)'?回答可能是八角一斤。我问'多少钱啊?'的话,可能回答是一块钱一斤。那个时候我说上海话和不说上海话,他的价钱和态度都不一样的。"

艰难的银发再婚

80年代,不仅大龄青年婚恋难引发社会关注,而且随着上海成为中国第一个迈入老龄化社会的城市,老年婚姻的社会需求量也逐渐加大,可是,比起年轻时的第一次婚姻,他们的求偶之路要艰难坎坷得多。

原上海市南市区老龄委办公室副主任王杏珍分析,由于封建思想的影响,老年人再婚被认为没面子,往往遭到子女的反对,而财产的分配也是老年人再婚遭遇子女强烈反对的重要原因之一。

1985年7月创办的南市区老年婚姻咨询服务站,前来报名征婚者从45岁到80岁不等,基本都是离异或丧偶的中老年人。在这里工作的曹阿姨觉得,害怕孤独是老年人寻找另一半的重要原因:"这些老年人为什么来这里找伴呢?一是因为孤独,找了一个伴儿,晚上看看电视也有人讲讲话,早上两人买完菜,两个人一起拣菜也能讲讲话,否则一个人实在太苦闷了。"

上海市总工会于1998年2月创立了银发婚姻介绍所,至今已有一万多位老人登记在册,其中有近200对已经或者即将结婚。在妻子患病过世后,67岁的陈培农来到这里寻觅伴侣,在镜头前,他向《上海故事》栏目组诉说了一段令他追悔莫及的往事:原来,70年代时,陈培农正准备结婚,丧偶的父亲也找了另一半,并且已经领取了结婚证,却遭到陈培农的强烈反对。现在陈培农同样到了父亲当年的年纪,同样也尝到了丧偶之痛,所幸他的儿子比当年的他,要孝顺、开明得多,陈培农感慨地说:"我对不起我父亲,当时自己年轻,不懂,现在我找老伴,我的儿子也支持我。"

老年人中，女性群体的再婚更是难上加难，年逾七旬的赵燕倩还清楚地记得自己在80年代走过的那段心路历程。她回忆道："他（丈夫）走的时候是1982年，'寡妇门前是非多'，做女人难，做单身的女人更难。很奇怪，有人来帮我修把锁，年纪轻的，下面就议论纷纷，说怎么找这么小的，我们党委书记来看我送月饼给孩子吃，说怎么找个白头发。我都听到的，最后我就大发雷霆，拍着桌子骂。"她发了狠心，要把孩子培养成材。

赵燕倩的女儿胡晴云如今是上海滑稽剧团国家一级演员，号称"女版周立波"，而赵燕倩也终于打破传统思想的桎梏，找到了晚年的幸福伴侣。

再婚，把两个完全没有血缘关系的家庭维系在一起，这确实需要很大勇气。如果不是被逼无奈，徐兴法可能不会在20年前走进老年婚姻咨询所。徐兴法的爱人在1985年的时候患癌症过世，留下了两个女儿，上有老下有小，徐兴法的日子只能用煎熬来形容。他的父母都有心脏病和高血压，他有时候一个星期里要轮流送父母上医院，有时候是半夜里，因为心脏病发病全是半夜里发的。记得有一次冬天他父亲生病，他让大女儿陪自己去医院，结果父亲的病还没看好，女儿却又昏倒了。

几乎在同一时间，41岁的汤雅萍也在黑暗的岁月里踽踽独行。丈夫1986年病逝，儿子又在参军，家里只剩下她一人孤独的身影。所幸她遇到了一个开明的婆婆，力劝她再婚，而她的隔壁邻居，跟她既是同事，又是无话不谈的好姐妹，她就是当时南市区妇联鼎鼎有名的红娘彭珠凤。彭珠凤回忆说："这时我知道她丧偶了，我心里很有数的，她的要求也和我说了，意思说要叫我找一个老实的、过日子踏实的人。"

就这样，在红娘彭珠凤的撮合下，汤雅萍和徐兴法相识了。虽然自1988年起两个人就确立了恋爱关系，可是这场恋爱的马拉松却足足进行了六年，年过半百的他们才迈入婚姻的殿堂，这其中是有着慎重考虑的。徐兴法说，在谈朋友的时候，他们就有意识地让双方子女也参与进来，大家一起出去玩，看看是不是合得来。有次一起去玩，徐兴法的两个女儿就一边一个夹住了汤雅萍，显得亲密无间。而在对待双方的子女时，汤雅萍也做到了一碗水端平，汤雅萍说："小孩结婚，我都一碗水端得很平。我儿子因为先结婚，儿子结婚怎么样花的，你们两个小姑娘我也怎么花，儿子一套房子，你们两个小姑娘也一人一套房子。"

如今，老两口的三个儿女都成家立业了，每逢周末大家总要聚会一次，因为同样经历过风雨，所以他们更加懂得珍惜风雨过后彩虹的绚丽。

从1985年到1991年的六年时间里，上海市南市区陈家桥街道老年婚姻咨询站一共接待了2 969位求偶的老人，结为伴侣的有254对，成功率为17%左右。考虑到老人的实际情况，他们每年还免费为牵手老人举办简单而隆重的集体婚礼。

80年代末开始，老年人再婚趋势明显上升，90年代后形成了"银发再婚潮"，事实表明，再婚不仅是老年人排遣寂寞的需要，更是一种有效的养老模式。

赵燕倩记得自己曾生了一场大病，再婚的老伴夏士莲在医院里借来硬纸板睡在地上，守护着她，最长的一次陪了四天三夜。赵燕倩认为，再婚不是坏事情，而是好事情，是给子女减轻了负担，而不是增加负担。

在20世纪80年代之前的几十年中，上海人在择偶时看成分，看出身，而在90年代之后，开始转向物质化，无论是向左转，还是向右转，都是一种异化。相比较而言，处在中间的80年代，从主流来说是一个恋爱的纯真年代。

六十岁再出发

1968年6月,一群风华正茂的年轻人从上海彭浦车站出发,前往黑龙江的北大荒插队落户,在北大荒共同度过了十几年的青春岁月,他们结下了不是亲人胜似亲人的兄弟姐妹情。2013年6月,这批年逾花甲的"黑兄黑妹"又重新出发了,这一次的目的地是美国。老友重逢,感慨万分,为期两周的自驾游让他们似乎又回到了插队时的集体生活,除了一路的异国风情,老知青们谈论最多的还是当年在北大荒的难忘岁月。

一场寻梦和怀旧之旅

60岁人生多么美,好比绽放红玫瑰,知青一代重起航……

这是历史的巧合,40多年前的6月,一群风华正茂的年轻人从上海出发前往黑龙江插队落户,40多年后的6月,这批年逾花甲的知青又从上海出发前往美国。

2013年6月3日,上海浦东国际机场里出现了一个特别的旅行团队,旅行团的多数成员曾是黑龙江引龙河农场的插队知青,如今他们都是60岁上下的年龄,这次旅游不是一般的自由行,而是由他们自己驾驶着房车穿越美国西部。

从上海到旧金山,空中飞行近12个小时,等待他们的是一个叫刘伟勋的人。刘伟勋是上海人,和这些老知青曾经同在一个农场插队,恢复高考后,他考上了华东师范大学中文系。20世纪80年代的出国潮中,刘伟勋先去了日本，之后到了美国，如今在旧金山开公司，刚好60岁的刘伟勋是这次老知青自驾游的发起人和组织者。

上海老知青自驾游行动受到了旧金山湾区华人社团的支持，他们为老知青举办了热热闹闹的欢迎会。过去中国人常说"我们的朋友遍天下"，如今是中国同胞遍天下，在旧金山就有25万名华人，占旧金山总人口的三分之一。现在旧金山市的市长也是华裔，原本刘伟勋还打算请华裔市长和上海自驾团见个面，后来因为市长太忙，见面会就顾不上了，这些老知青们于是就富有想象又带点调侃地动员刘伟勋有一天也去竞选旧金山市市长。

虽说老知青们鼓动刘伟勋竞选市长是开了个玩笑，然而，也许是因为他们的人生和命运几十年来都与国家的发展变化紧密联系在一起，所以他们对于家事、国事、天下事，无不事事关心，当他们从媒体上看到习近平主席6月上旬也要来美国的西海岸与总统奥巴马会见的消息时，大家都有些激动和兴奋。"习主席本身也是知青出身"，"在旧金山要是能碰到习主席，那太好了，就请他到我们车上一块儿吃饭"，这群知青们聊得不亦乐乎。

一群中国游客高举着旅行团的团旗在旧金山旅游观光，无论是当地的美国人，还是外国游客对此都觉得挺好奇，更没有想到的是他们的团旗上因为写了"黑龙江农场知青"几个大字甚至还吸引了曾经也是黑龙江知青的北京游客。

6月5日，真正意义上的自驾游就要起程了，为了这次旅行，刘伟勋特地租借了三辆房车，一辆七人的，两辆五人的。美国电影中常常有老美一家开房车旅游的情节，但是对于中国游客来说，房车自驾游还是一件新鲜事。对于这次自驾游，刘伟勋的计划是从旧金山出发，穿越美国西部，绕上一大圈，最后再回到旧金山，为此，他还编了一个"口诀"："要经过的地方有一大海湾、两大水库、三大河流、四大城市、五大湖泊、六个美国的州、七个国家公园、八条州际公路、九个住宿营地、十余个昼夜、万余里路云和月。"

这群老知青，16岁下乡，60岁再出发，这是人生当中的一桩乐事，大家对此又激动又向往。潘平说："我们小的时候，看人家五六十岁就觉

2013年6月5日,知青自驾旅行团从旧金山起程

得很老了,等自己到了60岁,觉得还没老,还很年轻。我也是看准了这一次的房车旅行,也想在美国走一走、看一看,了解美国的风土人情。"

人的一生中总会有几件刻骨铭心、终生难忘的事情,这一次"六十岁再出发"算一件,而当年的"上山下乡"是他们人生中的第一次出发和远行,看着窗外美国西部的景色,他们也会不由得想起40多年前坐在从上海到黑龙江的知青专列上的情景。

再回首,知青岁月历历在目

20世纪60年代末期到70年代中期,为响应毛泽东主席"知识青年到农村去"的号召,中国城市里的大批知识青年开始"上山下乡",短短几年里,上海这座1 000万人口的大城市就有100多万名知青去了农村。

1969年6月,是潘平怎么也忘不掉的,那天父母与他在火车站告别,火车出发的一瞬间,他爸爸的眼睛红了,而他妈妈早已哭得稀里哗啦,那是潘平第一次看到父亲哭,他的心中受了不小的震颤。不过,只有十六岁半的王强对于即将到来的知青岁月就有些懵懂,当火车一开动,他的脸上立马就"阴转晴"了。他们是带着"建设社会主义新中国"的美好期许上的火车,而迎接他们的却是未知和艰苦的岁月。

那时候,王强冲着能骑马就报名到黑龙江去了,可让他没想到的是,

1969年王强坐上火车离开上海去黑龙江

知青的生活却是异常的艰辛。他们凌晨两三点就要出去干活,直到晚上七八点才能回来,衣服后面常常是白花花的一片,湿了干、干了湿,全是汗水结成的盐花。王强在黑龙江干过很多活,赶马车、赶牛车、下大田、开拖拉机、开卡车,最后他还在兵团里开过蹦蹦车。

让潘平印象最深的是在零下40多度的天气里,跟着拖拉机去刨粪,把厕所里的粪全刨出来,然后送到地里去。这种艰苦的岁月现在回忆起来却也成了一笔财富,陈震祥说:"夏天,我们出工很早,冬天假如说粮食都收好了,我们就猫冬了,一般9点钟左右再出工。比如刨粪,比如上山砍柴、拉柴火,在冰天雪地里,用拖拉机的犁耙把柴火拉到山里去,很艰苦的。但在北大荒的这十年,实际上锻炼了我们一种不屈不挠的精神,可以说整个知青群体都有一种韧劲,不会轻易地向困难低头,能够吃得起苦,因为在北大荒的时候,我们什么苦都吃过了。"

当时中国正兴起"上山下乡"运动,他们曾立下豪言壮语,登上时代的列车,奔赴北大荒,去接受贫下中农的再教育。那些年,他们吃在一起,住在一起,睡在一起,一起出工,一起收工,一起受苦,风风雨雨这样一起走了过来。当年在北大荒,王强坐在颠簸的拖拉机上的时候,他无论如何都想不到,几十年后他会坐在美国的房车里。当年在黑龙江农场,王强学会了开解放牌卡车,但他怎么也不会想到,将来有一天他会在美国开房车。王强开的是2号车,他最怕的就是掉队和迷路,开车的王强把心都提到了嗓子眼,而乘车的人们则轻松地看着窗外的景色,聊着农场里的

上海知青在黑龙江农场里劳动

那些事。

老知青的内心都有着很深厚的知青情结,聚在一起的时候总忍不住回想过去上山下乡的岁月,李军感慨地说:"那时上山下乡,每一次要回黑龙江的时候,好几件行李,农场生活比较艰苦,所以吃的东西都是从上海带过去的。我们家里四个小孩,每年走一个人,1968年走一个,1969年走一个,1970年我又走了,家里所有的箱子,基本上都被搬空了,再想想我们的今天,真的很幸福。"

几十年后,这批老知青又能聚在一起,这种"风餐露宿自驾游"的体验,也别有情致。这天晚上,房车的车队在蒙特瑞营地宿营,原本计划这天晚上是烧烤,有点野趣,但由于时间太晚了,对房车上的厨房设备也还不太熟悉,大家就只能吃点馒头和熟菜来填饱肚子。

那些年,知青们一起走过的路

2013年6月6日,在美国加州1号高速公路上,正行驶着三辆房车。打头阵的1号车司机是刘伟勋,如今他是一个美籍华人,也是这次自驾游的组织者,今天,刘伟勋把"黑兄黑妹们"又带回到了难忘的集体生活中。

在拥挤喧闹的城市住久了,大自然广袤空旷的原野总是令人神往,而美国西部充满野性和生机的风景,也使老知青们不由地回忆起了曾经生活了十年的同样也充满野性和生机的北大荒。

看着车窗外的景色,陶象雯有些陶醉又有些感慨地说:"看着这一望无际的山岭和旁边的树林,就会产生一种错觉,跟北大荒很相似,不过乌苏里江、松花江比这里宽多了。"在接下来的15天里,他们将从美国西海岸的旧金山出发,途经洛杉矶、拉斯维加斯、布莱斯大峡谷、鲍威尔湖、黄石国家公园等著名城市和景点,行程6 000多公里,在美国西部进行一次彻底的穿越。

正如这条漫长的旅途一样,老知青的人生之路也是弯弯曲曲、起起伏伏的,之所以喊出"六十岁再出发"的口号,是因为在他们十六七岁的时候曾经经历过人生中第一次刻骨铭心的出发和远行。陈培宗下乡十年,返城后做过工人、干部,后来又辞职经商,组织"4050"人员创业,人生辛苦了大半辈子,这一次他带着妻子钱自菁一同来美国,为的就是好好享受人生。

上海知青的房车队正行驶在加州的黄金海岸线上,这是美国西部的自然风光,也是他们60岁的人生风景。作为东道主,刘伟勋正在向队友们介绍这里的风土人情:"这条沿着海岸蜿蜒的线路是有名的加州黄金海岸,总长17英里。这里非常有地貌特征,非常美丽,我们前面还有许多白细沙,所以加州最有名的就是阳光、空气、沙滩。"

路程是异常艰辛的,旅途也是让人兴奋的,当年16岁的知青们赶着

房车行驶在美国的高速公路上

马车颠簸在北大荒的黑土地上，而如今60岁的他们驾驶着房车行驶在异国的高速公路上，这其中的沧桑巨变，五味杂陈，翻腾在每一个知青的心中。活动策划人刘伟勋当年是负责烧炕的，自驾团团长陈震祥是在农场大地干农活的，蒋志国曾是一位兽医，华师大教授张文华当年在黑龙江引龙河农场是负责养马的，由于个子矮小，他不知道从马背上摔下来多少回。其实，他们中的每一个人都曾经有过自己的理想，他们把满腔的热血洒在了这片黑土地上，把自己最美好的青春献给了国家的社会主义建设。

这天，他们在洛杉矶环球影城观看了好莱坞精彩的特技场面，这让老知青们叹为观止，也让他们回忆起了当年在农场里看电影的往事。"那时看电影绝对是一种奢侈的享受。"李军说，"我们看一场电影像过节、过年似的，提前两个小时就把板凳都搬到那里等着，老老少少都等在那儿。"王强记得有一次在零下30多度的天气里，他们看露天电影，后来帽子上、口罩上，就连眉毛上全都白了。让刘伟勋觉得最有意思的是，有一次看到阿尔巴尼亚电影里有一个亲吻的镜头，有的人闭起眼睛不好意思看了，有的人一只眼睛闭着，另一只眼睛还眯着偷看。

那些年看电影的情景，现在回忆起来恍若隔世，北大荒贫瘠的精神文化生活，好莱坞精彩绝伦的特技表演，时空交错，令人唏嘘不已。更令人不可思议的是，老知青们在环球影城居然他乡遇故知，遇到了华师大的校友、北大荒的"荒友"，当年黑龙江引龙河农场三分队的知青周健中。

曾经的苦换来如今的甜

虽说中国的驾驶执照在美国也能用，但是对于上海老知青们来说，驾驶着房车这样的庞然大物，以120公里的时速奔驰在全是英文路牌的美国公路上，压力是不言而喻的，心里总会有些紧张。也许是为了调节车里紧张的气氛，自驾团团长陈震祥有意聊起了当年他在北大荒的几件趣事。

在黑龙江，饺子是北方人的传统面食，而陈震祥是土生土长的上海人，让他包饺子，这个平素伶俐的南方小伙可就"露馅"了。有一天，连队里改善伙食，给他们包饺子吃，但食堂人手有限，司务长就让大家把面和好，把馅也剁好，发给每人一份馅、一团面，拿到宿舍里自己包。没想到，陈震祥就用司务长发给他的半斤面团和馅，包了两只很大的水饺。当大家看到陈震祥包的所谓的"水饺"时，个个笑得前仰后翻，更让人哭笑不得的是，水饺放到锅里以后，人家的小饺子熟得快，而他的水饺大半天都没浮上来。而等水饺浮上来以后，那两只超大水饺就像航空母舰一样在锅里摇啊摇啊，直到现在，陈震祥每每回想起这件趣事时总是忍俊不禁。不过，南方人不会包北方的饺子，而北方人也不认识南方的年糕，令人啼笑皆非的事情还有很多。陈震祥记得有一个上海女知青探亲回来后，送给大家几条年糕，北方人吃不准这是什么东西，还以为是肥皂，就用来洗衣服，结果怎么擦也不起泡沫，再一问那个女知青才第一次听说了年糕。

农场生活、知青岁月，有苦有乐，也有一些不堪回首的记忆。陈震祥永远记得他们在北大荒第一次直面死亡的恐惧，记得那个永远长眠在黑土地上的知青伙伴。也是在6月，那天突然打了一个闷雷，结果下地干活的很多人都被雷打倒在地，上海知青范亚平就再也没有起来，一个十六七岁的年轻生命就被这突如其来的闷雷终结了，一帮不谙世事的少年玩伴仿佛一夜之间长大了。

也许正是有这么一段生死与共的人生经历，老知青之间的感情是极深、极纯和极真的。范亚平如果还活着，一定也会与他们同行，自驾团的成员们既是在祭一个知青的生命，也是在致他们自己曾经拥有的青春。

在拉斯维加斯，自驾团队伍中又增添了新面孔。蒋治国也是上海人，20世纪80年代赴美留学，攻读博士，如今定居旧金山，成了当地有名的牙医，他忙里偷闲，从旧金山飞到拉斯维加斯与大部队会合。之所以那么兴致盎然，或许与他本人的插队落户经历不无关系。

蒋治国是1973年下放安徽的，养了将近五年的猪，在饲养过程中，有些猪生病了，当地又没有兽医，蒋治国只好自己给猪打针、喂药，还常常要给猪接生。在这个过程中，蒋治国逐渐对医学产生了兴趣，所以高考恢复以后，他就考上了上海医学院。可以说，在整个人生历程当中，吃苦耐劳的知青精神，贯穿了他的一生，不管在美国打拼多少年，他始终不怕苦，能吃苦，什么都敢于闯。

对于这次上海老知青们风尘仆仆、风餐露宿游美国的经历，蒋治国认为这是一次享受生命的美好旅程，因为从现代医学来看，60岁不算老，60岁只是人到中年而已。有了蒋治国的加入，自驾团如虎添翼。这一天，他们租了两艘游艇，深入犹他州和科罗拉多州交界处的鲍威尔湖，领略这个美国国家级度假区秀美的湖光山色。

800多年前，南宋词人辛弃疾说自己"老夫聊发少年狂"的时候才48岁，而如今这些60岁上下的旅游者们仿佛又回到了他们的青年时代，他们要把自己逝去的青春找寻回来，加倍补偿。身体不算老，心态又年轻，而让生命更精彩，这是他们"六十岁再出发"所要达到的终极目标。

踏遍青山人未老

2013年6月15日，上海知青房车自驾团启程后的第10天，在经历了一段累并快乐着的旅途之后，老知青们即将抵达下一个著名景点——美国拱门国家公园。可就在这一天，出现了意想不到的险情，2号车司机突然发现1号车在行驶中车身倾斜，这在时速120公里的高速行驶中是极其危险的，甚至有侧翻的可能，车队紧急停车进行检查，原来是轮胎瘪了。换轮胎对于在黑龙江农场有着十几年机修经验的徐友群来说是小菜一碟，可是翻遍全车却找不到修车工具，这让大家很沮丧。自驾游的组织者刘伟勋立即求助房车租赁公司，电话却迟迟无人接听，正在一筹莫展之际，一对美国夫妇走上前来，热心地予以询问，可惜，他们提供的工具型号不匹配。5分钟后，一辆沃尔玛超市的送货车也停了下来，但遗憾的是，车上也没有配置千斤顶。

眼看日沉西山，自驾团团员的心也跟着一点点凉了下来，这里距离营地还有100多公里，天黑前如果赶不到的话，只能露宿野外了。让人意外的是，沃尔玛超市的司机并没有离开，而是帮忙拦下了另一辆车，车上的年轻夫妇恰好携带了千斤顶，小伙子二话不说，钻到车底下就忙活起来。

巨大的房车很快被撬动起来，轮胎终于换好了，自驾团从心底里感谢这些美国的"活雷锋"，虽然这些老美也许并不知道雷锋是谁，但是助人为乐也是他们的为人之道。自驾游美国，既是一次探索之旅，也是一次冒

上海知青们游览美国拱门国家公园

险之旅，但是老知青们相信车到山前必有路，因为他们几十年的人生也像开房车那样，有颠簸，有艰险，最后都一一化险为夷了。

这天下午，房车车队驶入了美国怀俄明州黄石国家公园附近的宿营地，暗夜里，自驾游的组织者刘伟勋喜极而泣，这样的快乐，人生难得几回。如今大家都60岁上下了，能够天南海北地相聚在一起让刘伟勋分外感动。此刻，他的这种快乐是从心底里生出的，笑着笑着，他就哭了，男儿有泪不轻弹，只是未到动情处。回想起知青们风风雨雨、坎坎坷坷的人生路，陈震祥动情地说："退休以后，我们一定要度过这个黄金的十年、最开心的十年。"

这是美国仲夏的一个夜晚，这也是一群中国人的狂欢之夜，40多年前，同样的夏日夜晚，刘伟勋和陶象雯因为同样一件事情彻夜难眠。1969年6月24日，陶象雯从上海到北大荒去，去的时候感觉前景很渺茫，也没想到过继续学习，第二年，她哥哥写信说，像"文革"这样的浩劫总会过去的，光明的一天总会到来的，机会总是等待着有准备的人。哥哥还给她寄来了许多学习资料，鼓励她千万不要放弃学业。

那时，刘伟勋也跟着电台开始学英文，他钻在被窝里看卡片，听外国电台。回想起过去学习的情景，他笑着说："当时我的行为属于收听'敌台'，英文电台嘛，收听英文一定要在被窝里，把头蒙起来，还要把声音调得很轻很轻的。"

1977年，"文革"结束后恢复高考，刘伟勋经过三年的不懈努力，最终成为华东师大中文系1979级大学生，和华师大数学系的陶象雯、华师大生命科学学院的张文华成了校友,他们都通过自己的努力,用知识改变了命运。回想起那段岁月,陶象雯说:"'文化大革命'最大的损失就是教育,一代人中途辍学,使得我们国家的人才出现了断层。邓小平同志亲自抓高考,这就是知识改变命运,知识就是力量,在我自己的人生道路上,这就真切地体现了出来。"

80年代,出国潮兴起,当年美国驻上海领事馆门口的队伍像长龙一样。刘伟勋刚到纽约的时候,他的身上只有100美元,他就靠为饭店送外卖挣学费,维持生计。有一天,刘伟勋在大雨天里骑着自行车送外卖,结果摔了一跤,摔出一大块乌青,但是这样的下雨天,刘伟勋并不觉得苦,因为相比在北大荒吃过的苦,这点苦根本不值一提。先过语言关,然后是身份关、创业关,像每一个新移民一样,刘伟勋就这样一关一关地闯了过来,一直走到了60岁的人生境界里。

70年代末,随着知青大返城的浪潮,黑龙江引龙河农场的这批知青也陆续返回上海,陈震祥进工厂当了一名工人。90年代初,单位不景气了,陆陆续续地有人下岗了,因为没有思想准备,也没了经济收入,家庭生活受到了影响,陈震祥一度很焦虑。但是好在有下乡十年的北大荒精神作支撑,所以在面临困难的时候,他没有倒下,为了养家糊口,陈震祥干过很多零活,也吃过很多苦头。他做过饭店的跑堂,卖过油条、粢饭、豆浆,还摆过地摊卖零头布,为了谋生,他几乎什么苦都吃了。这一路的人生经历,现在反而成了财富。如今陈震祥年过六十,退休了,也要享受人生了,这一次参加房车自驾游,他很有一种"踏遍青山人未老"的情怀。

在农场经历的知青岁月,时间虽然并不算长,但北大荒精神却深深地烙印在他们的身上,影响了他们的一生。顺境时,用平和的心态过好每一天;逆境时,用不屈的精神为自己作支撑。

在历经15天、行程6 000多公里穿越美国西部的旅行结束之后,上海知青房车自驾团于2013年6月19日返回旧金山。华师大美国北加州校友会为他们举办了盛大的庆祝活动,中国驻旧金山总领馆也前来祝贺自驾游圆满成功。知青这代人的命运可谓是跌宕起伏,但是知青的精神则百折不挠、一直向前,六十岁再出发的老知青们,相约七十岁再聚会,他们的人生要将欢乐进行到底。

我的家在武康大楼

武康大楼是上海第一座外廊式公寓大楼，原名诺曼底公寓，又称东美特公寓，始建于1924年，由邬达克设计，万国储蓄会出资兴建。1953年，诺曼底公寓随路名更名为武康大楼，这里曾居住过像赵丹、郑君里、吴茵、孙道临、王文娟夫妇等众多的上海文化名人，也有不少普通住户。每每讲起发生在武康大楼里的往事，大楼居民们的脸上就会露出那种骄傲或自豪的神情，因为这里曾承载了他们青春年代快乐美好的梦想。

福开森路与诺曼底公寓

在上海市中心的淮海中路、武康路路口有一幢楼，像一艘停泊在城市中的巨轮，这便是闻名遐迩的武康大楼，也是老上海嘴里的"九层楼"。据1965年搬入武康大楼的著名越剧表演艺术家王文娟回忆，当时她并不知道武康大楼，只知道淮海路九层楼。

武康路最初的名字叫福开森路，以美国人福开森的姓氏命名。19世纪80年代，约翰·福开森来华受聘成为南洋公学第一任校长，福开森当时自费修建了一条土路，大大方便了学校师生的出入。1907年，由法租界公董局修筑拓宽，铺成煤渣路。1924年，由于福开森路地处法租界，又与霞飞路相交，当时附近有许多商务场所，由于法商万国储蓄会附近缺少适合高级商务人士的住宅，于是，商人们自然不会错过这样的机会，投资建造了这栋住宅楼。当时万国储蓄会下面有个中国建业地产公司，在法租界里造了不少具有地标性的建筑，今天的武康大楼便是其投资兴建的。大楼的定位，便是作为当时的高级白领公寓，提供给高级洋行大班、经理人等居住。

大楼最初取名为"I.S.S 公寓"，"I.S.S"是万国储蓄会的英文简称，后来又称"诺曼底公寓""东美特公寓"，当时建业地产在上海的公寓或住宅区一般都以法国地名来命名，因此该大楼便以法国西北部的半岛诺曼底来命名。公寓建成后，果真吸引了许多当时上海大公司的高级职员，他们大多是欧美的在沪侨民，住户中华人极少。这种状况一直持续到太平洋战争爆发。

原上海音像资料馆研究馆员张景岳介绍："当时住在这栋楼里面的几乎全是外侨，包括法商电车公司、法商水电厂的高级职员，还有一些欧美大型企业的高级管理人员，比如说上海西门子公司的经理就住在那里面。到了1937年，'八一三'上海淞沪抗战打响以后，日军轰炸上海，南京路、外滩都中了炸弹，所以欧美外侨开始大批撤离上海。到了1941年12月7日，太平洋战争一爆发，在沪的英美侨民都成为'敌侨'，都被日军关到集中营里去了，那么这样一来这幢雄伟的八层楼的大楼公寓，据说有三分之二都空出来了。"作家王唯铭认为，这种公寓的诞生与新式里弄、石库门住宅、私家花园、公馆等都不一样，首先是为上海的一个特殊的阶层所提供的。

20世纪30年代的诺曼底公寓

我的家在武康大楼

武康大楼新楼

一段20世纪30年代福开森路的珍贵影像资料显示，当时这里附近并无高楼，实为八层楼的武康大楼被唤作"九层楼"也许有楼高直冲九霄的意味。张景岳回忆，自己1964年至1966年去武康路的时候，武康大楼周围都是两三层楼的低矮的新式里弄和花园洋房，武康大楼远远就能看到，显得鹤立鸡群，十分雄伟。而在武康大楼建造的1924年，其9 700多平方米的总建筑面积，也称得上是非常大的建筑体量。

1953年，福开森路更名为武康路，诺曼底公寓正式被上海市人民政府接管，并更名为武康大楼。在武康大楼的东侧与之连接的还有一幢白色的四层公寓，俗称"新楼"，站在武康大楼汽车间楼顶的天台上能清楚地看到老楼与新楼之间连接的两个通道，据资深媒体人陈保平介绍，老楼与新楼的规划设计是一起的，只是建造时间相差一两年。

邬达克的设计匠心

武康大楼宛如一艘等待起航的战舰，它承载着上海人多年的记忆，一个门廊、一个转角都洋溢着法兰西的风情。

武康大楼的独特造型与大楼地皮的形状有关，却也体现了设计者的巧妙构思。武康大楼所占的地皮很狭小，就像一个锐角三角形，要在这么局

武康大楼俯瞰

武康大楼设计师
邬达克

促的面积内满足各种不同功能，提供给高级白领居住，外观还要与周围环境相协调，颇费了设计师的一番脑筋。这名设计者就是当时上海滩赫赫有名的建筑大师邬达克，现在上海许多著名建筑都出自这位匈牙利籍设计师之手，包括国际饭店、大光明电影院、美国总会等。不过相比那些非住宅建筑，武康大楼可以算得上是邬达克住宅建筑中的代表作，犹如一艘邮轮的整体造型、连续的券廊、围合整座大楼的长阳台，都体现了古典主义和法国文艺复兴的风格，以及非常典型的邬达克的个人色彩。

上海市人民对外友好协会调研员谈会明认为："邬达克设计的很多房子，远远地看，一眼就可以看出它带有非常典型的、很强烈的邬达克个人的风格。包括武康大楼，它是三段式的，下面是白颜色的券廊，当中是红砖勾缝的外墙,到了八楼,有一个屋檐挑出去了,上面的阳台一圈是连着的,真的像一艘邮轮。"武康大楼由圆拱门所构成的连续的券廊,颇类似于上海金陵路上的骑楼,可以使行人在下雨天散步逛街避免雨淋之苦,也使得武康大楼成为上海第一幢外廊式公寓。

许宝英是武康大楼的老住户,1959年,24岁的她跟随丈夫搬进武康大楼,一住就是将近60年。当初搬进来时,她便喜欢上了武康大楼的阳台,如今,许宝英的阳台上种满了她喜爱的花草,而当时邬达克在设计这个几乎围合了武康大楼的长阳台时,也许并没有设想它的实用功能,更多是为了遵循古典主义建筑的基本法则。在作家王唯铭看来,长阳台起到了建筑腰线的作用,也使武康大楼的立面变得丰富而有层次感。在谈会明看来,站在武康大楼的长阳台上,犹如在豪华邮轮头等舱的阳台上,可以尽览当时法租界的风情风景:对面就是古树参天的宋庆龄故居,周围都是绿化良好的花园住宅区,花草、树木、草地,望上去十分养眼。

需要指出的是,长阳台并非是邬达克的首创,早在1918年由当时上海著名的设计事务所公和洋行设计的永安公司大楼便已在外立面上采用了长阳台的手法,这比诺曼底公寓早了六年,但是邬达克在设计诺曼底公寓时采用了几乎围合整幢大楼的长阳台,仍可说是非常大胆的。

除此之外,武康大楼竣工后,为了吸引高级外侨,还设置了屋顶花园和屋顶游泳池。屋顶花园在当时很流行,当年的法国总会(现在的花园饭店),到了夏天,就会在屋顶上开舞会。

围合整座大楼的长阳台

武康大楼的名人身影

抗战胜利后，孔祥熙的二小姐孔令伟将大楼买下，自己也住了进来，以后陆续开始有中国人入住武康大楼。

当时，离武康大楼一步之遥的有新华影业和联华影业两家电影公司，因此许多电影界人士陆续租住在武康大楼。这里是个闹中取静之处，楼下有沿街店铺，电影界人士平时喜欢在这里聚会，讨论剧本，会见演员，因此从1945年开始，这里就成了上海电影明星最集中的地方，星光灿烂。上海解放后，一些文化演艺界名流也陆续搬进了武康大楼，赵丹、黄宗英、郑君里、孙道临、吴茵、王文娟夫妇等都曾经是武康大楼的居民。

著名电影导演郑君里的小儿子郑大里跟随父亲在1949年搬入武康大楼，他的青少年时代都是在武康大楼里度过的，虽然已经搬离那里多年，但武康大楼的独特容貌还不时地会在他的脑海里出现。他记得，他们家最初住在新楼的四楼四号，有四间房间，楼下三楼三号住的是赵丹，后来赵丹一家搬去了湖南路。父亲郑君里觉得自己家没有那么多人口，不用住这么一大套房子，于是就搬到了三室一厅的三楼三号，而孙道临家则搬进了他们家原先居住的四楼四号。

在幼年时的郑大里心里，武康大楼是一幢很大的大楼，有时会让他害怕，他回忆说："这幢大楼是有故事的一幢大楼，而且历史这么悠久。我

孙道临位于武康大楼的家

我的家在武康大楼

1957年新闻片《访周璇》
影像资料

小时候,放学放得晚一点的时候,或者是夜里回来的时候,进了大楼,我总是一埋头就往上面冲,冲到家里面,气喘吁吁的。我妈妈总问,'你做什么呢?'我说,'不知道为什么,我总有点怕怕的'。"

解放后,著名电影演员周璇当时与住在武康大楼的郑君里、赵丹、黄宗英等人交好,常来武康大楼做客。据郑大里回忆,周璇那时候在虹桥疗养院接受治疗,病情缓解后,医生主张让她多出来走走,接触公众,会会老朋友,因此她常到武康大楼,来郑君里家的次数也不少。

1950年搬入武康大楼的戴盛德也记得自己曾在武康大楼里听过"金嗓子"周璇的美妙歌声,他回忆说:"赵丹和黄宗英就把她接出来,接到他们家里,我记得(周璇)可能先在楼下的紫罗兰理发店烫好头发,烫完头发以后到他们家里去。她唱了一首《四季歌》,钢琴伴奏,楼里人们知道周璇来,很多人都围到这个走廊里看她。唱好歌以后,她就走了,结果非常可惜,大概没有多长时间,周璇就去世了。"

据张景岳介绍,由于居住的名人多,当时有"三名三高"的说法,意指武康大楼住的多是名专家、名演员、高级知识分子、高级干部等等。

除了楼里居住的名人,站在武康大楼的阳台上便能望见与武康大楼仅一路之隔的宋庆龄故居,这套带大花园的欧式独立别墅是国民政府拨给宋庆龄的,新中国成立后一直是宋庆龄的家。资深媒体人陈保平在进行武康大楼口述历史项目时,就听到过老住户许宝英关于宋庆龄的回忆,许宝英回忆,"三年自然灾害"的时候,她看见宋庆龄也在自家院子里养鸡、养鸽子,让她觉得国家领导人的生活也很俭朴。

普通住户的生活记忆

戴盛德一家是在1950年搬入武康大楼的,他的哥哥戴盛明在20世纪60年代大学毕业后调去了北京,搬离了大楼,而他就一直居住至今。他回忆起了一大家子当时在武康大楼的居住情况,他和祖母、两个叔叔、一个孃孃,以及他这一辈七个孩子住在武康大楼的403、404两套房子里,居住条件应该说是很不错的,他回忆说:"因为我奶奶从小比较宠我宠惯了,我一个人住一间,我爸妈住后面一间,我的小妹妹跟我爸妈睡的,后面有一个沙发。我姐姐跟三个妹妹睡在403,一个房间三张床,一个房间就是她们做功课的地方。我祖母跟孃孃住了一间,我的两个叔叔住了一间,基本上是这样的格局,(两套房间)的小房间都是保姆睡。"

"三年自然灾害"时期,副食品供应紧张,那时在武康大楼,几乎每一户人家的阳台上都会养几只鸡鸭,郑大里记得,由于每家人都在阳台养鸡,每天早上醒来都能听见鸡叫,就好像住在农村。因鸡鸭要乱飞,因此常有鸡鸭飞下楼的窘事发生。当时虽然生活条件艰苦,大家都没什么吃的,但捡到的人却绝不会据为己有,郑大里对那时的民风淳朴印象深刻,他回忆说:"我们家的安徽阿姨在阳台上养鸡,有一天阿姨讲,你要把这个鸡翅膀剪掉的,不剪掉鸡要乱飞的。我爸爸不舍得,他说,'不要去剪它,让它自由生长不是很好嘛'。结果有一天,有一只鸡就飞下去了。当时民风淳厚,下面有人抓住以后,就在下面直叫,'你们楼上谁家的鸡飞下来了?'阿姨看到是我们家的鸡就跑到下面去拿了。"

当时大楼里的邻里关系也非常和谐,老住户戴盛明记得,那时楼里每户人家的后门都是开着的,不但门不锁,而且是敞开的,可以随意进出。邻居们还会互相送去自家烧的菜,郑大里回忆:"我住在四楼的时候,我家隔壁的邻居是王人艺,王人艺是谁呢?是王人美的哥哥,工部局管乐团的第一小提琴手,后来又是上海交响乐团第一小提琴手。他们是湖南人,家里面经常烧很好吃的菜,湖南菜味道比较浓烈,他烧小菜的味道经常飘过来,我觉得很香。过了一会儿,王家妈妈就端了一个小盘子,里面放了一些他们烧的肉,她说,给你们君里尝尝。因为我爸爸喜欢吃红烧肉。我孃孃也烧了一手非常好的红烧肉,广东人烧的红烧肉,也会用砂锅炖好以后,弄一小盘拿过去给他们吃,邻里的关系非常和睦。"

20世纪50年代,人们对出行的交通工具还没有更多选择,那时,有轨电车便成为居住在武康大楼居民出行的首选。60年代后,淮海中路上的有轨电车铁轨被相继拆除,由26路无轨电车取而代之。1964年,虹桥机场投入使用,武康大楼门口的淮海中路成为国宾大道,只要有国宾前来上海,住在大楼的居民都可以临窗看到国宾车队驶过。1952年出生在武康大楼的吴如瑾就还记得在自家阳台上挥舞小旗、鲜花迎接国宾的激动情景。70年代中美建交,周恩来总理陪同美国总统尼克松到上海时,吴如瑾也和其他居民一起在阳台上欢迎尼克松来访。戴盛德也记得当时外国元首来访,群众都会夹道欢迎,淮海路两边欢迎的学生都会排好队,武康大楼的住户则会按照安全要求关好门窗。坐着敞篷车的外国元首从机场出来必定会经过淮海路,并入住锦江饭店。

当时,国宾来华期间访问上海,他们大多由周恩来、朱德等国家领导人陪同,武康大楼前也成为一睹国家领导人风采的好去处,张景岳、吴如瑾、郑大里等人都对此有着深切的记忆。张景岳回忆,1964年10月底,学校组织他们去迎接阿富汗国王查希尔,学生们就从静安区出发,一路走,穿过武康路,远远看到一幢大楼,因为当时那一带都是两三层楼的新式里弄或小洋房,八层楼的武康大楼很远就看到了。一出武康路口,在大楼西边一点的地方,他们排好了队。一会儿,车队就过来了,他第一次看到查希尔国王和周恩来总理在敞篷汽车上面,周总理招招手,离自己很近,大概最多只有十米,大家就喊"欢迎欢迎,热烈欢迎"。郑大里则回忆说:"有一次,我记得是周恩来总理陪同印度尼西亚总统苏加诺来访,群众夹道欢迎。车子开过来,离我们家里很近了,我们家里住三层楼嘛。因为总理跟我爸妈的关系都很好的,我爸爸看见总理就叫'总理、总理',声音叫得非常响,那个时候总理居然马上回过头来看,周总理这个人非常仔细,也对上面招招手。"

武康大楼的沿街店铺和小摊同样让老住户们记忆深刻,各种生活服务、小修小配、吃的玩的,样样都有。券廊的门洞之间有小吃摊位、文具摊位、针线摊位,还有修钟表的、擦鞋的,店铺中名声最响亮的莫过于紫罗兰美发厅了。住在武康路上的巴金常到这里来理发,许多爱美的女士也慕名而来,从20世纪70年代就在上海开出租车的司机寿幼森对于武康大楼的印象就来源于紫罗兰美发厅,因为一位乘客很自豪地告诉他自己要到武康大楼的紫罗兰做头发。

孩子们的快乐天地

对于出生或成长在武康大楼的人来说,在大楼中快乐游戏和淘气,是童年记忆中不可忘怀的一部分。戴盛德小时候经常和郑大里两个人一起玩,那个时候他们在同一个小学分别读一、二年级,武康大楼里与戴盛德同班的还有五个人,他们组成了一个家庭学习小组。他记得当时邻里之间跑动是很频繁的,孩子们一起玩,很热闹,大楼大修的时候,外面搭脚手架,调皮点的孩子会从二楼、三楼穿到脚手架里,从脚手架爬到七楼。武康大楼里有前楼梯和后楼梯,加上新楼,孩子们也经常在里面捉迷藏、躲猫猫,大家藏来藏去,二楼串到三楼,三楼串到四楼。

对当年生活在武康大楼的孩子们来说,券廊门洞与门洞之间的小摊是他们的最爱,戴盛明回忆,两个门洞当中都是摊位,有卖小吃的,有文具摊位、针线摊位,还有修钟表的、擦鞋的。他印象中经常吃、最好吃的是色拉面包,五分钱一个,是在小的罗宋面包里面夹色拉,或者是夹红肠,不少人都对色拉面包的美味记忆犹新,郑大里说:"有个四川人在那边开了

武康大楼底层别具特色的券廊

一个小的专门卖色拉面包的店,这个色拉是他自己做的,面包我就不晓得了。他旁边有一个小的木头烤箱,外面用铁皮包起来的,里面有一个小的盒子,盒子里面放炭的,炭的上面放了一个钢丝网。人家要吃的话,他就把面包先放到钢丝网上去烤一烤,然后再把色拉夹进去。他做法式面包和色拉赞得不得了,和霞飞路上任何一家西餐店去比都不比他们差的。"除此之外,还有卖蜜饯、酱菜的,出借连环画的,都给他们的童年带来了不少乐趣。

70年代末,上海人的居住条件十分艰苦,大部分人主要生活在石库门、新式里弄和工人新村里,武康大楼内也由原本的"一门一户"变为"一门多户",但大楼里的电梯依然得到了保留。而当时有电梯的房子还不多,因此武康大楼的电梯就吸引了不少好奇的人来看热闹,年幼的孩子也往往把电梯当成了玩具。谈会明回忆说:"我记得有两个同学,他们是住在武康大楼里的,我们就去乘他们那里的电梯,乘上乘下乘电梯。我们乘了两次,后来被开电梯的阿姨赶出来了,'小孩子乘来乘去做什么?烦呢。'因为那个时候,我们也没有怎么乘过电梯,小孩子没有开过眼界嘛,乘乘电梯玩玩。"

武康大楼的不了情

武康大楼周围原先地势低沉,早些年,但凡遇到暴雨,武康路必成泽国,积水一旦漫入门厅,电梯也会停开,给大楼的住户造成了极大的不便。在吴如瑾的印象中,每逢遇到下大雨时,武康路的积水往往要到踝关节或是小腿,底楼门厅里都是从武康路漫进来的水,早上出门就只能赤脚或是穿着拖鞋跑出去。后来市政府的实事工程改建了下水道,下大雨积水的问题才得到了解决。

2008年,武康大楼经过整体修缮后面貌一新,如今,它已被列为上海市优秀历史建筑,也是徐汇区衡复风貌保护区的地标性建筑。

武康大楼的居民们都非常留恋大楼里的岁月和点滴,因为这里曾承载了他们青春年代快乐美好的梦想,而他们对这幢老房子也都有着在外人看来近乎苛刻的保护意识。

武康大楼居民秦忠民看到大楼修缮过程中工人的不合理施工破坏了墙面，就和自己妻子等几个人在垃圾箱里面把这些敲下来的石头一块一块地拣出来，自己去一块一块拼好。

上海市徐汇区湖南路街道办事处武康居委居民区党总支书记柏祖芳记得，居民们对大楼的一砖一瓦都很有感情，社会上流行塑钢窗和铝合金窗的时候，武康大楼的居民认为，大楼的窗如果换了，这幢大楼就不是原来的大楼了，所以武康大楼至今还保留着原来的钢窗。

1959年搬入武康大楼的许宝英曾经被动员搬迁，但她对其他地方都没有看中，她还是习惯住在武康大楼。戴盛明觉得："（住在武康大楼）总的讲起来非常好，怀旧，尤其看看现在小孩的生活，跟我们那个时候小孩的生活有着天翻地覆的差别。那个时候我们功课做好就好了，就可以玩了，而且是成群结队地玩，非常开心。"陈保平认为："大家住的时间长了以后对这幢老楼有一种感情，一个原因当然是因为这幢老楼的地段比较好，位于上海的淮海路这样一个非常中心、也非常时尚的地段，在这幢大楼里能够看到上海整个城市生活的变化。从理发店、咖啡店，还有一些面包店，都可以看到它不同年代的变化，这是上海时尚的一个标志，从这个意义上，大家对上海和这幢楼都有一种比较深的感情。"

如今，登上武康大楼顶楼，衡复历史风貌区的全貌尽收眼底，脚下的淮海路绿树成荫，眼前的情境也在提醒着当下的人们，历史是这座城市不可磨灭的灵魂。

白相城隍庙

上海城隍庙的历史可以追溯到700多年前的元代，历史上香火旺盛，香客云集，逐渐在城隍庙的周围形成了庙会集市。春节逛城隍庙是上海人的一个传统习俗，城隍庙是上海城里年味最浓的地方之一。春节白相城隍庙也是最开心的一件事，这里吃喝玩乐应有尽有，热腾腾的鸡鸭血汤和香喷喷的"老虎脚爪"让人嘴馋，"小热昏"唱卖梨膏糖的小调悦耳动听，即使在那个物资最匮乏的年代，城隍庙里依然人声鼎沸，甚至还出现过天未亮就排队买五香豆的一幕。春节期间，城隍庙里的各种玩具如扯铃、陀螺、刀枪等也特别热卖，不过最让人记忆深刻的是熙熙攘攘的人群和商家的叫卖声。

七百年历史的城市之根

从一段拍摄于1912年的城隍庙历史影像中可以发现，当年九曲桥的桥墩竟然是木头的，这可能是目前发现的城隍庙最早的、也是最珍贵的影像资料了。

当然城隍庙的历史更为久远，可追溯到700多年前的元朝，当时上海正式建县，庙址在现在的永嘉路上，叫淡井庙。明朝嘉靖年间上海开始修筑城墙，于是后来将庙址迁到现今的方浜路上。按照古代民间的说法，人们烧香磕头敬拜城隍老爷，就是祈求他能够保佑一方平安。城隍庙里香火很旺，香客云集，于是在城隍庙的周围就渐渐形成了庙会集市。上海市道

1912年的城隍庙九曲桥

教协会会长吉宏忠介绍,因为各地城隍庙里供奉的都是在当地很有影响的神灵,因此信徒众多,每逢庙里供的主神的神诞日,信徒就会纷至沓来敬香。当时有一些做生意的人感觉到商机,所以就围绕这个庙的周围,设立了一些商业网点,后来就逐步形成了整个庙市。

历史上上海的城隍庙曾经三次因为战乱遭受破坏,损毁严重,1922年到1924年间,又三次遭遇大火,整座庙宇几乎化为废墟。抗战爆发后,随着上海的沦陷,城隍庙一带市井萧条,庙会自然无法维系,直到20世纪50年代,庙会才逐渐恢复,各方做生意的和身怀绝技的艺人都云集于此摆摊献艺。

上海人所说的城隍庙其实涵盖了城隍庙、豫园和周围的商业市场,因此"白相城隍庙"不能忘了还有一个好去处,就是豫园。豫园始建于明嘉靖三十八年(1559),它的主人叫潘允端,字仲履,号充庵,他于嘉靖四十一年(1562)中进士,后因权贵排挤,从四川右布政使任上退归故里上海。豫园是潘允端为孝敬双亲而建,为此,他花费了二十年的时间和心血,聚石、凿池、构亭,筑成了一个江南名园,取"豫悦老亲"之意,命名为豫园。漫步其间,隐没的角落都可读出历史的细痕,曲径通幽处尽是浓浓的古典文化。

豫园是上海保存最完整,也是规模最大、历史最悠久的江南古典园林,其中楼台亭阁,名花珍木,"有山可樵,有泽可渔"。上海音像资料馆的资深研究馆员张景岳先生还记得自己年轻时一进豫园就被假山的奇妙深深地吸引住了,他回忆当时的情景:"1964年我17岁,我跟我侄女一起来的，那一天真的是人山人海，大家都要爬这个假山。假山不大，但是走得是千回百转，大家不得不佩服这个假山搭得很奇妙。峰回路转，不停地转转转，总算转到这里，看到亭子了，大家好高兴啊。这个是望江亭，原来在造这个亭子的时候，能够一直看到黄浦江的船影。但是我们在1964年来的时候，只能看到外滩的建筑了，黄浦江上的船已经看不到了。"

除了豫园，到了城隍庙的游客往往都要走走九曲桥，看看亭台楼阁，在湖心亭里品茶聊天。老茶客李增荣觉得，城隍庙里老上海的味道比较重，这是其他地方不能比的，有句老话，到上海玩，不到城隍庙等于上海白来。

城隍庙的湖心亭茶楼是百年老店，古色古香，湖心亭也是潘允端构筑的，属豫园内景之一。从清咸丰五年，也就是公元1855年起，这里开设了茶楼，是上海最早的茶楼，初名也是轩，续改为宛在轩，后仍恢复湖心亭旧名。李增荣回忆说："各国元首到上海来，也一定要到这里来喝喝茶，品品这里'海上第一茶楼'茶的味道。而且这里的茶和外面的比，比较正宗，茶叶都是好的，所以很多茶客都留恋这个湖心亭。"每天早上到湖心亭喝杯茶，聊聊天，成了不少老上海的生活习惯，不少人一喝就是五六十年。

如今上海这座城市到处都在发生日新月异的变化，但在城市现代化的进程中，城隍庙仍保留着上海的历史和文脉，张景岳认为："你在玩城隍庙的时候，你会感到，湖心亭是两百多年前的，我走的这个小街小巷是三百多年前的，我游玩的豫园是四百多年前的。无意中就把古代上海的历史走了一遍，在这么现代化的大都市能给你在这个小范围里面触摸古代上海的历史，这是很不容易的，所以我们说，年初一大家都要来玩城隍庙，实际上是一种集体的无意识的文化寻根。"

《新民周刊》主笔沈嘉禄也觉得，城隍庙是上海这个城市的根，要了解上海，你必须要到城隍庙来，光去新天地不行。因此有这样一句话：有城隍庙，上海就有七百年，没有城隍庙，上海只有一百年。

玩具天地与童年乐园

在很多老上海人的记忆里，城隍庙曾是他们孩提时的乐园，庙门口高耸入云的旗杆、九曲桥、豫园大假山，小动物园里的鹦鹉学舌让人捧腹大笑，还有各种各样的玩具，城隍庙真的是让人逛不够，看不厌。

在过去的年代里，城隍庙的春节就是孩子们的狂欢节，城隍庙里有很多好玩的东西。年轻人会在一个"武松打虎"模样的拉力机前比试谁更身强力壮，"老虎"和"武松"的身上有许多灯泡，而帽子顶上的灯泡是最高的，参与者不停地拉，灯泡会逐渐亮上去。一般人拉到老虎身上也就拉不动了，偶尔会有一两个大力士使"武松"帽子上的灯泡亮起，观者便会纷纷拍手喝彩。

拉洋片又叫看西洋镜，是中国的一种传统民间艺术。表演者通常为一人，使用的道具为四周安装有镜头的木箱，箱内装备数张图片，并使用灯具照明，表演时表演者在箱外拉动拉绳，操作图片的卷动，观者通过镜头观察到画面的变化。图片通常是完整的故事或者相关的内容，表演者同时配以演唱，解释图片的内容。滑稽演员徐笑灵描述旧时拉洋片的摊位，摊主也会吆喝揽客，吸引了不少小朋友，"往里那个看嘞，我说往里那个瞧，要看那个猪八戒在河边来洗澡"。

半个多世纪过去了，如今在城隍庙依然能够找到拉洋片的身影。在城隍庙里摆"看西洋镜"摊位的摊主石为天一边放映，一边为观者演唱故事内容："神奇不神奇，外看一张皮，内看一重天，齐天大圣孙悟空降妖除魔，显神通，举起如意金箍棒，三次怒打白骨精。看到没有，妖怪被打显原形，神奇不神奇？"

拉到这个老虎的身体就拉不上去了　　"武松打虎"拉力机

除了孩子，居然还有两鬓斑白的老人趴着身子，眯着眼观看"西洋镜"，重温儿时的欢乐。林学鹏是城隍庙豫园商场的退休员工，他记得小时候到城隍庙来，一两分钱就可以看拉洋片了，内容有林冲夜奔、武松打虎等，那时候没有电影、电视，看西洋镜如同看小电影。

很多上海中老年人对于春节"白相城隍庙"的印象大多是他们儿时的记忆，而那充满欢乐的童年又总是和一两件玩具挂钩的。如今在城隍庙摆摊的付伟民先生说起他卖的京剧脸谱，也能勾起许多人的童

拉洋片

年回忆。他说，那时人们把京剧脸谱叫作"野糊脸"，人物有张飞、关公、曹操、孙悟空、唐僧、猪八戒，以及官老爷什么的，各色各样都有。作家杨忠明回忆，那时的"野糊脸"不是塑料做的，而是用硬板纸做的，边上有两根橡皮筋。在市民袁先良的记忆中，卖"野糊脸"是城隍庙的一大特色，凡是过年，家家人家，基本上不管经济条件如何，小朋友都喜欢去买"野糊脸"。

一段拍摄于1960年的新闻资料片展现了那年春节城隍庙的热闹景象，尤其是玩具摊前孩子们的欢乐。那个时候的城隍庙可以说是玩具的集散地，各式各样的品种让孩子们挑花了眼，新闻资料片的旁白说道："1960年的春节是提前三年胜利完成第二个五年计划后的第一个春节，老城隍庙游客川流不息，到处都是一片繁荣景象。九曲桥畔的三个大型玩具摊前今天格外热闹，三四百种孩子们心爱的玩具，龙刀、龙枪各式各样都有，孩子们满心欢喜地要妈妈购买。"

张景岳记得自己小时候，到了玩具摊位前就不肯走了，缠着家人给自己买了一把带有剑鞘的玩具宝剑，高兴得不得了。有些家里条件不好的小朋友，会向父母表示回家时可以不乘公交车，走回去，以节省车钱让大人

"野糊脸"

1960年春节上海市民在城隍庙游玩

给自己买玩具。

孩子们在城隍庙买到心仪的玩具，回家后就成了伙伴们共同玩耍的弄堂游戏。如今五六十岁的老人，当年穿着开裆裤，在弄堂里打弹子，刮香烟牌子，滚铁环，道具很简陋，却玩得很来劲。当时过年时在城隍庙买的一包橄榄，吃完后的橄榄核也能玩出顶橄榄核的游戏。

过年白相城隍庙

在过去的年代里，每逢春节，上海人都有白相城隍庙的民间习俗，上海话里"白相"是游玩的意思。为了游城隍庙，很多人都是扶老携幼，举家出动，城隍庙成了上海年味最浓的地方。

谢善同原来住在城隍庙上海老饭店旁边，老饭店是11号，他家是13号，到了过年的这天就不敢下楼，因为挤不下来，一进入人群就被人家推着走了。当时城隍庙的年味在大年三十晚上就已经进入高潮，人们合家团圆吃好年夜饭之后，便举家出动白相城隍庙，烧头香，喝头茶，这是昔日老上海人的一种民间习俗。年逾八旬的湖心亭的老茶客李增荣记得自己小时候，大年夜晚上就不睡觉了，洗澡，剃头，弄好之后年初一大清早就到城隍庙来了，给城隍老爷烧烧香。大殿内灯光比较昏暗，还有烟火缭绕，幼年时的上海市民袁先良当时一边拜菩萨祈求菩萨保佑自己，一边又怀着恐惧的心理去看菩萨，这种感受他至今记忆犹新，他当时也在这种恐怖的景象中感觉到了过年的气氛。市民孙惠民则记得自己大年夜在生意兴隆的湖心亭喝元宝茶守夜，茶碗盖子上面会放两个檀香橄榄，代表元宝，有恭喜发财之意。

"白相城隍庙"是上海人长期以来形成的一种生活和娱乐方式，每年春节，上海人都会不约而同潮水般地涌向城隍庙。施海根和林学鹏两位老人都是城隍庙豫园商场的退休职工，他们对过去春节期间城隍庙的游人之多印象深刻，施海根回忆说："因为人多，一只一只鞋子都掉了，（我们在）后面跟着捡了，第二天豫园商场里捡了两箩筐的鞋子。"当年在春节期间游玩城隍庙的人群中，很多人是穿着鞋走进去，赤着脚走出来的。

上海从清朝末年开始就有到豫园看灯的习俗，流传至今已有上百年的历史了。每到元宵时节，很多摊贩和商铺都会挂出兔子灯销售。在20世纪二三十年代，有一家灯彩店生意特别红火，他的主人就是后来被称为"江南灯王"的何克明。何克明的孙子何伟福回忆起祖父新年里做灯彩的情形："人家大热天乘凉，扇扇子啊，聊天啊，我祖父都躲在阁楼里面，很闷很热，那个时候，根本没有电风扇。做这个彩灯都是做半成品，比如说做鸡做鸭做鱼，他把骨架做好，鸟的翅膀做好，鸟的尾巴做好，鸟的身体也裱糊好，但是他不把它组合起来，因为组合起来比较占地方。他说，我一箱一箱把它堆积起来，临近春节，我就到城隍庙去租一个门面，然后在上面拉好铁丝，拉好电线，把彩灯一个一个挂上去，马上气氛就出来了。人家一看，灯做得这么精致，而且琳琅满目，品种丰富，所以那个时候我

"江南灯王"何克明

的祖父在城隍庙里面出了名,生意最好。因为祖父家里面是南京人,所以他小时候人家叫他小南京,后来大一点了人家就叫他灯彩何。"

尽管灯彩的品种丰富多样,但在很多人的记忆中,元宵最传统的还是拉兔子灯,俗称溜兔子。元宵节小朋友们都喜欢玩兔子灯,尤其是到晚上天黑了以后,家家户户把兔子灯拖出来,马路上显得非常热闹,但是有时候拖着拖着不小心翻了,往往兔子灯就烧掉了。

张景岳认为,当年的兔子灯、走马灯,都是民间艺人手工制作的,城隍庙的灯彩品种特别多,价钱又很便宜,小孩子最喜欢看的就是三英战吕布等题材的走马灯,这些灯彩制作技艺现在已经是上海的非物质文化遗产了,所以到春节的时候人们来看元宵灯会,实际上是重温我们民族的文化传统。

虽然随着时代的变化许多记忆已渐渐淡去,但传承至今的元宵灯会依然红火,看灯是上海人过年最喜闻乐见的活动,而城隍庙每到元宵则一直是笙歌灯彩,一派欢乐景象。难怪有人说:"南京路外滩的灯再亮也取代不了城隍庙的元宵灯会。"如今"白相城隍庙"这句话上海人已经不大说起了,但是农历正月十五元宵节"到城隍庙去看灯"正在成为一项颇具时尚感的新民俗。

最近这些年,城隍庙的豫园灯会越办越精彩,越办越红火,传统的民间彩灯艺术,加上现代化的声光电技术把春节的城隍庙辉映点缀得如梦幻仙境,似天上人间。在媒体人沈嘉禄和张景岳看来,在优秀传统建筑城隍庙里举办元宵灯会,最合适不过。沈嘉禄说:"灯会放在什么场景,这是有讲究的,城隍庙是仿古建筑,有些确实是老建筑,比如说湖心亭、绿波廊是老建筑,包括南翔馒头店,过去叫鹤厅,也是老建筑,那么具有民族风味的灯,挂在老建筑上是比较适宜的,你挂在别的地方就变成当代艺术了。"张景岳则认为,元宵灯会是我们民族的传统,城隍庙是上海历史最悠久的地方,是上海的文化之根,是江南特色最鲜明的地方,所以到这里办传统的元宵灯会大家感到特别和谐,大环境小环境都特别好,因此人们都愿意过来。

小吃飘香的城隍庙

在很多上海中老年人的记忆里,他们小时候,一到春节,就缠着大人要去城隍庙,因为那里好吃的东西太多了。城隍庙的小吃是随着城隍庙庙市的兴盛而发展起来的,由于上海是一座移民城市,在历史的岁月中,随着大量移民涌入老城厢地区,他们也把各地的风味小吃带进了城隍庙。

城隍庙的特色点心有很多,宁波汤团、八宝饭、开洋葱油面、两面黄、鸡鸭血汤、小笼包、桂花糖粥,不胜枚举。老上海们对琳琅满目的各色点心有着生动的记忆。作家杨忠明描述的是老式的小吃摊:"这种小吃呢,我记得是在庙门口两旁搭个帐篷,放一只老式的长条木桌,下面长板凳,这里馄饨、汤团、排骨年糕都有得吃的,反正你讲得出的东西都有得吃。"

原来住在城隍庙附近的孙惠民记得那些小吃价廉物美:"老百姓要吃这个桂花糖粥,相当实惠,这里还有一家宁波猪油汤团,价钱也很便宜。"

张景岳回忆自己在城隍庙遍尝各种美食,特别对南翔小笼包留下了深刻印象:"城隍庙的小吃可以讲是上海滩闻名的,我记得到城隍庙来以后,中饭不吃的,都是这个摊子吃一点那个摊子吃一点。当时印象最深的呢是九曲桥湖心亭边上的那个南翔小笼包子,每次来都要排队,不论我小时候或者现在都是排队,因为它是上海最有名的,皮薄馅子鲜,一咬就是一包肉汤出来了。"

沈嘉禄回忆了过去的手艺人制作糖粥的用心:"糖粥也是城隍庙的特色,对开的糖粥呢它叫鸳鸯,即一半是赤豆的糖粥,一半是白的糖粥,他给你拼起来，甚至于给你拼成一个像太极图一样的。你想价格这么低廉的糖粥，他给你做的也是这样赏心悦目，所以过去的手艺人是非常敬业的。"

在上海老城隍庙，有一颗名号响当当的豆子，它就是"一粒入口，回味无穷"的五香豆。在许多人看来，"不到老城隍庙尝尝五香豆，就不算到过大上海！"五香豆俨然成了上海的招牌零食，张景岳记得包装五香豆的小纸上面印着："老城隍庙奶油冰糖五香豆"，又是奶油，又是冰糖，一看就让人垂涎欲滴。沈嘉禄也记得自己那时给外地亲友代买五香豆的情景，又是排长队，又是限购，火爆盛况一点也不亚于现在的那些网红店："我有四个哥哥，都在外地，过年到上海来，临走的时候要带一点东西回去的，这个任务就落到我身上了。当时买五香豆还要排很长的队，我排过好几次，排队要排两个多小时，还限购，每人只能买两包。排两个小时买两包回去，给哥哥带回去，过几天，另一个哥哥又要回去了，再去买两包，很费劲的。"

梨膏糖既是药，又是糖，有止咳消痰的功效，也是城隍庙里最有名气、最有特色的传统食品。而用"小热昏"这种说唱手段来吆喝、推销梨膏糖也成了人们难忘的城隍庙风情，对于小女孩，"小热昏"的唱词唱道："香蕉么糖嘞，卖梨膏的糖，小妹妹吃了我的梨膏糖，脸比王丹凤还要漂亮。"面对老奶奶，"小热昏"也会唱道："香蕉么糖嘞，卖梨膏的糖啊，老奶奶吃了我的梨膏糖，一口气可以跑到黑龙江。"

上海老城隍庙实际上是上海的一个美食城，它汇聚了上海滩上各种好吃的特色点心，尽管它的小吃大多是大众化的，但这里也有高端精美的小吃点心。坐落在城隍庙九曲桥边上的绿波廊酒楼被誉为"元首饭店"，曾经有40多位外国元首做客绿波廊，酒楼的经理肖建平至今还记得20世纪70年代柬埔寨西哈努克亲王和夫人来这里品尝小吃的情形。1973年，西哈努克亲王从南京到上海，他们在南京夫子庙品尝了秦淮风味的各种小吃，共12道点心，所以城隍庙就推出了14道点心。这14道点心集中了城隍庙每一家点心店的特色，肖建平觉得豫园也号称小吃王国，在档次、水准上绝对不能亚于南京夫子庙的小吃。为了接待贵宾，他们对原材料的使用非常讲究，每一粒瓜子肉、每一粒芝麻都一粒一粒拣的。那次外宾接待，也促使豫园的厨师对点心进行了改进，由此创新出了一种微型点心。肖建平回忆说："当时的每一道点心，要考虑到在半个小时之内14道点心都要把它用完，

"小热昏"唱卖梨膏糖

所以每一道点心必须做得小，精致微型。否则的话，他一碗鸡鸭血汤吃完了，他再叫一碗两碗下去，一个蔬菜包吃下去，他马上就饱了，后面的十道点心他是没法吃的。所以每一道点心上菜的节奏、时间我们都经过精心设计的。"

当年宴请西哈努克亲王的菜谱至今还保存着，连咸中带甜、奶香浓郁的五香豆他都倍加赞赏，可以想象亲王和夫人对14道点心肯定是赞不绝口。

逛逛城隍庙，吃吃小点心，成了昔日上海人春节里的一种世俗乐趣，城隍庙飘逸着香气的浓浓年味也就此渗透进了上海人的心里。媒体人沈嘉禄先生对城隍庙的美食曾写过这样的文字："假如没有小吃，城隍庙的欢乐气息将会减少许多，特别是在今天，经过岁月淘洗而沉淀下来的数十种上海小吃已经构成了一种城市记忆。"

小商品王国

城隍庙不仅是一个小吃王国，同时也是一个小商品王国。如今走在豫园老街上，远远望去，有许多迎风招展、错落有致的"大王旗"，很多商号甚至在全国闻名。

这里有"瓶塞大王"，一家店，里面卖的全是瓶塞，大大小小的瓶塞都有。这里有"纽扣大王"，各种各样的纽扣都有。引线、剪刀、切菜刀，汤婆子上用的小的盖头，家里所用的各种生活物品这里琳琅满目，别的地方买不到的，到城隍庙来就买得到，而且价钱又很实惠，满足了市民阶层日常生活的需要，非常贴近老百姓。一段20世纪60年代拍摄的新闻资料片里就有这样的评价："在上海城隍庙商场，品种繁多的小商品五彩缤纷，琳琅满目，真可谓是一个小商品世界。"《上海故事》栏目组在城隍庙拍摄时，遇到了这样一户人家，祖孙三代齐出动，只为了买几毛钱的纽扣。

张景岳认为，整个豫园商场就是中国传统的shopping mall（购物中心），只不过现代化的shopping mall是在一栋很雄伟的大楼里面，用电梯立体地来呈现，这里则是平面的，通过小街小巷平面地来铺开。豫园城隍庙所有的吃喝玩乐的东西、小商品，和南京路所谓十里洋场是完全相反的，一个是学习国外的、现代化的，而城隍庙都是本土、本乡，最富有上海特色，具有江南特点的。

春节是祖先为中国人设计的一个普天同庆、其乐融融的盛大节日，在人们的集体记忆里，过去过年年味很浓，这其实是和当年缺衣少食、物质生活条件较差的状况联系在一起的。那么如今生活好起来之后，以往那浓浓的年味就只能随风而去，变成如烟往事了吗？民俗学家田兆元先生认为，现在到了我们重新去发掘新的年味的时候了。也就是过年不应再仅限于吃穿层面，而是要积极参与民俗活动，年才能过得红红火火，有意思。

快乐的大世界

大世界曾经是上海最大的室内游乐场，也是几代上海人心中的乐园。说起大世界，那12面哈哈镜几乎成了上海人的集体回忆。始建于1917年的大世界，经历过起起伏伏，但是那些年这里上演的南北戏曲、歌舞、杂技、魔术等，时至今日仍让许多市民津津乐道。在那个文化娱乐生活匮乏的年代，亲民的票价使大世界成了众多上海市民和外地游客娱乐、游玩的首选地，而像王志文等的文艺青年也通过大世界走向了更大的舞台。

大世界，一个令人神往的地方

"大世界，对于很多上海人来说，是一种挥之不去的记忆。"——资深媒体人秦来来

"以前的人说到上海不到大世界等于没到过上海，大世界是必定要去玩的。"——沪剧演员张亚林

"大世界，一个在我这个心目中永远的好朋友，我从小就生活在它身边，到现在也没有离开过。"——作家贝鲁平

"大世界曾经是中国最大的游戏场，也是上海第一热闹的场所。"——收藏家彭学伟

2013年初，上海的收藏家彭学伟偶然发现了一张20世纪60年代的宣传画，这张画上画的正是他儿时做梦也想去的地方——大世界。

彭学伟收藏的大世界彩色宣传画

大世界，位于西藏南路、延安东路交叉口，它曾经带给上海的老百姓无穷无尽的欢乐。和大多数上海人一样，大世界从小就是彭学伟心目中最神往的娱乐场所。他是在石库门房子里长大的，那时家庭条件比较好的小伙伴几乎都去过大世界，围在一起做功课的时候，他们就会滔滔不绝地讲起在大世界看杂技、照哈哈镜、看电影等的经历，常常让彭学伟听得心里痒痒的。

同龄人的描述更增添了彭学伟对大世界的向往，每次经过大世界，他总要贪婪地往里面窥视。儿时的他觉得大世界很神秘，就连那扇通往大世界的门也充满了奥秘，他巴望着父母也能带他去大世界一饱眼福，可这个愿望直到彭学伟工作后才实现了。因此，许多年以后，当他在城隍庙的一个阁楼上发现这幅大世界的宣传画时，不禁怦然心动。

彭学伟对这张画爱不释手，终于出高价买下了它，他把宣传画放在收藏室的正中央，每得到一件藏品，彭学伟都有如获至宝的感受，对于能得到这张画，他自然也是万分激动的。这张宣传画所描述的内容正是上海人印象中20世纪五六十年代的大世界，那时候，大世界迎来了它莺歌燕舞的春天，上海各界人士和老百姓，甚至全国各地来上海的游客，都把"白相（游玩）大世界"当作生活中的一件乐事。

大世界里有好几个戏园、书场、电影场，另外还有杂耍、口技、相声等，而从国外引入的角子机、弹子房、溜冰场等也占了一席之地。老百姓花一两角钱就能从中午玩到深夜，大世界成了当时上海最火爆的市民娱乐场所，那时候热闹非凡的大世界，距离它的诞生差不多已有半个世纪了。

关于大世界的几件趣事

1949年以前的大世界一直是人们记忆中的远东第一游乐场，深受中下层游客的青睐。在六角形的黄色尖塔下，主楼由三幢四层高的建筑群体组成，另外有两幢附属建筑，占地面积6 000平方米，五幢建筑的中央是按同心弧形排列的以表演杂技、魔术为主的中央露天剧场。主楼之间通过百米天桥南北相贯，上下拾级相通。北部是假山花坛，建有喷池、水榭、人工瀑布等设施。

这座由12根圆柱支撑的多层六角形奶黄色的尖塔，成了上海大世界的标志。1917年，中国西药业的实业人物黄楚九创建了大世界游乐场，开张那天，苏杭、南京、绍兴等地都有人赶来参观游玩，报刊更是大肆渲染，这在上海也是前所未有的。从小就到大世界游玩的贝鲁平对大世界的历史很是熟悉，他说："大世界开张时借鉴了国外娱乐的活动方式，但基本上还是以中国传统的戏剧为主，到1930年，大世界转由黄金荣经营，但他还保持了黄楚九的经营模式，同时增加了中国传统的戏剧，尤其是把北方有名的京剧演员请到大世界里来演出，大世界在当时的影响力确实很大。"

秦来来自幼生活在上海南市老城厢城隍庙一带，那时的上海除外滩和国际饭店外，少有高楼大厦，而在市中心一抬眼就能望见的大世界，从小就是秦来来白相的地方，大世界的说书场和剧院他更是常客，大世界的许多故事和传说他都烂熟于胸。秦来来饶有兴致地讲起了大世界塔楼的来历，他说："据说黄楚九造大世界的时候，门是朝东开的，一个风水先生就跟他讲，东面就是黄浦江，你的财势都要从黄浦江流出去的，财收不住。黄楚九听了这话，觉得非常有道理，所以把门开在西北方向，但财势好像还是镇不住。风水先生就跟黄楚九说，一定要造个塔把财势镇住了，当时有一个中国建筑师为他设计了这个塔，既不影响整体形象，又把财势镇牢了，而且这个塔设计得很精致，是西洋风格的，所以整个大世界的风格是

20世纪30年代的荣记大世界

中西混搭的,非常有特色。"

一段拍摄于1936年的影像是迄今为止大世界最早的影像资料,从中可以看见大世界当年的繁华,那时候,逗人快乐的哈哈镜已经远近闻名,可惜它没有能够留下自己的身影。1949年新中国成立后,大世界的历史翻开了新的一页,政府肃清了旧社会残留的遗毒——妓女、匪兵、烟鬼、流氓通通不见了踪影,一些低俗的节目也被取缔,同时也留下了大世界的精华——低廉的票价和丰富的节目,以及大世界的标志——哈哈镜。

大世界的12面哈哈镜放在进门不远处,人未到就已经听见笑声一片,作为大世界进门的第一个惊喜,哈哈镜曾经给很多人留下了深刻的记忆。从1917年起,12面哈哈镜就像门童一样站立在大厅里,它映出了无数过客的笑容,从没被替换过,说起它们的来历,大世界的老员工们依然津津乐道。曾是大世界员工的徐惠礼介绍说,这12面哈哈镜是从摩纳哥引进的,人们一进去,首先找的就是哈哈镜,一看到自己面目全非的怪样子,个个都笑得前仰后合的。秦来来认为,哈哈镜就好比一道开胃菜,开胃菜一吃,烦恼就没了,一天的好心情随之而来。如今时光流逝,但人们看哈哈镜时的生动场面与笑声仍在眼前和耳边回响。

快乐的大世界

游客在大世界里照哈哈镜

60年代大世界的兴盛场面

大世界曾经在1955年5月1日更名为人民游乐场,但是经过几十年的洗礼,大世界早已成了人们心中的娱乐品牌,于是在1958年1月大世界又恢复了原名。黄留虎和卞祥康是大世界的老员工,他们和12面哈哈镜一样,也亲眼见证了60年代大世界的兴盛局面。游客人多的时候,排队的人群都排到了海宁路,有一次甚至还把栏杆都挤断了。

那个年代,中国老百姓的文化娱乐生活非常匮乏,而各种文化娱乐活动丰富的大世界,在相当长一段时间里,它的票价都维持在一个非常低廉

大世界曾经在1955年5月1日更名为人民游乐场

185

1959年国庆时的大世界

50年代大世界里的杂技表演

的水平，因而受到老百姓的普遍欢迎。秦来来记得，当时去天蟾舞台或人民大舞台看一场戏最低的票价是三角，而最高的票价要一块一角，若是有周信芳等大师的演出，还要再加一角，而大世界不管什么人来演出，一律二角五分，票价非常亲民，所以人气特别旺，特别受到工薪阶层的欢迎。

　　解放后的大世界以游艺杂耍和南北戏曲为特色，平民化的风格和雅俗共赏的娱乐节目受到众多上海市民和外来游客的欢迎。作为移民城市的上海，全国各地汇聚到大世界的戏曲节目尤其受到人们的喜爱。秦来来觉得，大世界就像中国戏曲的大超市，京剧、越剧、沪剧、滑稽、杂技，应有尽有，一切随观众的喜好。正是南腔北调的地方戏曲吸引了天南海北的人，成为包罗万象"大世界"的最佳注脚。剧作家贝鲁平小时候就常常在大世界玩耍，身为上海人的他，看遍了东南西北的戏，那时候，他最喜欢看的是京剧《孙悟空三打白骨精》，尤其喜欢武打场面。

与土生土长的上海人贝鲁平不同，刘钦佩的父母是广东人，他从小生活在上海，家乡遥不可及，对他来说，只有在大世界才能够找到故乡的影子。1963年，广东佛山市青年粤剧团到上海演出，被大世界邀请了去，那出《三元里》反映的就是广东当地抗击英军的情景，让他时至今日依旧记忆犹新。

人们还清楚地记得，在大世界独具特色的建筑群中，设有十多个风格各异的艺术舞台。除了连映的电影场外，二楼靠马路的三个场子分别上演魔术、弹词、滑稽和绍兴文戏越剧等，三楼是演文明戏、淮扬文戏、滩簧的三个剧场，四楼则有歌舞、杂耍等，上上下下各种戏码争相献演，当时不单单是上海的剧团会聚大世界，外地到上海的演出团体也都会受邀到大世界里来表演。

那时候的大世界里，观众人声鼎沸，大世界里的戏码几乎天天都在翻新，很多老百姓总是省了又省地从每天的生活费里省出钱来，只要凑足了门票钱就马上到大世界里去看戏，一去就是一整天，从早上开门直玩到晚上关门才回家。平时的大世界已是如此，一遇到名家名角来大世界，那场面就更不得了了，抢不到门票不足为奇，马路上水泄不通也见怪不怪。让秦来来印象最深的是有一次上海第一越剧团到大世界来演出，张瑞芳、王丹凤等名角也来了，当时大世界的天桥上人满为患，中央场被挤得里三层外三层，乌泱泱的全是人，就连每层楼面的窗口也全被一个个脑袋给占满了。

大世界，这个让上海老百姓和南来北往的游客欢快愉悦的地方，只要去过，就会留下难忘的记忆。

一度沉寂的大世界

大世界的欢乐时光并没有持续很久，1966年11月6日，"大世界"巨字招牌被砸毁，改名东方红剧场，很快又被改作外贸仓库，红极一时的大世界走入了寂静中，等待着时代再次将它唤醒。

从 1917 年大世界开业那天起，门厅里的 12 面哈哈镜就站立在那里，映出了无数过客的笑容，带给几代人欢乐的回忆，它成了大世界的标志。尽情欢笑的游客很少会想到，12 面哈哈镜曾经逃过一劫，才得以保留到今天。1966 年"文革"开始后，造反派冲进了大世界，首当其冲的就是哈哈镜。

当时造反派带着榔头，一进来就要来砸哈哈镜，卞祥康和黄留虎这两位大世界的员工知道保护公家财产是他们的职责，更何况这是广大老百姓特别喜欢的哈哈镜，他们挺身而出，将计就计地将造反派哄了过去。黄留虎回忆起这段往事时，有些激动地说："我跟他们讲把哈哈镜敲掉没什么意思，不好教育人的，用这些哈哈镜可以告诉年轻的一代人，黄金荣是怎么丑化老百姓的，怎么骗钞票的，这就是黄金荣欺负劳动人民的证据。"在耐心劝阻造反派后，两位师傅生怕再生波折，便把哈哈镜藏在了阁楼上，卞祥康还找来了很多草包，一层一层地盖在哈哈镜上，就这样，12 面哈哈镜离开站了几十年的岗位，静静地躺在大世界的阁楼一角，安全地躲过了十年浩劫。

"文革"开始以后，上海的老百姓失去了心目中最神往的娱乐场所，那时除了八个样板戏，地方戏种都被打入了冷宫，文化生活越来越单调，到了 1974 年，沉睡的大世界才开始有了些许的生机。

那时，大世界被改为青年宫重新开了起来，但并没有对外开放。当时正处在"文革"后期，娱乐还是被当作资产阶级的东西，于是这里一度被作为上海青少年的活动中心，还办起了许多文艺培训班。对于见惯了热闹场面的黄留虎来说，大世界变得有些陌生，但在那个被禁锢的年代，大世界成了沙漠里的一片绿洲。

1980 年，从小爱好文艺的秦来来参加了大世界青年业余艺术团的曲艺队，那里的话剧队、舞蹈队、管乐队等都深受青年人的喜爱。有了这些培训班，青年人又找到了中断已久的乐趣，当时这些培训班主要以业余活动为主，有业余排练、业余演出，话剧队排了一个很有影响力的话剧《快乐的单身汉》，后来还被改编成了电影，搬上了银幕。当时跟秦来来一起进入青年宫的，还有一位十五六岁的又瘦又高的少年，这个顽皮的孩子非常有表演天赋，给大家留下了深刻印象，让人没想到的是，多年后这个从大世界里出去的孩子，竟然成了家喻户晓的大明星。

从大世界走向更大的舞台

若干年后，从青年宫里走出去的这个年轻人成为家喻户晓的大明星，他就是王志文。其实，从青年宫里还走出了一批影视明星，如肖雄、刘昌伟、马晓晴、金炜、英子、邵峰，等等。那时的大世界虽然失去的是人民大众的欢笑声，但也培养了一批文艺青年。

曾任大世界话剧班教师的雷国芬就对少年王志文的印象特别深刻："他来的时候也就十五六岁，很调皮，一下课人就不见了，当时，我们在四楼上课，上课铃一响，他才气喘吁吁地跑上来。"王志文曾在《可凡倾听》节目里讲起过他与青年宫话剧班的不解之情："我们在市青年宫话剧班时只有十五六岁，但它影响了我们一生。这次，我和肖雄、马晓晴等都向剧组请了假，特地从外景地赶来相聚，我们每年春节都要相聚，已坚持20多年了，大家再忙也要相聚，都难舍对市青年宫的这段情。"

一大批青年在青年宫接受了最初的表演启蒙教育，在陈茂林、雷国芬、李家耀、陈奇、徐明等老师的悉心指导下，他们在表演、台词等方面都打下了扎实的基本功，很多人受益匪浅。青年宫的经历给王志文的人生留下了很多宝贵的东西，他学会了对事的认真，对爱好的尊重，对艺术的持之以恒、贯彻一生的热爱，青年宫就是他们那代人的"迪士尼"。

那时的青年宫定位在对青少年进行文化艺术的培训，粉碎"四人帮"后，青年宫随着形势的变化也举办过一些为青少年服务的大型活动。如1977年恢复高考后，这里请一些有名的教师来办过高考的复习辅导，当时还有一些著名演员与青少年观众的见面活动在大世界举行。

转型与发展，大世界里焕生机

改革开放以后，大世界再次进入广大老百姓的视野。1981年1月25

日，上海青年宫开始对外开放，让上海老百姓最为牵挂的12面哈哈镜，又完好无损地从尘封的历史中走向前台，人们的笑声再次在大世界里回响。

人民大众一下子从八个样板戏中解放出来，极大地点燃他们对文化娱乐的热情，人们还惦记着大世界，希望能像从前一样享受大世界带来的快乐。可是经过"文革"的劫难，很多老艺术家离开了舞台，在这个青黄不接的断层阶段，大世界从各个渠道发掘了一批新演员。张亚林当年是个沪剧爱好者，参与了大世界举办的票友大赛，他脱颖而出，直接从工厂调到了大世界，成了一名专业演员。和张亚林不同的是，郭懋琴以前曾师从著名沪剧表演艺术家杨飞飞，而杨飞飞则是解放前在大世界摸爬滚打出来的，从老师的口中，郭懋琴得知，观众喜爱的大师，在台下是花了许许多多功夫的。郭懋琴说："她每天等大世界里的人全部走光了，就一个人在舞台上唱，还叫打扫卫生的老伯伯远远地听，看能不能听到声音。因为那个时候没有话筒，在舞台上要是声音不响亮的话，后面的人是听不到的，要是观众再一多，嗓子不亮、底气不足的话，后面的人是一点也听不到的。"

郭懋琴以杨飞飞为榜样刻苦学艺，年纪轻轻就已经是江苏吴县沪剧团的台柱子，但是她仍然不敢奢望能像老师一样在大世界的舞台上演出，直到接到大世界打过来的邀请电话，她还是不敢相信自己的耳朵，能登上大世界的舞台，对于郭懋琴来说，简直就是无上的光荣。怀着忐忑和期待的心情，郭懋琴从江苏吴县来到上海，与张亚林做搭档，剧团要求他们在一个星期的时间内排出两出戏，以满足观众的需求，然而大世界独特的舞台构造，让两个初来乍到的演员十分不适应。

大世界的舞台跟观众相当近，观众两三步就可以跑到台前来，演员在台上的一招一式，观众都能看得清清楚楚的。小舞台、小场地，演员与观众"零距离"接触、面对面表演，这是上海大世界戏剧舞台的特点，如果演员遇到老戏迷，那就更加考验演员的功底。张亚林说起了唱《大雷雨》时发生的一幕："我们情绪在变化，下面的观众等不及了，把台词讲出来了，比如有一段台词我应该唱'是啊，天快黑了，快要黑得一点都看不见了'，我稍微停顿一下，他们马上就讲'蓝姐，这几天'……"好在观众们对演员十分信任和支持，捧场的、鼓掌的都很热烈，这种回馈让台上的

快乐的大世界

高凤霞表演她的拿手绝活——顶碗

年轻演员有了信心。

这时期大世界的定位也逐渐向以前的大世界靠拢,各种文艺团体的表演多了起来,同时也引进了各种新颖的游乐设施,大世界的门口又排起了长龙,迎来了梅开二度的繁荣。同时,大世界引进了一些外地的优秀节目,河南的杂技演员高凤霞就是在那个时候被选拔到大世界来演出的。

高凤霞表演的是她的拿手绝活——顶碗,为了在中央场把最好的状态呈现给观众,她对这个节目还做了创新。高凤霞的汗水没有白流,精彩的节目让这个河南姑娘成了中央场的明星,四面八方的掌声一齐向她涌了过来,高凤霞和她的剧团用实力征服了上海观众。他们赢得了和大世界的长期合约,每年都会到大世界驻场演出,时间从三个月延长到半年。

当时的大世界有十多个类似的剧团驻场演出,一时间大世界人声鼎沸、热闹非凡,仿佛回到了鼎盛时期。对这段时期有直观感受的首先是大世界的演员们。"每次一个钟头的戏演好之后,我从里面的马甲湿到外面的长衫。1995年开始,连续几年在大世界演出,碰到逢年过节,边上的人全部围着。尽管那个时候蛮辛苦,台上一天要唱两场,但是心里非常高兴。"张亚林说。

当大世界迎来梅开二度的时候,上海大批知识青年从农村返回城市,由于历史原因,大龄青年的婚恋成了社会关注的问题。当时的青年宫利用自身优势,动员社会力量开办了青春晚会,以丰富生活、陶冶情操、寻找伴侣、喜结良缘、婚事新办为宗旨,千方百计地给青年男女创造相识的机会。青春晚会一开始比较保守，对参与人员要求也很高，必须要符合团委书记以上，获得过三八红旗手、新长征突击手等条件，但首创就大获成功后，更多的男女青年要求参加晚会，条件放宽到青年团员，后来又扩大到全市青年，共有约1 200万人参加。从1980年到1990年的十年间，每逢春节、劳动节、国庆节，大世界都要为新婚夫妇举行集体婚礼，既热闹又节约，这种新的婚礼方式后来逐渐形成一种时尚。

进入90年代，大世界再次调整娱乐方向，推出了"竞技世界"中的"大世界擂台""吉尼斯纪录擂台"等，吸引了全国各地的绝技高手，创造了世界和国内众多的"唯一"和"第一"的纪录。强烈的海派文化色彩，追求时代气息的娱乐设施，吸引着成千上万的海内外宾客，大世界成为中国唯一一座创造吉尼斯纪录和作品展示的场所。

大世界的再度沉寂与华丽转身

大世界的二度辉煌一直持续到90年代中后期，为了适应时代的发展，大世界在经营方向上不断在作调整和尝试，游艺和特殊表演的比重加大，当时的游戏厅、音乐厅、歌舞厅也吸引了不少游客。

随着时代的发展，电影电视的繁荣、文化娱乐生活的多样化使得各类顶尖时尚地标如雨后春笋般出现，曾经作为上海娱乐休闲史上重要标志的大世界渐渐地被人们淡忘了，人民大众对"白相大世界"的欲望也悄悄退去。新一代的年轻人开始迷恋港台歌曲，同时港台电视剧进入了大陆市场，特别是《上海滩》等受到了热捧。张亚林记得，那时候他们唱《巧凤求凰》，他是第一个出场的，结果灯光一亮，底下一个人都没有，后来唱了一会儿，才陆陆续续地来了些人，到后来这样的情况越来越普遍。这一局面，让曾经大受欢迎的高凤霞也始料不及，一想起再度落寞的大世界，她就有点想流泪："我觉得太不可思议了，又很遗憾。因为毕竟我们年轻的时候最美好的一段经历，或者说在舞台最辉煌的那一幕都是在这个地方实现的。"

步入21世纪以后，大世界不声不响地隐身于历史的深处，在观念转变、体制机制转换、社会转轨的进程中，大世界没有了往日的门庭若市，也失去了青年宫时的奔放激越，曾经在这幢建筑内欢笑歌唱的人们，也已不见踪影，大世界被这个迅速变化的世界冷落了。秦来来觉得大世界走到了它的暮年，然而更多的人则期盼着大世界能以另一种方式复活。贝鲁平就一直有这种期待，他希望大世界能够重新辉煌起来，成为上海的一颗明珠。

"大世界"的名字，从这栋漂亮的建筑在市中心耸立开始，就在上海的城市中叫响，一直延续到今天，人们对于这幢曾经记录了上海娱乐历史的建筑，还是期待它再度响起欢乐的笑声。2017年，在大世界诞辰百年之际，迎来了重新对外开放，如今的大世界仍以文艺演出和娱乐业态为主，集传统戏剧戏曲、杂技魔术、民间民俗展示和中外优秀歌舞表演为一体，同时展现国际最先进、时尚的娱乐形式，包括多媒体秀、动漫、互动娱乐等。我们相信，经过华丽转身的大世界，再次回归人们的视线时，会有与众不同的面貌和生机。

上海杂技团往事

成立于1951年的上海杂技团是中国著名的杂技艺术专业表演团体，凭借着高超的杂技技巧逐渐形成了独特的海派魅力。杂技舞台上，表演者奉献出毕生的心血；杂技舞台下，观众留存着永恒的回忆。上海杂技团一系列的首创、首演节目曾在国内外享有很高的知名度，金克敏老人是上海杂技团的第一代杂技演员，观众最熟悉的《快乐的炊事员》便是他和双胞胎弟弟一炮打响的，美国总统尼克松也曾是他的观众；熊猫"盼盼"是中国人耳熟能详的亚运会吉祥物，而它的原型便是上海杂技团的熊猫"伟伟"。杂技团里的惊险与刺激、逗趣与欢乐，交织成了一组令人回味无穷的交响乐，时时牵动着观众的心。

幸运加入上海杂技团

意大利导演安东尼奥尼拍摄的纪录片《中国》里有一段影像记录了上海杂技团表演的《快乐的炊事员》，这是观众非常熟悉的经典节目。表演者金克敏老人是上海杂技团的第一代杂技演员，节目最初改编自《快乐的水兵》，由他和双胞胎弟弟金克强一起表演。纪录片中，两人穿着水手服，在一个镜框的两边，做着一正一反的动作，十分逗趣。后来，节目加入了更多技巧和表演元素，《快乐的炊事员》也成为让上海观众印象深刻的杂技节目之一。

上海杂技团成立于1951年，原名"人民杂技团"，是解放后由一些著名的民间杂技团体为基础建立起来的，金克敏和双胞胎弟弟金克强于1956

年进团，成了杂技团早期的学员。回忆起当时入团的经过，金克敏老人说："我和弟弟从小就生活在孤儿院里，那时候我正读小学四年级，有一天来了杂技团的两位老演员，摸摸我们的手和腿，过了没多久就把我和弟弟接到了杂技团。"杂技团经常会排演一些让观众感到新鲜的小节目，金克敏和弟弟是双胞胎，长得很像，于是便被团里的魔术师看上了，为他俩排了一个节目，具体是这样的：在演出过程中，主演抬出一个大箱子，把金克强从观众席中请到舞台上，然后把他装进箱子，并把箱子吊起来，把垫在箱子底下的桌子抬走。其实那个时候金克强已经从箱子里钻了出去，魔术师对着箱子就是一枪，箱子应声散开。每每表演到这里，观众们的心就揪了起来，十分紧张，而此时，金克敏就从观众席中跑上舞台，让观众感到既惊奇又过瘾，其实观众并不知道金克敏和金克强是一对双胞胎，所以才有了这么好的舞台效果。

　　上海杂技团最早是在人民广场搭起的大棚里表演的，一直持续到1963年，那时的大棚并不是固定的，都是在演出前由杂技团的演员们自己动手搭建的。1960年进团的谭代清当时还是个小学员，他们也要去帮着抬道具、打下手。这种简易大棚，遇上刮风下雨，尤其是大冬天，就够演员们受的了，棚里灌满冷风，把他们冻得直打哆嗦。

　　台上一分钟，台下十年功。观众们觉得杂技表演好看，可演员为了台上精彩的表演，背后付出的汗水却是外人无法想象的。9岁进杂技团的谭代清，当年是在几千个报名的孩子里选出来的40名学员之一，他进团之后就开始了异常艰苦的训练。谭代清回忆说，那时每天早上六点就要起床，杂技团在延安路上，学员们要跑步到外滩，然后再折返来回，之后就是跳凳子，等腿功练完了就要练倒立，一般要持续十分钟到半个小时。正是那些枯燥重复的训练，让杂技演员们练就了扎实的基本功，也有了上海杂技团之后在各种国际国内比赛中的辉煌成就。

　　《大跳板》是上海杂技团的主打节目，多次获得全国和国际比赛的金奖，谭代清作为最重要的二接，直到50岁他依然坚守在舞台上。40年的杂技表演生涯虽然非常辛苦，但回忆起60年代的生活，谭代清觉得自己还是很幸运的，他说："'三年困难时期'杂技演员的粮食定量比一般人高，多的人每月有40多斤粮。大家的伙食标准是每月14.5元，那个时候

谭代清参与演出的《大跳板》

一般人连36块钱的工资都拿不到,但我们的伙食费就有14.5元,早上是馒头、稀饭、酱菜,中午是荤素搭配的。"对于从小在孤儿院长大的金克敏、金克强兄弟来说就更加觉得能进团学杂技是件幸福的事情。上海杂技团还是全国解放后比较早就开始出国访问的文艺团体,金克敏第一次出国是1963年到印尼去演出,当时团里给每人做了两套中山装、一套西装,甚至连旅行箱都是国家出钱买的。当时国内的食物供应十分紧缺,但是他们在印尼得到了非常好的招待,这让金克敏他们倍感幸福。

上海杂技表演的起步与发展

1964年,南京西路、黄陂南路路口建起了上海杂技场,上海杂技团终于有了固定的演出场所,而杂技场也曾经是上海的地标性建筑之一。方之冈现在还记得小时候到杂技场去看演出的情形,他向我们描述了当时杂技场的环境:"杂技场四周能坐2 000多人,比较大了,但是当时的环境还是比较简陋的,前面四排是靠背椅子,后面四排全部都是长条凳子,一条条木条子放在水平的台阶上。"看过表演之后的方之冈就可以把自己看到的讲给小伙伴们听,这在小孩子们中也算是一种炫耀的资本了。

不过在上海杂技场建成之前的很多年,上海人更多时候是到大世界去看杂技的,那时的大世界里经常会有来自全国各地的表演团体,进行为期几个月的杂技表演,方之冈就曾近距离观赏过一场刺激的表演,是由全

上海杂技场

国著名的蔡少武先生表演的飞车走壁绝技。飞车走壁绝技将惊险与技巧相结合,集体育与杂技精华于一体。演出前,大帐篷里要竖一个很高很大的木桶,直径五六米,有一层半的楼那么高,演员骑着摩托车一圈一圈地转,越转越快,逐步转到木桶的顶端,此时马达的轰鸣声很响,非常紧张刺激。

其实,早在民国初年,随着上海成为远东第一大都市,一些国外马戏团和各地杂技艺人就纷纷来沪演出,为了追求感官刺激,一些民间杂技团,也就是我们所说的"草台班子",有时也会用一些残忍的手法吸引观众,如吞剑、吞火、下油锅、滚钉板等,后来这些表演逐渐被取缔了。虽然人们对刺激的、惊险的、罕见的、带有悬念的节目特别有兴趣,这也是票房价值的来源之一,但这些节目可能会造成身体的损伤,所以在新中国成立后都被取缔了。

如今已经70多岁的陈必发还经常会为社区居民表演一些小魔术,早年间,他的父亲组建了一个文工团,并在团里担任魔术师,他从小跟随父亲出去演出,学了几手,而陈必发的大弟弟在60年代初被父亲送到了大世界的杂技团去学习杂技,后来还成了一名专业的杂技演员。说起大弟弟的从艺经历,陈必发有些感慨:"我父亲把他介绍到上海的红色杂技团——前身叫潘家班,也就是大世界杂技团。练杂技是很辛苦的,他演的是空中飞人,到'文革'时,杂技团解散了,没手艺的演员们被分配到建筑公司,做起了泥水匠。有一次,造房子时外面搭的脚手架坍塌了,有一个人当场就摔死了,而我大弟弟因为练过空中飞人,所以他一飞,飞到另一个脚手架上了,这就是他的命,练了这个技术保住了他的一条命。"陈必发后来考进了军校,之前业余时间学习的魔术,也成了他为大家带来快乐的一技之长。在军校他表演过吐香烟、吃刀片等节目,吃刀片看着惊险,其实也是有技巧的,陈必发介绍说,表演前将八把刀片用绳子串起来,刀片的口子也是被磨平了的。但有一次,他的战友还剩半把刀片口子没来得及磨平,就轮到上场表演了,陈必发把刀片吃进去以后在用绳子拉出来时,刀片把嘴给挂住了,当时他在台上还得笑嘻嘻地把血往肚子里咽。虽然有这样痛苦的经历,但陈必发认为魔术也好,杂技也好,其中很有乐趣,把快乐带给大家,于他自己也是一种享受。

20世纪70年代,上海一些民间杂技团体陆续解散,但是上海杂技团一直存续着,而且还会接到一些重要的演出任务,金克敏就曾经在1972年尼克松访华来上海期间,为外宾做过专场表演。上海杂技团到国外演出的时候,经常获得如潮的好评,但因为文化差异,德国观众喜爱中国杂技的独特表达方式,却让金克敏终生难忘。他回忆说:"轮到我们的节目《快乐的炊事员》上场以后,观众的反应很热烈,我们在台上演,突然之间观众们都站起来使劲地跺脚,我们四个人在台上发蒙了。后来大使馆的一个

金克敏、金克强表演的《快乐的炊事员》

工作人员跑上前让我们不要慌,解释说这是最高的礼遇,德国人有一个习惯,他看到好的节目就会站起来拼命跺脚。"说起这个小插曲,金克敏老人仍然意犹未尽。上海杂技团也是中国第一个进行商业演出的文艺团体,80年代时在海外的名气也十分响亮,就连当时的美国总统卡特居然也自己买票悄悄走进剧场观看他们的演出。

"快乐并幸福的"驯兽员张训导

杂技团的成员出国演出是家常便饭,而且一去就是几个月,可是与谭代清一起进团的张训导有一次在到美国演出的时候,刚去没多久就接到了团里打来的电话,要他马上回国。原来是他饲养的大猩猩"露露"想死他了,不管谁叫它它就是不听,给它吃饭它也不吃,每天还一个劲儿地拔自己的毛,把身上的毛拔得光光的,团里实在没办法了,只得给张训导打了越洋电话。

害了"相思病"的大猩猩"露露"是团里的动物演员,张训导刚接触"露露"时,它只有一岁,第一次看到"露露",张训导的寒毛都竖起来了,大猩猩黑不溜秋的,这让他心生畏惧。张训导就这样成了"露露"

张训导和大猩猩
"露露"

的主人，本来很害怕动物的他，开始了和一只大猩猩的朝夕相处。张训导在平日的训练中，首先跟"露露"建立起了感情，使"露露"很认可他，喜欢他，听他的话，张训导就像照顾小孩一样，每天五点钟就到单位给"露露"洗脸、洗澡、穿衣服、刷牙。给"露露"买牛奶、水果和早饭时，张训导都会带上它，当时杂技场附近的销售员一看到张训导抱着"露露"来了，就会给它一个飞吻，都把"露露"当成小孩，"露露"大受欢迎。

那时刚结婚没多久的张训导就像带小孩一样带着"露露"一起生活，闹出了很多笑话。张训导介绍说，最有趣的一次是有一年的六一儿童节，他把"露露"也带了出去，他骑着摩托车，"露露"就坐在后面，当时它穿着滑雪衫，没事就在摩托车上叫唤，引得路人直说"这小孩调皮"。待到路人凑近一看，原来是只黑不溜秋的大猩猩，可把他们吓坏了。还有一次张训导带着"露露"乘坐公共汽车，原本公共汽车上很拥挤，但等大家发现了这只"毛孩"时，张训导的身边一下子空出了一片，不管张训导怎么解释，售票员还是把他"请"下了车。

大猩猩脑子的构造和人类很接近，十分聪明，也很容易被人驯服，再加上动作敏捷，所以能很快学会表演杂技，"露露"也成为杂技团里十分受欢迎的演员。由于"露露"的出色表现，在电影《娇娇小姐》拍摄时，它还被选去扮演主角大熊猫"娇娇"的好朋友，很快成了一个明星。电影拍完以后，摄制组、电影厂等还给"露露"申请了一个动物表演奖，这下"露露"就更加名声在外了。

作为以给人们带来快乐为职业的杂技演员，张训导既上过经典节目也演过小丑，还驯过动物，积累了大量的舞台经验，还和同事们自己动脑动手研发新节目。1976年，朝鲜平壤杂技团到上海演出时，他和谭代清看中了一个叫《秋千飞人》的节目，在没有任何方案和道具可以借鉴的情况下，两人着手研究这个节目。为了制作道具，谭代清的眼睛甚至被电枪给烧红了，但正是在杂技演员的辛勤付出和观众的热切关注下，海派杂技的足迹逐渐遍布了全国和世界各地，脚步从未停歇，海派杂技不仅是中国杂技的骄傲，也让上海人心中永远为它留着这个精彩的舞台。

"伟伟"和陆星奇的那些事

1990年北京亚运会的吉祥物是熊猫"盼盼",当时上海马戏团受到邀请,请大熊猫"伟伟"到北京,在闭幕式"今夜星光灿烂"上扮演活生生的"盼盼"。闭幕式上,"伟伟"乘坐在检阅车上,让大家见识了吉祥物的风采,不过,驯养"伟伟"的陆星奇却在边上被吓出了一身冷汗。

上海杂技团(上海马戏城)党委书记陆星奇回想起20多年前的那个晚上,仍觉得仿佛发生在昨天:"这天晚上天特别黑,但是追光特别亮,'伟伟'一出场就感到很不自在,一般情况下它是很稳定的,只要我在边上它就可以坐二十分钟、半小时,但那天我发现它有点异样。"陆星奇在那天晚上还有一个任务是要跟来自下一届亚运会主办城市广岛的女孩完成一个交接仪式,但这时,保证大熊猫安全演出才是最重要的,"伟伟"异样的表现让陆星奇非常担心。"伟伟"平时很喜欢吃椰子糖,但当时陆星奇的"美食诱惑"对"伟伟"并不奏效,他隐隐地觉得"伟伟"可能要做出一些不可理喻的举动了。陆星奇在检阅车停下后赶快下车,跟女孩寒暄了几句,他的举动,在观众看来很潇洒、很有风度,但"伟伟"的躁动却让陆星奇的内心异常焦灼,检阅车的四周还有一大群演员,如果"伟伟"真的跑下车,后果将不堪设想。当时"伟伟"已经从车里往下爬了,陆星奇就使劲拍了它一下,用尽全身的力气拽住"伟伟"的脖套,僵持了一会儿,等"伟伟"有点拧不过他了,才顺着陆星奇的劲儿又被拉上了车,这件事让陆星奇每每回想起来都觉得后怕。差点闯出大祸的"伟伟"是在70年代来到上海杂技团的,它是1974年上海科影厂拍摄的一部大熊猫纪录片的主角,电影拍完后,杂技团就向国家申请把熊猫留在团里,所以"伟伟"也是世界上第一只登上舞台的熊猫。而说到动物演员们到国外演出的经历,还是要讲到明星"伟伟"。1981年,上海杂技团受邀带"伟伟"到日本进行为期四个月的演出,在此之前,中国动物从没走出过国门。和"伟伟"这个动物大明星一起到日本去演出,陆星奇觉得自己也沾了不少光,坐头等舱、警车开道、走红地毯等贵宾级待遇,全是"伟伟"带来的，不过跟着"伟伟"在一起也不都是沾光，也有受罪的时候，在大熊猫憨态可掬的外表下，还掩藏了一颗"熊孩子"的内心。

第一天的演出大获成功，观众们对"伟伟"十分热情，以至于到了第二天早晨它还很兴奋，陆星奇本想拿一根小棍开导开导它，让它平静下来，谁知却被"伟伟"咬了一口，导致脚背粉碎性骨折，皮肉全绽开了。尽管受伤很严重，陆星奇依然想着演出，他相信凭着这么多年他和"伟伟"建立起来的感情，它会圆满完成演出的。当大熊猫坐在狗拉的车上绕场两圈时，全场欢声雷动，"挂彩"的陆星奇和"伟伟"圆满地完成了演出任务，可以说是陆星奇对杂技的热爱以及对国家荣誉的珍重，成就了这一次的海外演出。

陆星奇不仅是大熊猫"伟伟"的训导员，他也曾驯过老虎，当他为了完成演出任务第一次接触老虎的时候，陆星奇用"敲山震虎"的办法，化解了危险。他回忆说："第一次驯老虎的时候，它一点一点地匍匐前行，朝我这边爬过来，它的耳朵竖着，有点要往上蹿的感觉。我当即拿起棍子，对准凳子使出全身的力气，'啪'地猛砸下去，把老虎惊着了，这才镇住了它，如果我镇不住它的话，它就会跳上来把我扑倒，说真的我也害怕。"事实上，杂技团里的驯兽并不像街头卖艺耍猴那样，对动物十分严厉，相反的，想要动物接纳自己，就必须要有耐心、有爱心。有人让陆星奇拿电棒驯服老虎，说老虎吃过电棒的亏，就会怕了，但陆星奇坚持用温和的办法去驯服老虎，让老虎愿意接近自己，而不是远离自己。天天和猛兽打交道的陆星奇，也曾被老虎抓伤过，现在回想起来，他还是阵阵的后怕。那

陆星奇和大熊猫"伟伟"

是在一场演出中,老虎一开始表演得很好,最后一个动作是让老虎两条腿直立,可能是陆星奇过于自信了,他和老虎的安全距离比平时稍微近了一点,结果老虎直立时前爪撩到了他,抓到他的左眼上方,陆星奇当场就血流不止,他差点以为自己的左眼要保不住了,所幸最终是有惊无险。

杂技艺术在变革

蒋正平退休前是上海杂技团的副团长,曾经多次获得国家和世界级大奖,在这些奖项中,最著名的要数第八届法国"明日"杂技奖,那是改革开放后上海杂技团拿到的第一块国际比赛的金牌。拿到这块金牌的时候,蒋正平已经37岁了,奖牌的背后是蒋正平和他的搭档无数个日日夜夜付出的汗水。"十年磨一剑"成就了蒋正平在舞台上的辉煌,而徐密乐在进入上海马戏学校之前曾经是武术运动员,比同龄人有着更好的基础,他和伙伴们表演的上海杂技团主打节目《大跳板》几次获得国家和世界级大奖。他把获奖的诀窍归功于大家的完美配合上,辛勤汗水换来的是观众的满堂喝彩,这也是他们坚持下来的理由。

年轻时就喜爱杂技的刘惠钧在看了很多杂技表演后也萌生了练习杂技的想法,他自创出一套柔术表演,还上过几次电视,展示他自己独创的功夫。杂技发展到现在,不管是节目内容,还是节目形式,都越来越成熟。美轮美奂的舞台效果,在给观众带来了视觉享受的同时,却也让人逐渐忽

蒋正平获得第八届法国"明日"杂技奖

视了杂技本身的内涵。有人认为，现在的杂技演出，对艺术性的追求超过了表演本身，除了舞台上的表演外，很多科技元素的加入，如声光电的配合，使视觉艺术感更强烈了，而刺激性却不如从前了。

说到艺术性，为杂技艺术付出一生的蒋正平有着自己的看法，他认为："杂技实际上就是人的本能的反应，很多的生活用具、道具，跟人的本能结合起来，从而形成了一种很高难度的表现技巧来挑战人的极限。"把杂技归为纯技巧的展现，蒋正平是不同意的，因为杂技中有很高的文化内涵。《舞空竹》就是这样一个代表节目，2013年1月27日落幕的法国巴黎"明日"世界杂技节上，上海杂技团凭借意境空灵、创意唯美的杂技《舞空竹》斩获金奖。

而在民间，空竹也是百姓们休闲健身的好方式，已经80多岁高龄的孙郎恺老先生是在十多年前开始学习空竹的，在他的带领下，有一群老年朋友，都爱上了上海人称作"扯铃"的抖空竹。孙郎恺老先生说："抖空竹学五分钟就能转，转起来以后，要做动作就得苦练，这个活动是全身运动，手、眼、身、法、步，脑袋、眼睛、身体都要协调。"70多岁的包森甫年轻时也是个杂技爱好者，他更是把扯铃玩出了很多新花样，他从转盘子表演中得到启发，赋予了扯铃很多新的动作。扯铃的人群中，还有一个叫朱玲琴的阿姨，她的表演获得了好多人的喝彩。小时候，她也经常跑去看杂技表演，如今年逾七旬的朱玲琴不仅自己扯铃扯得好，还带出了很多徒弟。张树平也是扯铃队伍里小有名气的表演者，因为他小时候学过杂技、魔术，他就把杂技和扯铃结合起来，既给别人欣赏，又展现了自己，引起了不小的反响。

如今，在上海马戏城里，《时空之旅》是上海杂技团隆重推出的一台大型杂技表演，它已经成为上海旅游业的标志之一。《时空之旅》融杂技、舞蹈、戏剧、音乐和世界一流多媒体技术于一体，不仅吸引了全国各地的演员，还吸引了全世界的游客和观众，《时空之旅》的包装、编排、演出手段代表了世界杂技的一流水平。

杂技是一门有着悠久历史的艺术样式，新科技娱乐方式给杂技的发展带来了不小的冲击，但杂技本身的魅力却是永恒的，正如媒体人胡展奋所说的："现在虽然有了iPad，有了互联网，有了各种虚拟游戏，制作得非常精妙，但是我觉得它永远无法代替杂技和马戏，因为我们需要真人版。我们追求真实可触摸，这种现场感、真人版、不确定性悬念，其魅力是永存的。"上海杂技艺术的魅力，感染过一代又一代的上海人，它带给观众美好的时光，又成就了杂技表演者的辉煌，我们相信杂技演员台前幕后的精彩将给人们留下永恒和美好的记忆。

影院往事

上海是中国电影的发祥地,从20世纪的30年代到80年代,上海的电影业起起落落,上海的影院也是起起伏伏,但不管怎样,到电影院去看电影一直是很多上海人的爱好。大光明、国泰、国际、和平、大上海等电影院不仅见证了上海影业的发展,同时也影响了很多上海人的生活。如今,老百姓的娱乐生活多样化了,去电影院看电影不再是上海人娱乐生活的唯一选择,但每每说起上海的各个影院,很多观影往事依然会在影迷们眼前浮现,成为他们一辈子都无法忘记的珍贵回忆。

"远东第一影院"的辉煌

大光明电影院是上海电影院的经典与骄傲,它一度是远东地区最豪华的电影院。新中国建立后,大光明又成为上海最繁华的大会堂,也是上海第一个放映宽银幕、立体声电影的电影院,大光明是无数上海影迷心目中的"电影圣地"。

如今,到大光明看一场电影对许多上海人来说不算是一件多么了不得的时髦事了,然而在半个多世纪前的1960年,一张邻居送的大光明电影票却了却了影迷金建民多年萦绕于心的一场念想。他记得那是他第一次走进气派的大光明电影院,观影的感受和他以前所去的沪西电影院简直是一个天一个地,让他感叹大光明不愧是中国第一流的影院。

坐落在人民广场文化圈的大光明电影院始建于1928年,在1933年

影院往事

大光明电影院老照片

由著名的匈牙利建筑师邬达克设计，耗资百万重新建造，是当时上海设施最高档、最豪华，也是面积最大的电影院，被誉为"远东第一影院"，也因此成为无数像金建民这样的影迷心中的"圣地"。当上海的其他电影院还在用电风扇降温的时候，大光明影院就耗资30万元打造了冷气间。

上海大光明电影院职工斯俊介绍，与现在不少电影院采用的头顶式、挂壁式的空调将冷风直接吹在观众头上不同，大光明影院的空调出风口是喷淋式的，先将风打到银幕再返回，冷风更柔和，观众的体感也会更加舒适。吹着冷气，看着和美国八大电影公司同步的美国大片，是20世纪三四十年代上海的名流们才有的休闲生活。张爱玲时代的大光明，台阶上铺着丝绸地毯，衣着华丽的俄罗斯女郎作为招待，还有一个由欧美乐师组成的乐队。那时来大光明影院看电影的都是有钱人。据说鸿翔的服装设计师为了能捕捉最新的流行样式，也经常到大光明影院观察时髦女郎的穿戴。

从老照片上也可以看出大光明影院在20世纪三四十年代观影状况的火爆，散场时，楼上楼下观众像潮水一样涌出来。当时到大光明电影院来看电影的观众，必须着正装，男士穿西装或长衫，女士穿旗袍，衣着不整的观众是会被大光明电影院拒之门外的。

从1933年影院落成到1949年上海解放的这15年间，好莱坞大片几乎垄断了大光明电影院的所有放映时段。为了让中国观众更好地观看外国电影，大光明还专门推出了"译意风"这一独特的服务，大光明电影

20世纪30年代，大光明电影院散场后走出来的观众

院职工中的元老徐曼倩对此记忆犹新。据她回忆，当时的外国电影没有配置字幕，也没有译制片，于是大光明影院推出了"译意风"服务，就是专门请了翻译小姐现场翻译，观众买了"译意风"的票子就可以当场通过设置在每个座位上的耳机听到电影台词的翻译。豪华的建筑设计，舒适的观影空间，逼真的音响效果，让大光明电影院无愧于"远东第一影院"的称号，甚至连前来观影的美国人都沉浸其中，出了洋相。上海大光明电影院的老职工回忆，二战结束后，美国海军陆战队的军舰停泊上海，水兵上岸兜马路，到大光明电影院来看电影。放了正片以后，没多少时间，一个海军陆战队的士兵从座位上面一下跳了起来，大声喊叫，影院经理觉得是不是影院的服务不到位，或者设施出现问题了，于是他就找到那个士兵询问。知道缘由后经理哭笑不得，美国士兵说，当时这部电影的音响效果使他有了身临其境的感觉，所以他情不自禁地跳起来了，从这一点也反映出当时大光明影院的音响设备是相当先进的。

1949年后，大光明影院不再只是贵族名流们看电影的场所，更多的上海普通市民也纷纷走进了大光明。除了继续放映首轮的最新电影之外，大光明影院还成为上海市召开各种重要会议的大礼堂，如1950年2月4日，上海市总工会就在大光明影院召开上海市工人代表大会。和大光明影院一样有着悠久历史的国泰电影院、大上海电影院等52家影院也在上海解放后被上海军管会文教委文艺处接管，随后几经发展改造，皇后大戏院更名为和平电影院，南京大戏院成为日后的上海音乐厅。

匮乏年代的狂热影迷

20世纪50年代的上海,"都市远去,摩登犹在",逛公园、看电影算得上是市民们简单生活当中不可多得的娱乐方式。但是由于解放前遗留下来的影院,大多集中在以虹口为主的市中心,解放后建造的一些住宅区几乎没有电影院,老百姓看一场电影往往要跑很远的路,所以为了满足市民的文化生活需求,上海市政府决定在新的居民住宅区建造电影院。

到了60年代初,上海大大小小的电影院已经有近六十家,许多人都像那时的金建民一样,开始痴迷起电影来。为了能多看一场电影,当年13岁的金建民省下了他能省的每一分钱,他回忆说:"我住在曹家渡,上课要到中山公园,一天一角钱的车钱父母会给我的。我把这些钞票集起来,早饭不吃,车子不乘只当锻炼身体,把这点钞票凑起来,一个月下来也有好几块钱。"

而那个时候,中国的电影生产正处于高峰期,同时大量的香港电影也开始进入上海,这就更让很多像金建民一样的影迷们从此一发不可收拾,他曾和两个邻居小伙伴在上学时偷偷溜出学校去看电影,老师、家长为此头疼不已,为此,金建民在初三时还背了个记过处分。

在那个物资匮乏、文化生活也单调枯燥的日子里,上海市民仍然会想方设法丰富自己的精神生活,看电影就是一个重要途径。那是一个各种生活物资都要凭票供应的年代,也是一个一票难求的年代,为了一张电影票天不亮甚至通宵排队是常有的事,也成为那时每一个影迷一生中最难忘的记忆。金建民记得,他曾经拖着朋友凌晨四五点钟就去静安区文化宫排队买电影票,而到了那里却发现售票处前早已经挤了很多人,到了早上八点开始售票,买票的人群开始起哄骚动,纷纷朝前涌去,结果把售票处的玻璃窗都给弄碎了。在痴迷电影的金建民的家里,有一个已经发黄的小本子,上面记录了他从1961年到1966年间所观看的424部电影的名称和总共96元的花销,甚至在哪家影院看的、第几场,座位是几排几座,他都一一做了记录。观影最多的一年,他看了185部电影,总共花费了42块6

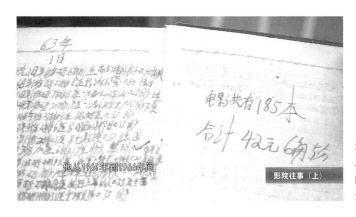

影迷金建民记录了他从1961年到1966年间所观看的424部电影的名称和花销

角5分。为了看到更多的电影,金建民还想方设法去和别人换票子,几年下来,上海各区的电影院,他几乎跑了一个遍。金建民回忆说:"因为你一个人要是去买几部片子是买不着的,来不及买,所以我就盯着一部好电影,把票子买下来以后,我就跟人家换票子,每个人需要的场次不同,大家喜欢换来换去。所以说一旦有新电影出来了,电影院门口就挤满了人,都挤着换电影票。"

改革开放后的电影春天

1979年,神州大地迎来了改革开放的浪潮,很多国外的优秀电影开始大量出现在中国的银幕上,这让引领电影潮流的上海出现了史无前例的观影高潮。原上海市广电局电影放映处处长马德忠介绍,1979年的上海,电影院放映的电影场次达到了40多万场,观众达到3.17亿人次。按照当时上海1 300万人口来计算的话,当时上海每个市民每年要看20多部电影,大光明电影院职工斯俊回忆,像《人证》《第一滴血》等大片的票子都供不应求,售票处前人山人海地排队。原来影院每天最末一场是夜里11点钟,于是再增加一场,放到半夜12点钟、凌晨1点钟;早上的早场原本是8点钟,为了满足观众需求,就再开设早早场,早晨六七点钟就开场,所谓停人不停机,上海电影院的通宵电影也是从那个时候开始一点一点逐步形成的。

影院往事

过去的电影院售票处

20世纪70年代末80年代初，是上海各大电影院"皇帝女儿不愁嫁"的年代，热情高涨的影迷为了能买到一张电影票通宵排队。地处南京路的大光明电影院场场爆满，衡山路上的衡山电影院也是空前火爆，一票难求，原任衡山电影院经理的顾荣生回忆说："罗马尼亚电影周放映《橡树，十万火急》，那一天整个公安系统也是'橡树，十万火急'。半夜十二点不到，公安部门到我家来敲门，把我叫去，因为影院的大门给人家撞坏了。到天亮的时候，整个衡山路全部都是人，估计有好几万人，所以当时来的公安力量好像还有一些不足，后来又请示，派了一个连的武警战士过来维持秩序。"

一个接一个的电影周给上海的影迷们展现了一个五彩纷呈精彩无限的电影世界。1979年中美两国建交，在银幕上一度消失的美国电影再次进入中国乃至上海，这对于当时还是一名大学生的影迷钱峻崖来说，自然是一个不可错过的观影机会。他记得自己那时逃课去看美国电影周的电影展映，这也是美国电影周第一次在中国大陆举办。当时钱峻崖在位于桂林路的上海师范学院念书，那时这里属于上海县，算是郊区，他赶到市区，一天里看了三部美国电影。

而对于当年已经走上工作岗位的影迷刘惠钧，终于可以不用再求助母亲，而是拿着自己的工资去买电影票了，他回忆自己当时的工资几乎都用在看电影上了，基本没有什么积蓄。1979年全年，他总共看了75部电影，不但搜集了很多和电影有关的明星卡片、小人书，还将很多电影里的台词背得滚瓜烂熟，他至今对《瓦尔特保卫萨拉热窝》最后的一段台词和镜头记忆犹新，回味无穷：

"唉，太有意思了，我来到萨拉热窝去寻找瓦尔特，可是找不到。现在我要离开了，总算知道了它。

"你说瓦尔特是谁？

"看，这座城市，它，就是瓦尔特。"

改革开放推动了经济的发展，也让全国的电影生产迎来了第三个春天。从1980年开始的几年间，上海就拍摄电影达50多部，占到了全国电影生产总数的七分之一，这也让"近水楼台"的上海影迷们的观影热情不断上升。顾荣生回忆，那时衡山电影院经常半夜里就有影迷排队，为了维持秩序，工作人员就在排队者的衣服上或手上写上号码，而影迷们为了买到心仪的电影票也就顾不得那么多了。

能买到想看的电影的当场票，对影迷来说是一件非常幸运的事，但更多时候，当跑到售票处的时候，窗口往往挂着的是"满座"的牌子，这时影迷就只好去等退票了。影迷陈磊记得自己等退票的情景：等在电影院旁的公交车站，逢人便问有没有票子，有时候带着女朋友去看电影，却只等到一张票子，而电影马上就要开场了，或是等到了两张票子，但座位却不在一处，遇到这类情况，就只好去找"黄牛"调换。

就在大量的国外电影被引进的时候，"文革"中禁放的一些老电影也开始逐步在银幕上放映，而随着思想领域的逐步解放，一些电影中以前不曾出现的镜头也开始出现。1986年，电影《芙蓉镇》上映，燎原电影院特地为影迷们搞了一场观众见面会，因为片中第一次出现了接吻的镜头，很多影迷买票看《芙蓉镇》，就是为了看这个镜头。影迷陈磊对此印象深刻，他回忆，那时国产电影中出现接吻的镜头还是比较稀奇的，电影刚开始影院里还有各种声音，吃瓜子的，小孩叫的，等到刘晓庆与姜文两人的头慢慢靠拢，电影院鸦雀无声，然后只听到观众咽口水的声音。

为了提高业务水平，当时的文化部准备了一大批外面看不到的电影，组织电影创作人员包括导演、摄影、演员等文化部门相关人员进行观摩，放映这些内部电影的星光电影院就成了影迷们无比向往的地方。这些内部电影的票子十分紧张，还被一些单位用作送给客户的礼物。

上海的各大电影院除了销售个人票之外，还会给一些协作单位预留电

影院往事

跑片

跑片员

影票,军人、残疾人的保留票也要留出来。当时工厂工会的电教干事也整天在电影院里转,盯在那里,求着电影院多给自己几张电影票。

到20世纪80年代中期,电影院已经遍布上海的各个角落,因为新上映的电影拷贝数量有限,所以相邻的几家电影院就会共用一个电影拷贝。在影迷陈磊的记忆里,那时看电影看到一半突然中断是常有的事,他回忆道:"很紧张的时候,灯全部亮了,银幕上打出'跑片未到,稍等片刻'的字样,然后下面就轰隆轰隆吵闹起来,好多人跑到卫生间去抽烟。"

当年史国钧刚进上海电影院工作时,就是一名跑片员,对于开着摩托车风里来雨里去的跑片员史国钧来说,车子坏了倒还不是最麻烦的事情,最糟糕的是他竟然有一次在跑片途中出了车祸。他回忆道:"已经到电影院门口了,和96路公交车碰了一下,当时我的脚夹在96路车的轮子里,没有全部夹进去,差了一点点。幸亏旁边过路观众认识我们了,说

'老史，你怎么出事情了？'我说快点，我这里不要紧，片子你快点给我送到电影院去，他们拿了片子赶快奔到电影院去。否则要闯祸了，脱片脱了20分钟，整个全乱掉了，不是我一家电影院乱了，衡山、日晖全部乱掉了。"

影 院 恋 曲

20世纪60年代初，电视还没有走进上海人的家庭，舞厅也不多见，逛公园看电影依然是恋爱中的男女最喜爱的相处和交流的方式，而成为电影院的一名员工自然也就会让很多人刮目相看。上海大光明电影院职工斯俊记得，那时大光明电影院很吃香，谈恋爱时，女方家长一听男孩是在大光明工作，都会觉得很不错，而当有年轻人被影院录取后，他们的父母或者亲戚长辈也会叮嘱他要好好工作，因为大光明电影院不错，要珍惜这个工作。

1966年"文革"开始，金建民高中毕业进入工厂工作，没多久，这个小青年就谈起了恋爱，除了从淮海路一直走到外滩，再从外滩回到南京路这样压马路外，看电影也必不可少。尽管往日五彩缤纷的银幕突然变成了样板戏的天下，痴迷电影的金建民仍然愿意泡在电影院里，一遍遍地看着那些好几天都不变的电影。金建民回忆说："什么《地道战》《地雷战》《渡江侦察记》，带女朋友看了七遍八遍，甚至十遍不止，那时没有东西看，只好这样带着女朋友炒冷饭，台词背也背得出，上面一句下面一句都晓得的，那个时候生活当中就是电影。"

就在金建民带着女朋友在电影院里不厌其烦地看着样板戏的时候，钱峻崖的父亲想方设法托人从沪光电影院买到了一张仅剩的保留票，当时还不到7岁的钱峻崖怎么也不会想到，就是父亲把他抱在腿上看的这场电影，竟然指明了他一生为之前行的方向。小小年纪的他自此觉得这辈子最理想的工作就是在影院做一名领票员，他觉得这是一个幸福的工作："我觉得做这个工作太幸福了，电影免费看，而且可以反复地看，你想怎么看就怎么看，而且这种满足源源不断，电影不断要换片子的嘛。"

影迷钱峻崖在电影院里举办婚典

从此钱峻崖痴迷电影多年，以至于连他的婚礼也被选择在电影院举行。1996年6月8日是35岁的钱峻崖举行婚礼的日子，与别的新人不同的是，钱峻崖举办新婚庆典的地方既不是在饭店酒家，也不是在海滨草坪，而是在上海的海运影都。他觉得自己既不抽烟，也不喝酒，上了圆台面要敬酒敬烟，于是他就别出心裁在电影院里举办婚典，既让亲朋好友见证自己的幸福时刻，又可以看场电影，娱乐一下。

为了搞这个结婚典礼，他专门去设计了一个请柬，请柬背面特意写了"婚事新办，谢收礼金，请予支持，感谢光临，请持柬入场，不对号入座"。钱峻崖回忆，父母、亲朋好友、同事、领导都觉得出乎意料，又合乎情理，因为他们都没有见过在影院办婚礼这种新奇的形式，但一想是钱峻崖搞，也就不奇怪了，因为他痴迷电影，嫁给了电影，所以在影院里面举办结婚典礼，那是最适合不过的。

与时俱进的上海影院

上海的电影院在建设、经营模式上一直与时俱进、创新不断，根据影迷需求的变化调整自己的硬件设施和服务。1952年，由政府出资三分之二、民间集资三分之一的衡山电影院竣工落成了，这是上海市解放后建造的第一家电影院，也是第一家市民占股的新式电影院。顾荣生回忆，整个工程从批建到竣工还不到半年的时间，上海的第一任市长陈毅欣然为衡

竣工初期的衡山电影院

衡山电影院股票

山电影院题词,当时上海西区的人民群众自发地购买股票,每一股按照新币是一块钱,当时按旧币就是一万块钱一股。

1956年,上海的电影院开始按照座位数和有无冷气等硬件设施进行首轮、二轮、三轮影院的票价级差分类。落成四年后的衡山电影院和大光明、国泰、大上海等17家电影院一起被列为上海的首轮影院,马德忠介绍说:"那时候电影在老百姓的日常生活中是很重要的,所以当时电影院票价的设计就是作为老百姓生活开支当中的一部分,和理个发、洗个澡是差不多的。记得小时候,一毛钱可以在浴室里面洗个澡,电影票价最高的是大光明电影院的礼拜六晚场,三毛钱,平时就是两毛或者两毛五,一般电影票价一毛钱,儿童电影票价是七分钱、五分钱。"

1960年,东湖电影院经过整体技术改造成为中国首家彩色立体电影院。老牌的国泰电影院也完成了电影放映自动化的升级改造。当时的新闻资料介绍:"国泰电影院用四昼夜的时间，革掉了数十年来的放映手工操作，放映的时间快到了，在电动控制盘上拨一下，从关窗、开灯、放唱片、放幻灯、拉幕、放电影以及一系列工作，都是自动的。"

在当年的上海，电影票房的前四名始终被大光明、国泰、和平、国际这四大"天王"影院所垄断。为了增加票房收入，很多没有优势的电影院就只能靠别的方法来吸引观众。1986年，地处上海火车站附近的燎原电影院开始搞起了"通宵场"，原燎原电影院美工杨宏福介绍，那时很多旅客有时候为了赶车或者火车晚点等原因滞留火车站。有了通宵电影，旅客就可以在电影院看电影，不看就在电影院里打个瞌睡，睡个觉，也省掉了旅馆费，那个时候电影票价又不贵，很多旅客就感到非常合算。

一张10元左右的通宵电影票可以看四场电影，虽说有些电影是以前放过的，但首开"通宵场"的燎原电影院还是吸引来了很多观众，年轻情侣和喜欢夜生活的人都被吸引到了燎原电影院。为了配合通宵场，燎原电影院的经理卜伟忠还开设了通宵咖啡厅、舞厅、棋牌室、餐厅和卡拉OK厅，因为他的灵活经营，票房收入开始成倍增长，一时间燎原电影院火了起来。

到了90年代，上海电影院数量之多已经到了饱和的状态，这个时候，很多电影院开始寻求新的出路，于是一些新颖奇特的观影模式就被引入。影迷丁海记得自己在1996年11月19日带女友去平安电影院看刚刚兴起的动感电影的经历，他回忆说，动感电影的座位完全是跟着剧情的，坐在上面看电影，是非常有投入感的，影片中爆炸、急速俯冲等给观众的感觉就跟真的一样。

自1995年电影院进入低迷期，不但很多规模较小的电影院入不敷出，甚至连老牌的国泰电影院也难以幸免。原任国泰电影院经理的顾惠民还记得曾经临开场只卖出一张票，但因为观众远道而来，最终国泰电影院还是为这一名观众放映了这场电影，也就是从那个时候起，国泰电影院开始开设老年免费专场，定期给社区的居民发送电影票，这一传统一直坚持了20年。

随着人们生活水平的提高和生活节奏的日益加快，上千座位的大厅放映开始变得不受欢迎，为了改变这一局面，从1995年开始，各级影院都开始了"大厅改小厅，单厅改多厅"的整体改造，并将购物、餐饮、休闲纳入影院娱乐商圈，使影院逐渐变成了一个人们休闲娱乐和情感交流的场所。

从1998年票房就开始下滑的大光明电影院一直到2008年才斥资1.2亿元人民币对影院进行了改造，除了将原本可容纳1 900人的放映大厅缩减了600个座位之外，还新开发出了5个小厅，包括1个VIP厅。

上海的电影院从1925年诞生到如今，已经走过了将近一个世纪的时光，无论是风采依旧的大光明和国泰，还是已经消失的沪光和平安，都见证了中国电影发展的兴衰，辉映着上海这座城市的繁华，而那些曾经的电影时光，会在秋日午后的阳光里再一次浮现。

那些年，我们一起唱的歌

20世纪五六十年代，革命歌曲一直都是那个激情燃烧年代里的主旋律，从解放初期的《解放区的天》到电影《铁道游击队》的插曲《弹起我心爱的土琵琶》都是那个时代大街小巷里传唱的歌曲，而由上海翻译家薛范编译的《莫斯科郊外的晚上》等苏联歌曲也是那个年代最流行的旋律。"文革"年代流行唱红歌，歌颂党和毛主席的歌成了主旋律，其中有一首叫《我爱北京天安门》的歌更是家家户户男女老少都会唱。到了80年代，中国流行音乐开始崛起，"南朱（朱逢博）北李（李谷一）"成为流行文化的标识之一。1985年，上海电视台主办的"卡西欧杯"家庭演唱大奖赛则引爆了全民的唱歌热。

激情燃烧年代的革命歌曲

1949年5月27日，上海解放。两天后，上海市军管会接收大中华唱片厂，第一批节目于1949年6月3日开始录音，录制了包括《解放区的天》在内的6首歌曲。

20世纪五六十年代是一个充满理想和激情的年代，虽然生活贫乏，但人们对未来充满希望，对党和国家有着深厚的感情。那个时代很多人还没见过电视机，即便是看电影也是非常奢侈的业余生活，而看过电影的人会将银幕上的歌曲不断传播，由此成为大家传唱的对象。

1956年，上海电影制片厂摄制了故事片《铁道游击队》，随着影片的放映，片中插曲《弹起我心爱的土琵琶》赢得了广大群众的喜爱，在全国传唱几十年而不衰。该插曲的作曲者、后来成为著名作曲家的吕其明回忆起当时接到作曲任务时的欣喜："有一天，大导演赵明同志找到我，要我为《铁道游击队》作曲，当时我感觉很突然，也有一点受宠若惊的感觉，这么一位大导演找我。当时（我只是）26岁的一个小青年，来为这么一部重要的影片作曲，我非常兴奋，非常高兴。"

1955年，吕其明由北京调回上海电影制片厂，担任故事片的作曲。解放前，吕其明曾经在山东有过三年的战斗经验，再加上对山东民间音乐的学习，这些都给了他很多创作灵感，在写作中，他脑海里首先浮现出的是过去见过的身穿便衣、扎着子弹带、手拿套筒枪或大刀的游击队员形象。

吕其明采用山东民歌中富有典型意义的曲调，创作了一首具有浓郁山东地方风格、通俗淳朴的歌曲《弹起我心爱的土琵琶》，展现了游击队员的革命英雄主义和乐观主义精神。吕其明回忆起当时的创作过程，思如泉涌，一气呵成。他介绍说，歌曲的前、中、后段有舒缓和激越的风格节奏变化，"西边的太阳快要落山了，微山湖上静悄悄，弹起我心爱的土琵琶，唱起那动人的歌谣，爬上飞快的火车……"歌曲到了中段就变成了英雄气概的进行曲："就像钢刀插进敌胸膛，打得鬼子魂飞胆丧，"中间这样一段和前后产生强烈的对比，然后四句又回来了，歌词又变为"唱起动人的歌谣"。吕其明说："我当时可以说是一气呵成，就好像闸门打开了，水就喷涌而出。现在大家唱的这一稿，也就是当年的初稿，没有改一个字。"

由于有着在山东战斗和生活的经历以及对山东民间音乐的深入了解，1961年，吕其明为电影《红日》创作的插曲《谁不说俺家乡好》几乎成了山东民歌的代表。《弹起我心爱的土琵琶》也因传唱度高而成为枣庄一带对外宣传的必选歌曲。吕其明记得在五六十年代，他坐火车到北京途经枣庄一带，由于西边就是微山湖，经常能听到"土琵琶"的歌声，因为当年铁道游击队就战斗在这一带，而微山湖市也把这首《弹起我心爱的土琵琶》作为微山湖市的市歌。

除了电影插曲以外，电台是那个年代人们听歌曲最主要的方式，电台的普及也造就了当时一大批歌曲的流行，这些歌曲都有那个年代独特的时代印记。工人作曲家朱声强回忆，当时的人们也喜欢唱歌，20世纪50年代流行的《草原上升起不落的太阳》《歌唱二郎山》等都是因为广播而为人们所知晓、所传唱。

传遍大江南北的苏联歌曲

新中国建立初期,中苏两国经历了将近十年的友好合作时期,当时的人们被苏联歌曲大气、优美、奋进的曲调所吸引,以至于一直传唱至今,不仅老人怀念,连新一代的年轻人也为之动容。

《莫斯科郊外的晚上》是最脍炙人口的苏联歌曲之一,1957年9月,经上海翻译家薛范中文译配后介绍到中国,为中国大众所知晓。但译配歌曲远没有那么简单,即使是对于当年的薛范,要想把这首歌完美地用中文表达出来,也是需要一点灵感的,他回忆起当年在深夜里获得灵感的情景。他记得那一天他到常熟路的小剧场去看歌剧,回去时天下雨,他坐着轮椅沿着长乐路回家。深夜11点,街上很安静,他忽然听到路边某个地方传来肖邦的《降E调的夜曲》,薛范对这首曲子很熟,便在细雨中的梧桐树下细细聆听。淡淡的路灯下飘来钢琴声,他想象弹钢琴的一定是个女孩子,一直到钢琴声停止,他才回家,回家后便一下子获得了灵感,把翻译完成了。

《莫斯科郊外的晚上》中有一句歌词是薛范自己加进去的,这句歌词后来竟然成了名句,成为人们彼此怀念的精神寄托,这一句歌词便是"但愿从今后,你我永不忘"。薛范回忆道:"'长夜快过去,天色蒙蒙亮,衷心祝福你好姑娘,但愿从今后,你我永不忘'。其实这句是我想出来,不是歌词里有的,后来这一句成了歌词当中的名句。所以人家开音乐会或者欢迎会,横幅标语就会写'但愿从今后,你我永不忘'。那么这一句的俄文原词是什么意思呢?就是'姑娘该分别了,你好走',相当于这样一句话,那

翻译家薛范

么我把它改成'但愿从今后，你我永不忘，莫斯科郊外的晚上'。"

薛范译配《莫斯科郊外的晚上》不久后的1960年，中苏两国开始冷战，这首歌刚刚译配成中文时，并没有像现在这样流行，甚至还没有当年的《喀秋莎》《三套车》《小路》等苏联歌曲走红。但经过十年"文革"，一直到1985年中苏关系解冻后，人们忽然发现这首歌一直埋在心底，25年来从来没有忘记过，当它再次被人们传唱时，勾起那个年代太多的记忆，一下传遍大江南北。

薛范回忆起1994年他带领合唱团去北京演出时的情景，那是他第一次离开翻译的书桌来到台上，以前人们对于翻译《莫斯科郊外的晚上》的薛范只闻其名、不见其人。那次他上台后，受到暴风雨般的欢迎，演出时，整个乐团唱《莫斯科郊外的晚上》，观众也在下面齐声唱。演出结束，剧场内的灯亮起，薛范发现，下面那些中老年人一边流泪，一边唱这首歌。这首歌本身并不是风格忧伤的歌曲，为什么会有这样的情况？薛范认为，是人们把这二十年积压在心里的那种感情全部迸发出来了，一边流泪一边在唱，这个场面让他非常感动。演出结束了，但薛范却走不了，他被歌迷们围住了："谢幕结束了，台上的合唱团员都走光了，结果我走不了，所有的人都上来，要拿节目单让我签名。他们对我说，薛老师我们年轻的时候就唱你的歌，薛老师你知道吗，我跟我爱人结婚的时候就是唱这首歌。"

朱声强也记得《莫斯科郊外的晚上》风靡大江南北的盛况，他认为这首歌虽然描写的是莫斯科郊外晚上的景色，但里面也含有抒发爱情的情调，因此老百姓觉得这首歌既好听，又能抒发感情，当时大街小巷都在传唱这首歌，尤其是年轻人。

时至今天，《莫斯科郊外的晚上》已经成为中俄两国友好的象征，这首歌的母语是俄语，但用中文唱的人远比用俄语唱的人多得多。中文版的《莫斯科郊外的晚上》早已深入我们的生活，融入了我们的情感，从某种意义上说，它已经成为地地道道的中国歌曲了。俄罗斯驻上海总领事安德烈·斯莫罗金说："过生日或纪念日的时候，吃饭以后喝点酒都可以唱这首歌，中国的人口比俄罗斯的人口多得多，如果从这个角度来看，可以说（这首歌）在中国比俄罗斯更流行。"

久唱不衰的经典红歌

"文革"年代发表的《我爱北京天安门》是传唱至今的经典红歌。意大利导演安东尼奥尼的纪录片《中国》拍摄于1972年,他将这首歌作为开场音乐,可见当时《我爱北京天安门》流行度和传唱度之高。一首短短28个字的儿童歌曲,却传唱了近半个世纪,成为几代人共有的童年记忆。令人意想不到的是,这首歌的词作者是上海市常德路第二小学五年级的学生金果临,曲作者是上海第六玻璃厂当时年仅19岁的工人金月苓,两人的父亲是亲兄弟,而母亲则是亲姐妹。

1970年2月,《红小兵》杂志发表了金果临的诗歌作品《我爱北京天安门》。当时正在上海第六玻璃厂工作的金月苓,看到弟弟发表的作品后非常高兴,就着手为这首诗歌谱上乐曲。"文革"前做过班级文艺委员的她因为停课便在家里学习基础的音乐理论,工作后还在单位的"文艺小分队"里写过歌、写过沪剧。

金月苓回忆起歌词几经修改并最终发表的经过:"当时那个歌词是这样的:'我爱北京天安门,天安门上太阳升,太阳光辉照万里,祖国山河处处春'。写完以后我就寄出去了,寄出去以后,结果这首词过了没几个月又改了,改成'我爱北京天安门,天安门上太阳升,太阳就是毛主席,光芒万丈照前程'。我就又写了,我用了一些前面的素材,最后一句'祖国山河处处春',把这个素材用进去了。第二段我就写得比较舒展,抒发我们全国人民对毛主席的热爱,写完以后我觉得还不够,所以又把第一段的内容又回到了第三段,

《我爱北京天安门》词作者金果临(左)和曲作者金月苓

美国小学生合唱《我爱北京天安门》

还是一样地结束。后来,在当年9月份这个歌出版了,(收录在)那么一本64开的《红小兵歌曲选》中。"

1971年夏天,《红小兵》杂志社的记者告诉金月苓,那一年国庆节上午十点钟,中央人民广播电台准备播放来自上海的八首歌曲,《我爱北京天安门》就是其中的一首。得知这一消息,金月苓很激动,但又觉得有点说不出的味道,因为歌词的后两句又被做了改动,被改为"伟大领袖毛主席,指引我们向前进",并且在报纸上刊登,从此成为定稿,再未改动。

一曲成名之后,金月苓和金果临在当地已经小有知名度,但人们可能不知道两位《我爱北京天安门》的词曲作者,在创作这首歌曲的时候竟然都没有去过天安门。金月苓回忆,姐弟俩从小就非常向往去北京、去天安门,但一直没有机会,直到他们创作了《我爱北京天安门》,在一次儿童歌曲创作的座谈会上,有几位北京来的朋友问她想不想去北京看天安门,她回答当然想。于是在1972年11月22日,她登上了开往北京的列车,到了北京,天蒙蒙亮她便来到了天安门,看着太阳逐渐升起,金色的天安门让她感到壮丽而伟大。

1979年1月28日,中国农历大年初一,邓小平选择了这一天开始对美国进行具有划时代意义的访问。在肯尼迪中心,美国总统卡特为邓小平安排了一场盛大的演出,晚会的最后一个节目是200名美国小学生用中文演唱的《我爱北京天安门》。孩子们的歌声深深打动了邓小平,邓小平和夫人卓琳热情地拥抱并亲吻了这些小朋友,卡特在日记中写道:"这一幕让许多观众泪流满面。"

流行音乐文化的萌动

20世纪80年代,是中国流行音乐崛起和蓬勃发展的年代。上海有一种今天看来非常浪漫的街头文化,北方叫"查琴",上海叫"斩琴",两群男青年约好时间,各自背上吉他,在街上一首首对弹,一首首PK。当年的著名流行歌手张行回忆,双方会你唱一首我唱一首,你唱快歌,我也唱快歌,你唱抒情歌我也唱抒情歌,有来有往。

因此,那时在上海夏夜的弄堂口,会看到年轻人聚在一起乘风凉,有人弹吉他唱歌,唱着唱着产生了"弄堂歌王",如果不过瘾,还可以去和隔壁弄堂PK较劲,赢了对方,就等于是将对方斩于马下,"斩琴"开始了。张行回忆,围观的人一层层一直站到马路上,堵塞了交通,因此"斩琴"的歌手们常会遭到治安联防队的制止。

而其实早在60年代,上海就有一批年轻人在地下悄悄接触国外的流行音乐,他们自己买来吉他弹奏英文歌曲,那时被称为"淮国旧"的淮海路国营旧货商店已经开始出售白皮琴。当时是国棉二十一厂职工,后来成为著名音乐人的荣尊文回忆,那种白皮琴12元一把,每天限量供应60把,去晚了还买不到。

很难想象,"文革"刚刚开始没多久的1968年,酷爱吉他的荣尊文认识了从印尼回国的华侨,开始接触英国披头士的歌曲,后来荣尊文、贾良

上海街头斩琴

安等四人，用四把吉他组建了一支地下乐队。荣尊文回忆道："甲壳虫乐队有鼓什么的，我们当时没有这个条件，就是四把吉他，没有贝司，那时候也没有见过电贝司。结果我一个朋友，他就拿一把琴箱比较大的吉他，把两根弦拿掉，只用后面四根弦，就作为贝司，因为这把琴低音稍微好一点。我们四个人就排了些歌，自称是'中国的披头士'，就在外面演出了，演出当然都是地下音乐会。"

贾良安记得自己参加地下音乐会时，往往连阁楼上都是人，受欢迎程度可见一斑。而在当时，吉他和萨克斯演奏的乐曲被定为"黄色歌曲"，是不允许弹唱的，因为这个原因，荣尊文等人的地下乐队时常还会遭到冲击。

而到了改革开放后的80年代，中国流行音乐发展进入黄金时期。1979年，太平洋影音公司在广东成立，听音乐进入了盒带时代，当时几乎所有的大陆歌手都在模仿刘文正、邓丽君等港台歌手。而在20世纪三四十年代比较流行的老上海歌曲，经邓丽君、凤飞飞等港台歌手翻唱后，重新在大陆流行起来，如《玫瑰玫瑰我爱你》这首歌，就是上海轻音乐团副团长孙青演出时的保留曲目。

香港和上海是两座在音乐上很有渊源的城市，1947年，赴香港发展的周璇以一部电影《长相思》首次在影坛露面，片中的插曲《夜上海》《花样年华》风靡全香港，而《夜上海》由此成为那个年代上海的名片。上海的另一张名片《上海滩》则是1980年在香港无线电视台首播的同名电视剧的插曲，1985年被引进中国内地播出，风靡上海滩的大街小巷。

歌星崛起与全民歌唱热

正当荣尊文、贾良安沉迷于组建地下乐队、偷偷弹唱国外流行音乐的时候，上海有一位女歌手因担任芭蕾舞剧《白毛女》中"喜儿"一角的主伴唱而蜚声歌坛，她那感人肺腑、独树一帜的歌声成功烘托了女主人公的形象，她所演唱的《白毛女》中的精彩唱段已成为海内外家喻户晓的歌曲，她就是后来中国流行乐坛的标志性人物朱逢博。

那些年，我们一起唱的歌

《蔷薇处处开》专辑

著名歌唱家朱逢博
演出照

　　资深音乐媒体人徐冰认为，朱逢博的崛起是中国音乐史上的一个非常奇特的现象，她原本在同济大学学建筑设计，因为她的天赋特别好而转投音乐界，当初是属于非常跨界的歌唱家。朱逢博的民歌嗓音特别好，她在歌剧《白毛女》里面的一些选段、唱腔，到现在为止还是最经典的。

　　1979年，朱逢博发行了专辑《蔷薇处处开》，这是新时期中国大陆第一盒立体声音带，"南朱（朱逢博）北李（李谷一）"成为当时流行音乐的标志性人物。那一年还发生了中国音乐史上的一个标志性事件，即中央人民广播电台和一个歌曲杂志联合主办群众最喜欢的15首广播歌票选，上海的朱逢博有一首歌入选，即电影《婚礼》的插曲《永远和你在一道》。

　　朱逢博的音色甜美、圆润、亮丽、吐字清晰，她以民歌唱法为基础，并借鉴西洋发声方法，掌握了西洋传统发声和中国戏曲演唱的混合共鸣，解决了真假声的结合问题，逐渐形成了自己独特的风格，具有与众不同的韵味。而她的这种气声唱法在当时一度被批评为靡靡之音。

从《白毛女》《请茶歌》到80年代的《美丽的心灵》《金梭银梭》,朱逢博演唱的多首歌曲脍炙人口,在海内外广泛传唱,对此徐冰评论道:"她的民歌唱得好,她在美声方面有她的功底,当然回到通俗唱法,她也是一个开创性的人物,她的气声唱腔等,非常贴近大众。比如说70年代时,她把50年代的歌曲《请茶歌》重新翻唱,味道完全不同,非常红。有些歌曲其实不见得她是第一个唱,但是经过她二度创作以后,就变成她的标志了。"

80年代,吉他的流行和港台流行歌曲的进入,使内地的流行音乐蓬勃发展,而此时,上海流行音乐的另一位标志性人物张行刚刚中学毕业并开始痴迷吉他。他回忆,当时他和朋友天天抱着吉他,天天学习,因为没有老师,只能自己拿一把吉他自己琢磨,并和上海各个区会弹吉他的那些歌手在一起相互切磋,上海人叫"斩琴"。然后相互看对方演奏的技巧,偷师学艺,通过相互切磋,逐渐完善自己弹唱等各方面的技艺。

1984年,上海举办了国内第一届青年吉他大奖赛。五年的吉他学习使张行的弹唱技艺得到了长足的进步,此时的他决定在吉他大赛上一展身手。在这次比赛中,张行以偏艺术性的流行歌曲《一条路》摘取了弹唱第一名的桂冠,由此走进了许多青年男女的心中,他是80年代初期最早崛起的大陆歌星之一。他的崛起为中国的流行音乐史翻开了崭新的一页,并对中国流行歌坛产生了深远的影响。徐冰认为:"它产生的意义是很巨大的,就是'草根'一夜之间成为明星,张行就是这样的一个代表。所以张

张行参加1984年青年吉他大奖赛

行在那个年代可以说是新时代的一个新的偶像代表,由上海制造的。"

1985年,中国唱片社上海分社发行了张行的首张个人专辑《成功的路不止一条》,再一次让吉他风席卷全国。张行演唱的《一条路》《迟到》流行甚广、风靡全国,仅两个月的时间,在上海就销售了近20万盒,同样他的专辑销售也已超过了百万,成为中国流行歌曲个人专辑发行量突破百万大关的第一人。

在张行发行第一张专辑的同年,上海电视台推出了"卡西欧杯"家庭演唱大奖赛,这场比赛之所以取得空前的成功是因为它第一次让普通的百姓家庭走上荧屏。第一届比赛的决赛选择在除夕夜举行,当时收视率达到94%,引爆了全民的歌唱热潮。

及至1989年,第五届卡西欧家庭演唱大奖赛改为个人演唱比赛,这一届的冠军是周冰倩,当时她演唱的是潘美辰的《我想有个家》。而第一届卡西欧家庭演唱大奖赛开始的时候,周冰倩只是一个刚刚考入上海音乐学院的学生,她回忆起自己当年准备和参加决赛的情景:"到卡西欧决赛的时候,我就唱了潘美辰的《我想有个家》,当时为了演唱这首歌,在家里还练动作,其实根本就不知道怎么练,就瞎练一下,否则觉得在舞台上干巴巴的,站在那儿唱觉得有点死板,因此就会去练一些自认为比较适合我的动作。"

其实,《我想有个家》这首歌是在卡西欧大赛期间有家唱片公司找到周冰倩让她翻唱并录制唱片的,令人感到意外的是,周冰倩刚开始竟然对歌曲的原唱者毫不知情,只是觉得歌很好听,直到后来才知道这是台湾歌

1989年,周冰倩参加第五届卡西欧家庭演唱大奖赛

手潘美辰的歌。

  1996年，在日本发展四年后刚刚回国的周冰倩在央视元宵晚会上演唱了《真的好想你》，这首歌让周冰倩一下子回归到国人的视野，再次找到了当年火爆的感觉。《真的好想你》这首歌后来几乎成了周冰倩的标签，以至于后来在开演唱会、发行新专辑时都能看到这首歌的影子。

  上海，中国流行音乐的发源地，无论是优雅精致的上海老歌、铿锵有力的经典红歌，还是大家耳熟能详的当代流行歌曲，当这些熟悉的旋律再次响起，深情感人的歌词慢慢沁入心灵，埋藏在心底的一段段回忆会被重新唤起，令人忍不住轻声哼唱起来。

快门声里的往事追忆

如今在很多上了年纪的人的记忆里,以前拍照片对于老百姓来说是蛮稀罕的,照相机也是老百姓生活中的奢侈品,需要凭票买,而买一卷胶卷也需要省吃俭用。没有相机,那只好红着脸向朋友借,或者趁天好拿着户口本去商店里花七毛钱借一天。80年代的恋爱故事中都有着关于照相的情节和插曲,当年年轻人谈恋爱,首先就是看照片。当时社会上兴起的摄影热,催生了很多摄影发烧友,摄影成了他们一生的追求,这里有他们共同的经历,也有他们难忘的记忆。

情定终身照片始

在新中国建立后很长的一段时间里,一般人买不起也用不起照相机,胶卷和冲印的成本也是一笔不小的开销。虽然早在1958年上海已经批量生产出了"58-1型"照相机,然而直到改革开放,照相机才开始进入普通百姓家庭,那个年代谁家买台照相机,就像如今谁买了一辆名牌轿车那样,是很有面子的事情。那时候,老百姓过日子主要是满足温饱,一家人团圆了,偶尔会去照相馆里拍一张全家福。一批同学毕业了,大家会集合在校园里拍一张集体照。个人大多拍的是报名照、证件照,而这种和邮票一般大的照片也主要是为了验明身份,没有什么审美的意义,拿一张报名照去交友、相亲,那也是无奈之举。

摄影爱好者葛世伟回忆,当时有个要好的朋友为他介绍女友,他问有

1958年，上海照相机厂工人制造照相机

没有女方的照片，结果看到的就是一张两寸半大小的大头照。这样的黑白照片也有优点，那就是除了有的会着色，基本没有修饰，都是本色展示。

20世纪80年代，许多人的恋爱故事中都有关于照相的情节和插曲，男女双方通过介绍人传递照片来相识，双方通过拍照来相恋，在那个年代也是很时兴的。一张过去年代的"玉照"曾引出了一段美满的姻缘，照片里的漂亮姑娘名叫俞佩丽。在80年代，女大当嫁的她就是凭着这张照片通过介绍人和一个素不相识的男青年相恋并在后来结婚的，俞佩丽记得，当时介绍人向她要照片，她就觉得应该挑一张嗲一点的照片，于是就找出了一张梳着小辫子、扎着蝴蝶结的照片，她觉得这张照片对方看了肯定会喜欢。

那个年代提倡的是军爱民，民拥军，当兵的小伙子很受姑娘们的青睐，俞佩丽从介绍人拿来的照片上第一眼就相中了这位穿海军军服的男青年。老照片中的那位年轻英俊的海军战士如今已是两鬓斑白了，他的名字叫蔡钧，对于他们这对老夫老妻来说，最浪漫的事大约就是回忆当年在照片上的一见钟情，情定终身。俞佩丽回忆说："他给我的照片是当兵的照片，蛮英俊的，肯定他也挑过的，很多照片里面挑出来一张给我看的。他四方脸，眼睛也大大的，我觉得五官都蛮好的。"

在俞佩丽的记忆里，他们谈情说爱的那个年代，先从介绍人那里看到对方的照片是很要紧的。因为那时大多数人都是工薪阶层，工资收入相差不大，而看本人，那就是一看外表，二看人品，而看照片就是看外貌，这不仅是先睹为快，而且也是先入为主。

在那个年代，女孩子都很矜持，很害羞，即便是见面约会，也大都低着头,而不太会抬头看人。俞佩丽回忆说:"第一次出去,大家都不敢看对方,看起来都很羞答答的,我也不会盯着你看,现在的小姑娘都不管的。以前的小姑娘不像现在这样的,你跟我讲话,我眼睛还要朝其他地方看,他也是这样的。"正因为如此,第一次约会虽然双方见了面,但蔡钧对俞佩丽的印象仍然还是照片里的小辫子姑娘。照片毕竟是照片,和真人还是有些差异的,他们第二次约会时,蔡钧却没有认出俞佩丽,还是俞佩丽先认出了蔡钧,使得蔡钧差一点和他的

当年蔡钧用于相亲的照片

爱情擦肩而过。蔡钧解释说:"什么道理呢?她在照片里是梳两个小辫子的,没想到跟我第二次碰头的时候,剪短头发了,所以我出洋相了,不敢认了,那个时候不能总是盯着人家小姑娘看的。"

看来照片与真人不会不像,也不会全像,不过和当今姑娘们化浓妆以及用PS技术修饰照片比起来,还是那个年代的老照片更接近本人的真面貌。那个年代通过照片来相识还有一个好处,对方的照片可以带回家去,给父母和兄弟姐妹一起看,一起来参谋,否则,女儿一对一地和对象约会,对方究竟长什么样,父母心里没底。俞佩丽说:"我想想总归要带给妈妈先看一看,妈妈同意了才能谈。那个年代不像现在,你喜欢你就去谈

当年俞佩丽用于相亲的照片

了,我们家里,我妈妈是很重要的,我妈妈不同意,我们就没办法谈的。另外我们是住在石库门房子里的,你今天谈一个带进去,没谈成,下次再带进去,那么你说影响不是要坏掉了嘛。"

现在的年轻恋人,恋爱中往往会留下不少合影,但是翻开蔡钧、俞佩丽夫妻的照相册,在他们谈恋爱那会儿,多数照片都是俞佩丽一个人的,而两人合影的照片却很少,因为那个年代的姑娘把和异性合影这件事看得很严肃,也很慎重。年过六十的蔡钧找到了他们恋爱期间唯一的一张合影照片,那是他们去苏州旅游时拍摄的。

那个年代,上海的青年人常会说到一个词——"敲定",就是恋爱双方觉得情定终身了,而是否"敲定"的一个重要标志就是男女青年是否能在一起合影。不过天有不测风云,合影了又分手也是可能的,那时,双方就只能把合影照片撕开,把对方的那一半还给他。

快门声中的相知相恋

摄影是技术和艺术的结合,不是拿起照相机就能拍出好照片的,而当时那些擅长摄影的男青年往往更容易赢得女青年的好感,而好感也会转化为爱情。摄影爱好者葛世伟回忆,能够掌握一门拍照片的技术,当时在择偶中是一个优势,自己给恋人拍照,对方也会觉得自豪,尤其是当拍出漂亮的照片后,女朋友就会把照片拿出来向周围人炫耀。

如今葛世伟在上海锦江乐园工作,他年轻时也爱好摄影,所以当他把镜头聚焦于妻子时,他妻子也深情地看着镜头和镜头后面的他。葛世伟回忆说:"我帮她拍好照片以后,她会去炫耀,把她的照片拿出来给人家看,她的同事、朋友、小姊妹拿出照片一看说,你的照片怎么这么清楚,我们的照片怎么这么模糊?小姊妹之间说找朋友,首先要找会拍照片的人,他有时尚感。"

已经60多岁的汪雍诚和曹兰珍是在青年宫摄影班认识的,两人都是摄影爱好者,从相识到相恋,一起学摄影,拍照片,在两人的婚恋中,摄影起了关键作用。汪雍诚回忆,两人平时约会时间很少,当时很多年轻人

葛世伟为妻子拍摄的照片

谈恋爱往往会去外滩的情人墙,而他们的约会则往往是一起在青年宫上摄影课,通过摄影学习既提高了摄影技术水平,又加深了感情。汪雍诚的妻子曹兰珍则是感光胶片厂的工人,对胶卷、相纸、照相机等比较熟悉,与汪雍诚的爱好也吻合,而且她觉得摄影对于年轻人来说是一种健康高雅的兴趣爱好,因此两人逐渐走到了一起。

在80年代,上海的文化娱乐设施还不多,男女青年谈恋爱一是看电影,二是逛马路,那时候的俏皮话把谈恋爱说成是"压马路""数电线杆子"。而汪雍诚和曹兰珍却把拍照片作为他们谈恋爱的一种方式,汪雍诚回忆说:"谈恋爱的时候总归也要体现一下自己的水平,所以当时就带她一起出去拍照片,到人民公园,到外滩,到苏州河,拍了以后自己再要印出来。"

当年汪雍诚拍好照片后是自己冲洗自己印放,而他家里只有两个多平方米的厨房就成了临时的暗房,厨房的窗户全用黑布遮光,一对恋人就在里面"暗箱操作"。在放照片的过程中,每冲放一张照片就需要从一个盒子里把照相纸拿出来,然后赶快再把它盖盖拢、包好,这让曹兰珍发现了汪雍诚的优点——做事仔细耐心,因而对他也逐渐产生了好感。

由于曹兰珍当年是感光材料厂的工人,厂里会有放大纸之类的照相材料边角料进行内部销售,价钱很便宜,曹兰珍就为汪雍诚的摄影爱好源源不断地提供"粮草",如今他们青年时代的影像很多都是用那种边角料印出来的。

俞佩丽和蔡钧是通过照片彼此相识的，而他们的相恋也和拍照有关。蔡钧也是一个摄影爱好者，在他的记忆里，当年要拍一次照片是很不容易的，因为条件有限，自己买不起照相机，而当时的照相馆虽然可以出租照相机，但是需要排队预约，要借到也很不容易。不过为了给女朋友拍照片，蔡钧总能想办法借到相机，而且还精打细算用足胶片，拍每一张照片时，取景、曝光、被拍者的姿态表情，他都要周密考量，拍坏一张照片是很让人心疼的。蔡钧回忆那时对胶片的精打细算："135相机的一卷胶片是36张，但是也要去算，刚刚转好（指手动卷片）马上卡牢，不能过头，稍微过头一点点，一下子按下去，快门走掉，等于浪费一张了。所以那个时候是算了又算，最后恨不得36张拍完后，再卷个半张过去也好的。"

民间摄影热的出现

70年代初，很多心灵手巧的青年人喜欢自己打家具，自己装配收音机、电视机，社会上还有一股摄影热也在悄悄形成。摄影爱好者们自己动手、自力更生，自己调配显影、定影药水，自己冲洗胶卷、放大照片，在简陋的条件下坚持着自己的爱好。摄影爱好者唐震回忆说："以前钞票少，要节约，所以样样东西都是自己弄的。红灯泡，就是用红领巾包起来，很暗的，药水之类是外面照相馆买人家用下来的，去向人家讨，后来有卖了，就这样开始自己印照片了。就拿一块玻璃，底片摆好，照相纸中间夹好，夹好以后拿一个灯泡，就是夹在床上的床灯，控制好开关，开一下，自己数，一、二、三、四，数好关掉，结果一显影显出来，太黑、太暗，那么再调整时间，就这样。"

周钟文则回忆起自己调配药水和给照片上光的情景。"那个时候还弄个天平秤，因为药水在外面买价格贵，所以自己去配点药粉，自己调，方便得很，里面大概六七种药粉，后来发现配一缸药水只要几分钱就解决了。"他介绍说，"也没有什么上光机，没有滚筒，当时的照片你要把它上光，只有放在玻璃上，先要把玻璃擦干净，然后把照片贴上去，把照片和玻璃夹层里的水去干净，让它自己干了剥落。"

1978年，公园里等待拍照的姑娘

70年代末，改革开放了，老百姓的日子越过越好，买照相机拍照成为许多人的追求。1978年，有一支外国摄影队来到上海拍摄纪录片，他们把镜头聚焦于一群正在公园里拍照的上海姑娘，照相前姑娘们都会精心化一下妆，拍照时一个姑娘戴上了精致的小草帽，她还把小草帽借给别的姑娘。当时，外国摄影队拍摄的已是彩色影片，然而那时的上海人拍照用的还是黑白胶卷，有许多人还在家自己冲印照片。

到了80年代中期，上海出现了摄影热，很多青年宫、文化馆纷纷办起了各种摄影培训班。摄影家俞颐申搞了一辈子摄影，老人从60年代起就在上海市总工会从事摄影工作，到了改革开放初期，他又在上海市青年宫举办的摄影培训班里从事教学培训，他至今还记得当年在青年宫举办摄影班的热闹景象。俞颐申认为，在"文化大革命"结束以后"拨乱反正"的时代背景下，青年需要学知识学文化，需要高雅艺术，因此那个时候青年宫每个星期办四个摄影班，包括初级班、中级班、提高班、创作班、进修班，还有一个研究班，每一堂课都有四五百人参加，活动搞得非常热闹。青年宫的摄影班在当时的上海小有名气，来参加摄影班有的还要开后门，俞颐申回忆。

在俞颐申老人的记忆里，当时很多人，尤其是青年人都成了摄影爱好者，那些年里，如果谁胸前挂一个照相机，特别是如果还有个变焦镜头，那更是神气，他就会成为别人眼里的时尚人士，可说是风光无限。摄影爱好者顾永梁也回忆道："那个时候有单反照相机的，拿出去是有面子得不得了，到一个群众性拍照片的地方，看见你拿一个单反相机，旁边的人都

80年代的摄影培训班

让你,说明你档次最高,让你先拍。"

当然,对于一个搞摄影的人来说,他最在意的还是要拍出好照片,摄影也不总是拍摄花前月下、恋人家人,他们的拍摄题材也在不断扩展,把镜头伸向了城市及社会生活的方方面面。摄影爱好者黄旭祥展示了一组自己那时拍摄的照片,并介绍说:"刚刚开始学习摄影的时候,要突出重点,比如说怎么抓学习,怎么抓生产,这些都是我们必须反映的事情。这是反映里弄青年学习小组怎么学习的。"

俞颐申老人至今还珍藏着几十本他当年拍摄的照片,其中有一些是80年代前后的照片,拍的是各个工业系统当中的青年人怎么学技术,比如搞技术革新、苦练基本功,反映了当时学技术的热潮。

卖掉妻子陪嫁的发烧友

在众多的摄影爱好者中不乏对摄影极端痴迷者,这是发生在70年代的一场家庭风波。今年已60多岁的张国钧在他年轻的时候就迷上了拍照,当年为了买一架二手的旧照相机,他想把妻子做陪嫁的缝纫机卖掉,张国钧回忆,他是1974年结婚的,结婚以后总想拍照片,搞摄影。后来他和妻子说,自己想去买台照相机到外面去赚点钱,补贴补贴家用,横讲竖讲,妻子就是不同意,毕竟缝纫机是陪嫁啊,且从当时来看,没有缝纫机的确也影响了日常生活。张国钧的妻子胡桂华回忆："他要搞摄影，没有钞票，就把我一部缝纫机卖掉了，小孩衣服不能做了，踏（缝纫机）不能踏了，以前工资很低的，去买（衣服）也没有这么多钱。"

70年代上海的青年人结婚讲究三大件，即手表、自行车和缝纫机，而照相机不在其中。因为对于当年不富裕的百姓来说，这属于奢侈品，不但买照相机要花钱，拍照片要胶卷、要冲印，这都需要钱，那时候老百姓过的是紧日子。但张国钧为了买照相机硬是把妻子做陪嫁的缝纫机卖了，为此夫妻俩差点闹起了离婚。胡桂华回忆，丈夫晚上不睡觉，整天洗胶卷、冲胶卷、放照片，自己对他根本没办法的，那个时候她就产生了离婚的念头。

俗话说，小夫妻吵架，床头打床尾和，张国钧和胡桂华夫妇当年并没有因为拍照的事把家给拆散，他们还是白头偕老，张国钧觉得两人并不是感情破裂，只是由于经济条件差，妻子才不能接受自己搞摄影的爱好。虽说张国钧卖掉了缝纫机，但为了省钱，他买进的照相机却是从"淮国旧"里淘来的。他以107元左右的价格买了一台原价120元的照相机，张国钧所说的"淮国旧"就是当年在上海很有名的淮海路国营旧货商店。"文革"初期，包括照相机在内的很多所谓"抄家物资"就在"淮国旧"销售。有了照相机，张国钧就更迷恋上了摄影，之后他省吃俭用，又买来放大机等器材，自己拍照，自己冲放。

那时候，上海人的住房非常狭小。不过巴掌大的厨房、阁楼用来洗印胶片倒是可以对付的，只要一块黑布遮挡光线，里面就是暗房了。不管夏天、冬天，张国钧就是在这样的暗房里没日没夜地冲印照片，这在当时也引起了妻子的不满。"我睡到半夜里起来了，要上厕所，看到他还在弄，问他弄好了吗，'一张，还有两张，'他说，'你管你睡好了，你怎么这么烦呢？'他这样说我就很不开心。我想你到外面去租个房子吧，待在家里，烦死了，家里摊得一塌糊涂。"胡桂华说。

从黑白到彩色

20世纪80年代以前，人们所拍摄的还是黑白照片，因为彩色照片的时代还没有到来。如今在东方航空公司宣传部工作的黄大康也是摄影爱好者，那时他在照相馆的橱窗里看到了专业技师着色的彩色照片，于是被深深地吸引住了，并去照相材料商店买了材料，开始学习着色。刚开始由于不知道颜色的渐变原理，经常把面部颜色上得和猴子屁股那样，非常难看，功夫不负有心人，黄大康一次次地试验，一遍遍地描摹着色，直到自己满意为止。

黄大康翻看着自己当年着色的彩色照片，他回忆那时为一张照片的加工着色要花上一天时间，如今我们已经生活在彩照时代、数码时代，看看当年那些加工着色的彩色照片，真是让人感慨。从80年代上海的街景和路人的打扮可以看出，走过了"文革"年代的人们对于美丽有了超乎寻常的追求，亮丽的色彩、新潮的服饰满大街都是，也就在那时，随着经济的发展，黑白照片渐渐地被彩色照片所取代了，彩色摄影的时代到来了。摄影爱好者顾永梁回忆说："到了80年代，彩色胶卷什么的已经有一部分市场供应了，但很少的，那个时候彩扩什么还比较少。因为买不起正规的彩色放大机器，那么就自己对黑白放大机进行了改造，放的彩色照片都比较小，因为价钱高，一张十二寸相纸要开成三寸的十几张。"

在很多上海人的记忆里，刚开始拍彩色照片的时候，彩色胶卷要托人去香港买，拍完后也要托人去香港洗印，再邮寄回上海。俞颐申老人记得，他所拍摄的第一卷彩色胶卷是从一个远洋轮上的海员那里得到的，于是他们一家子和两个朋友的家庭一同去上海植物园拍了他们人生中的第一张彩色照片。他回忆说："一共12张120的胶片，怎么办呢？三家人家一家拍四张。我们约好，天气比较好的时候到植物园去，大家衣服穿得整齐得不得了，到了那里，构图、拍摄什么的都很讲究，当时彩色胶卷太珍贵了，这是我们第一次拍彩色照片。"

黄旭祥是俞颐申老人摄影班的学员，当时的那个彩色胶卷就是他从远洋轮海员那里搞来的。他回忆，那是一卷柯达120的彩色胶卷。由于俞颐申老师摄影水平最高，因此就由余老师拍摄，顾永梁的经济条件比较好，就由他负责去冲洗。当时摄影圈子里还是引以为豪的，因为物以稀为贵，其他人还搞不到彩色胶卷。

汪雍诚得到的第一卷彩色胶卷是厂里的师弟从香港带回来送给他的结

20世纪80年代上海街头的富士彩色胶卷宣传海报

唐恩余摄影作品

婚礼物。他回忆说,自己是1981年结婚的,当时拍照的代价很高,所以很不舍得拍,他后来请了厂里的专职摄影师来为自己拍结婚照,这是他第一次拍彩色照片,显得尤为珍贵。

汪雍诚、曹兰珍夫妇还珍藏着一本本家庭影集,他们空闲的时候总会翻翻看看,如今已经是数码时代了,而且现在拍照片太容易了,相机、手机随便拍,不过在俞佩丽大姐的观念里,只有扩印出来夹在影集里的才算是照片、才有味道。彩色照片中的新郎新娘如今已是老夫老妻,这些老照片记录了当年他们年轻的模样,如今也唤起了他们对青春的记忆。这是一种怀念,也是一种幸福。

如今的不少老年人也是摄影的发烧友,唐恩余老人以前是学文科的,搞过财务，业余爱好也是摄影。他说，他的本职工作和业余爱好是相通的，老人觉得做财务要很精密，很细致，而照相机也是精密仪器，搞摄影也需要细致入微。唐恩余老人如今已经70多岁了，他先后经历了黑白摄影、彩色摄影和数码摄影三个时代，他从青年拍到老年，他用镜头记录、见证了一座城市的变化。可见搞摄影真的是一种很奇特的爱好，年轻时爱拍照，迷上了，上瘾了，到老还是那么爱好，那么迷恋。

"踏遍青山人未老，风景这边独好"，摄影使人生更丰富更精彩，这是很多摄影爱好者共同的感悟和心声。

从年画到年历片

上海人在过年前有掸尘、挂年画等习俗，其中年画通俗易懂，表达的都是人们对来年生活的美好祈愿。月份牌年画出现于20世纪20年代，和石库门建筑一样都是海派文化的象征，也是中国传统文化与西方艺术融合的结晶。从20世纪70年代开始一直到90年代，年画渐渐变成了挂历和年历片，特别是成套的年历片在社会上非常抢手，成了老百姓过年前争相寻觅的宝贝，也成了当年人们维系情感的新年礼物。无论是贴近生活的年画，还是精美的年历片或挂历，都表达了人们对美的追求和对美好生活的热爱。

从木版年画到月份牌年画

如今在春节里，朋友之间大多用手机拜年、发红包，而在早些年，家家户户都有挂春联、贴年画的习俗，年画上画的大部分是吉祥喜庆的场景，多以神话传说、风俗生活、人物故事为主题，为平民百姓喜闻乐见。

上海戏剧学院退休教师范和生回忆，过去过年时老百姓掸尘、打扫完卫生以后，就想把下一年的内心愿望通过选购年画来表达，也作为一种室内的装饰。上海过去有城隍庙庙会、静安寺庙会等活动，庙会上都有年画出售。

苏州桃花坞年画是江南水乡的特产，源于宋代的雕版印刷工艺，由绣像图演变而来。清代，随着桃花坞的画师南迁上海，一批制作年画的工场

小校场年画

作坊便集中在豫园西侧的旧校场一带,后来,他们画的年画被称作小校场年画。

上海开埠后,外国商人纷纷在上海开厂设店,推销商品需要做广告,刚开始,他们会随商品赠送诸如圣母像、外国贵妇人画片等,但中国人不太接受。于是,他们便请来中国的画家以中国国画的形式画广告画,从此,这种用于广告宣传的月份牌年画开始在上海兴起。月份牌上有美女、老寿星、福禄寿等图案,还会印上年份、月份。

1912年,随着中华民国的建立,政府推行使用公历,那些随商品赠送,配有中国传统年画,印有月历、节令的月份牌年画越来越受到欢迎。上海人民美术出版社原编辑部主任包于飞介绍了其中的原因:民国初年,政府推广用公历,而以前中国人是用农历的,对于公历和农历怎么样对应,有点搞不太清楚。后来外国人就想了一个办法,他们就把画片一边印上农历,另一边印上公历,画面的内容又选择了中国老百姓喜闻乐见的题材,然后随商品附送,一般老百姓正好有这种需要。由于画片既可以挂,还可以卷起来,使用方便,又可以看农历又可以看公历,因而受到欢迎,月份牌的名字也是由此而来。

月份牌年画在上海兴起后,出现了周慕桥、胡伯翔、郑曼陀、杭稚英这四位代表人物。除了广告上的功能,在美术上也有革新,郑曼陀原先在照相馆工作,他最早发明了在炭精粉的基础上罩上薄薄的水彩颜色的形式。西洋的油画、宗教画传入后,他受到启发,慢慢地在月份牌上加入了素描的形式,而月份牌成规模、流水线式的生产,则是从杭稚英开始。

在一段影像资料中,杭稚英的儿子杭鸣时正在传授一种叫作擦笔水彩

郑曼陀

杭稚英

画的技法，包于飞介绍说："擦笔水彩，就是首先要用炭精粉把一些暗部、阴影用擦笔先画好，然后在这上面再罩水彩。先用擦笔擦出来，然后再罩上颜色的话，比单纯水彩立体效果要强。"月份牌画师金梅生的儿子金培庚说："木炭粉实际上不是墨黑的，里面有点发紫的，亮的地方，木炭擦得稍微少一点，暗的地方，木炭稍微可以深一点，最后画好、加好水彩以后，一般看不到里面有一层木炭的。"

包于飞认为，把月份牌做到顶峰，做到最精致、影响最深远的是杭稚英的稚英画室。杭稚英作为月份牌年画画家中的代表人物，他善于多方面吸取新的绘画技巧，他曾经向郑曼陀等人学习水彩画和炭精擦笔水彩画的技法，又从国外商品广告中吸收其运用色彩的长处，凭借着自己的勤奋与聪慧，在20世纪20年代初，杭稚英就自立门户，专门从事商品包装、商标设计和广告业务。他的稚英画室占去了上海月份牌的半壁江山，也将月份牌这一产业推向巅峰，由此可见杭稚英的高明之处在于不拘泥于传统的形象，比较接受外来的东西。

杭稚英的稚英画室除了他自己，还有金雪尘和李慕白。年逾八旬的金聘泳老人来到山西北路与海宁路交界处的他父亲金雪尘曾经工作过的稚英画室旧址，望着眼前已是绿树成荫的街边绿地，老人的思绪仿佛回到了从前。他回忆说，父亲金雪尘是上海嘉定人，1904年出生，从小喜欢画画，在商务印书馆锻炼实习以后，绘画技术大有长进，这时候杭稚英向他发出

稚英画室

邀请，金雪尘考虑之后就进了稚英画室。

　　稚英画室订单多，因此采取了流水作业的方式，每个人都各有分工。画画的、勾线的、画人的、画背景的都各司其职。具体而言，金雪尘画背景，李慕白起稿子、画人物，杭稚英负责整体构思，由于他们的画风特别细腻，形象甜美，画中人物服装时尚，因此在上海乃至全国声名鹊起，订单纷至沓来。据范和生介绍，稚英画室使月份牌的创作达到了高峰，他们一年要画80种作品，前后一共有约1 600种作品，创作数量相当可观。

月份牌里的摩登上海

　　金培庚老人手中有两幅月份牌年画出自他父亲金梅生笔下，画中的女子身着旗袍，曼妙多姿，范和生认为，画中的旗袍式样到今天来看还是不落后的，完全是很时尚的形象，这种形象是引领潮流的。包于飞赞同这种观点："当时他们画的年画里的旗袍服装，可以说是引领当时的潮流，一会儿是长袖，一会儿是短袖，旗袍的衩开得高一点或低一点，旗袍长一点或短一点，都会影响当时的潮流。"

　　毕业于美术专业的范和生对月份牌年画喜爱有加，平日里还把相关的资料分门别类剪切粘贴，制作成册，在他的印象里，后来月份牌年画上呈现出的画面更多表现的是一幅幅大都市的摩登生活场景。自行车、电车、奢侈品、洋酒、跑马场、打高尔夫、开摩托车、旅游、划船等很多在当时很时尚的事物都被画入了月份牌里，包于飞介绍说："月份牌上的一些内容在当时是很前卫的，比方说画两个时尚的女子在打高尔夫。其实画家他们自己根本也没有亲眼看到过人家打高尔夫，只是从画报上看到有打高尔夫的形象，他就把高尔夫也画上去了，背景却是苏州的亭台楼阁，现在看起来就很好笑，这个亭台楼阁旁怎么可能打高尔夫呢？但这些给中国人开了眼界。还有穿泳装的人物形象，中国人在这方面是很保守的，月份牌上画的泳装却很开放。"

有"孤岛电影皇后"之称的陈云裳也曾出现在月份牌年画上，当年，要请这样的大明星费用很高，画家只得买她的明星照片来作画，给她画上最流行时尚的服装，当时流行的阴丹士林布的广告上，有不少就是陈云裳的形象。

除了时装美女和摩登生活，月份牌年画的题材也包含历史典故、戏曲人物，几乎是整个民国时期生

用陈云裳形象创作的月份牌

月份牌：擦笔水彩技法画的吹笛仕女（杭稚英）

活的写照。古典的形象，比如花木兰、梁红玉、仕女图，以及《西厢记》、梁山伯与祝英台的故事都曾出现在月份牌上。哈德门香烟、蔡司照相机、阿司匹林药片、中法大药房，这些舶来的商品与商家也都会通过月份牌开展宣传。

  资深媒体人谢其祥回忆，自己小时候父亲在中法药房工作，药房生产了一种药叫艾罗补脑汁，当时在上海滩上非常风靡。每当过年，父亲就会带来好几本月份牌，画面当中是一个美女，下面就是中法药房出的艾罗补脑汁的广告。除了在家里挂一张外，月份牌可以作为春节里去拜年访客的礼物，虽然是薄薄一份礼，但人们觉得月份牌可以整整用一年，一年中既能看星期、月份，还能查黄道吉日、节气，因此相当受欢迎。

  月份牌年画是上海年画史上的一个新品种，作为商业文化的衍生品，月份牌年画不仅塑造了上海时尚女性的形象，同时也反映了当时上海全新的生活方式，它独特的画风还形成了中国传统文化与西方现代设计碰撞的艺术形式。范和生认为，月份牌年画与上海石库门建筑有一点相似，都可以看作上海海派文化的象征。2011年，月份牌年画被列入上海市非物质文化遗产扩展项目名录。

新年画的时兴

  新中国建立后，老一辈月份牌画家继续以擦笔水彩年画技法，与时俱进创作了大量反映社会主义建设的新年画，深受广大劳动人民的欢迎。这种由月份牌年画演变而来的新年画在国内整整时兴了近三十年。在上海人民美术出版社的指导下，上海老一辈月份牌画家以擦笔水彩年画技法创作了大量的优秀新年画作品，并培养了一批新的年画作者，对此，从事年画编辑工作的包于飞深有感触，他回忆说："解放以后，上海人民美术出版社把当时比较有影响的如李慕白、金雪尘、金梅生、谢之光等画家一起吸收到出版社。他们不是我们的正式职工，但是上海人民美术出版社每个月给他们103元的生活补贴，103元在当时也算高工资了，创作以后，另外付350元至500元的稿费给他们。这样，基本上保证了画家的生活，使他们可以安心在家里画画,从而把这些月份牌画家团结在我们人民美术出版社的周围。"

另外,上海人民美术出版社也收一些学生、学徒、职工来做画家的学生,培养了新一批的年画家,由于有这批中坚力量的支撑,所以其可以出版很多在全国范围里最优秀的年画。

作品《女拖拉机手》出自金培庚和他父亲金梅生之手,他曾经跟随父亲在上海人民美术出版社学习,日后也成了沪上新一代的年画家。金培庚回忆,父亲到出版社去做老师,培养青年学生,他也跟进去学习。他按照父亲的技法,铅笔勾好,擦木炭,加水彩,按这样的工序创作月份牌年画。当时年画创作仍采用月份牌的技法,但不再是作为商品广告,而是一种宣传的形式了。

在当年"百花齐放,推陈出新"方针的指引下,上海年画题材逐年丰富,出现了一批着重反映新时代风貌的作品,如金梅生的《全国民族大团结》《菜绿瓜肥产量多》,李慕白的《亲密的友谊》《老鹰捉小鸡》,金雪尘的《荷花灯》《天鹅湖》,谢之光的《农村妇女新装》,杨俊生的《毛主席视察黄河》,忻礼良的《姑嫂选笔》,章育青的《月月增产年年丰收》,张碧梧的《百万雄师过长江》《生产跃进捷报》,陈飞的《五一的上海外滩》等。

金聘泳回忆说:"因为解放以后,他(父亲金雪尘)晓得要为广大人

新年画《毛主席会见劳动模范》(李慕白、金雪尘)

新年画《女拖拉机手》（金梅生、金培庚）

民服务了，所以他画的人物跟以前画月份牌的人物相比，开阔起来了，反映出的精神面貌比较突出，如工农兵形象、英雄人物、模范人物，还融合了古为今用的精神，像《武松打虎》、现代舞《春江花月夜》，都画得栩栩如生。"

新年画把时代的变化、国家的方针政策和人们的文化需求都通过年画的形式表现出来，受到了老百姓的喜爱。当时上海是全国年画的发行出版中心，年画的出版量非常大，好的年画一印就是几亿张，它的宣传覆盖面和普及程度是其他画种所达不到的。

挂历的流行年代

从20世纪80年代开始，挂历流行起来，一本挂历有好几张不同的画面，每个月都会给人带来一种新鲜感。进入90年代后，商店里的不同品种、不同内容、不同尺寸的挂历更是铺天盖地，琳琅满目。上海人追求洋气和时尚，挂历兴起后，挂传统年画的就相对少了。

上海人民美术出版社原编辑部主任包于飞介绍，当时出版社也在根据老百姓的需求变化研究挂历的选题，有些是每年都要做的常规题材，如世界风光、中国风光、香车美女等，而家庭装潢类的挂历则是由于当时人们生活改善有了装修需求，而出版的比较新颖的挂历品种。范和生说，各人的文化程度、审美情趣不同，对挂历的选择也不同，到一户人家家里，看他墙上挂着什么内容的挂历，基本就可以知道主人的审美情趣。

从年画到年历片

市民肖俊锋向《上海故事》栏目编导展示了几本不同年份的挂历,有些虽然已经不太完整,但当年在他的眼中却都是得之不易的艺术品,每当新年,他都会像其他上海人一样,把它挂在家里最醒目的地方。他回忆说,这在当时也是出于一种炫耀的心理,别人进门必然会问挂历是哪里来的。上海市静安区少年儿童图书馆党支部书记周国成回忆自己小时候,爸爸、妈妈如果拿一幅年历回来,他每次都怀着急迫的心情要打开来看,无论里面内容是电影明星还是风景,每翻一页,都会有一个新的画面出现,似乎给自己带来一种新的开始。市民孙苇珍则记得1982年她结婚时,新房只有9平方米,亲友们送的礼物除了被子、脸盆、痰盂、糖缸外,她觉得最重的礼物是一幅内容为油画的年历,结果,她就在新房里最显眼的位置挂了出来,成了新房里最吸引人眼球的东西。

当年,上海人对挂历有别样的情感,除了自己欣赏,还把它看作是一份新年的礼物。每当临近新年,到邮局寄挂历的人络绎不绝,人们把精挑细选的挂历,融入深深的思念和祝福,捎给远方的亲朋好友。谢其祥还记得,每年到了年底,他都会准备好挂历,附上贺信,寄给远方的亲人。那时还没有快递,挂历是作为包裹来投寄的,速度比较慢,一般都会寄挂号信。挂号还分单挂号、双挂号,所谓双挂号就是指对方收到东西签好字,邮递员要反馈给寄件人。当时挂历可以算是一件贵重的礼物,因此寄送时在包装上都非常小心,肖俊锋回忆:"那时候寄挂历,不

80年代末的各种挂历

是马马虎虎寄的，要专门想办法，找两个圆的硬板纸纸筒包好挂历，生怕被压坏，包装十分当心。实在不行，弄两块三夹板钉起来，把挂历夹在中间，因为挂历对我来讲是我的心意，对人家来讲是很珍贵的一份礼物。"

通过挂历的交流，可以加深亲人和朋友间的情谊，也能拉近人与人之间的距离。1969年在吉林延边插队落户的孙苇珍记得，当年的一本挂历还给当地一对新婚夫妻带来了意外的惊喜，孙苇珍回忆说："我插队落户住在一户朝鲜族家里，1974年回沪探亲，这家人家家里的阿玛尼，她女儿当年7月份要结婚，她对我说：'小孙，你无论如何要赶回来，我女儿结婚。'我答应她了。回到上海，时间一晃而过，7月份要到了，我6月份就要回去了，我在想送什么礼给她。那时候，我正好到一个亲戚家去玩，看到了一本明星的挂历，结果我就拿了这一本挂历回去了。回去后，他们新房间已经都布置好了，看我把这本年历送给她，她把正面的这一堵墙全部重弄，把我这本年历的十二张全部糊墙了。当地老乡你也来看，我也来看，他们没有看到过年历，纷纷赞叹怎么怎么好看。后来他们就讲，哎哟，上海小孩是有良心的。一个村庄的人都来看，我也当随一份礼，其他礼也就不送了。这件事情给我留下蛮深的印象，实际上这时候已经7月份了，半年已经过掉了。"

这些制作精良的挂历，除了可以看日期、用于装饰居家，上海人还懂得节约资源，废物利用，把隔年的挂历用来糊墙、包书，还用它垫在柜子里当垫纸用。周国成记得，当时对于撕下来的月历，肯定是撕得很整齐保存起来的，可以包书，可以当垫纸，可以装饰家居，不会随随便便扔掉的，包书的时候，也会把挂历最主要的画面包在封面上。

精美又成套的年历片

20世纪70年代，一种成套的年历片开始流行，这些题材丰富多样、图案不断出新的小小卡片，大多作为外贸单位对外交流的礼品，只在内部发行，不在市场上出售，这样，更使得年历片成了炙手可热的抢手货。据资深媒体人谢其祥介绍，当时印制年历片的单位主要有土畜产进出口公司、纺织品进出口公司、茶叶进出口公司以及中波轮船公司等，这些公司有实力，为了广告宣传，印了很多年历片。本来是外贸和输出中国文化的需要，但一部分流到了国内以后，受到人们的欢迎和喜爱。印制生产工艺也从平面印刷，发展到烫金、凹凸版，乃至于出现了立体的、能播放音乐的年历片。

在年历片流行的年代，题材不单涉及山水风光、工艺美术，还有影视明星、花卉、体育等，反映着时代面貌和社会风尚。那时候的年历片一般都成套成系列发行，如果手中的一套年历片少了一张，总会觉得很遗憾。于是，人们就会想尽办法去找人交换，收藏爱好者张荐茗记得，淮海中路近思南路的一个小花园就是当年市民交换年历片的地方。

年历片不同于年画、挂历，只能挂在墙上观赏，它可以放在皮夹里，也可以压在桌子的玻璃台板下，方便随时查看日期。谢其祥回忆说，皮夹子里会象征性地放几张精品，炫耀一下，至于餐桌的玻璃下面也不敢多放，因为饭菜的潮气下去会把它粘在玻璃上，损坏年历片的画面，所以一般都把年历片放在床头柜的玻璃下面，或是放在照相簿里。周国成回忆，过年前家里要打扫干净，整理玻璃台板下的年历片也是很重要的一件事情，年历片要摆得整整齐齐。

年历片在上海流行的时候，一些偏远的农村对它还闻所未闻，在那里年历片更是一件稀罕的物品。当年在吉林延边插队落户的周培兴没有想到，一张小小的年历片居然改变了他的人生轨迹。

年历片

他回忆说:"有一年我回上海探亲,偶然发现了年历片,做工这么精致,这么漂亮,我非常喜欢,就问我弟弟要了一张,带回延边农村去了,年历片的图案我记得是南京长江大桥。"他把年历片送给了生产队长,又主动申请出民工修大桥,由于干活卖力,社员群众对他的印象分大大提高。他发现贫下中农和社员都喜欢年历片,于是就从上海多弄了一些带去送人,成了人际关系的润滑剂。后来他当了民兵排长,又被推荐去读书,成为工农兵学员,又在当地考上了高级会计师,评上了高级职称,后来作为上海紧缺高级人才被调进上海,他觉得在这当中年历片起了很大的帮助作用。

改革开放之后,物资供应逐渐满足了人们的需求,人们对文化生活有了更高的追求,由此造就了挂历和年历片在上海的流行。如今,翻看这些过去的年画、挂历和年历片就像翻看着我们这座城市发展的历史,就像翻看记忆里的每个新年。

M50：艺术在这里聚集

M50莫干山路创意园位于上海市普陀区苏州河的南岸，这里汇聚了从20世纪30年代到90年代风情各异的老厂房。艺术家薛松和丁乙是最早在莫干山路50号建立工作室的元老，他们将工作室搬到这里的原因是因为这里不仅空间大、离家近，而且租金便宜，甚至有一个叫劳伦斯的瑞士人也把他的香格纳画廊搬进了M50创意园区。曾经的一片老厂房渐渐地变成了一片soho艺术产业园，有人把M50戏称为上海的"塞纳河左岸"，因为这里是艺术和艺术家们聚集的好地方。

老牌纺织企业寻求新发展

在苏州河畔坐落着50余幢老工业建筑，那些曾经无人问津、破旧不堪的老厂房、老仓库，怎么会成了上海时尚新地标呢？在其华丽转身的背后究竟隐藏着怎样的风情？又是谁慧眼独具地创造了这个奇迹？

M50的转型是上海城市改造中的神来之笔，短短几年间那些废弃的工厂、仓库华丽转身，成为很有影响力的创意产业聚集区。2004年，美国《时代》周刊以"上海时尚地标"为题报道了莫干山路50号，将它和东方明珠、金茂大厦并列为"推荐参观之地"。

莫干山路50号，原为近代徽商代表人物之一周氏的家族企业——信和纱厂，后来更名为上海第十二毛纺织厂、上海春明粗纺厂。因为紧挨着苏州河，又毗邻上海火车货运站，非常适合货物的水上和陆上运输，后来莫干山路两侧也很快发展成为以苏州河和黄浦江为轴线的上海工业生产带中民族工业最为集中、规模最大的一处工厂区。金伟东是20世纪90年代进厂的老员工，后来还担任了上海纺织时尚产业发展有限公司市场拓展部的总经理，他对工厂的历史至今铭记在心。金伟东介绍说："工厂开创了协作生产的模式，这在中国民族纺织企业中是比较早的，它曾经是上海最早一批发行股票的工业类企业。新中国成立之后，也是第一批公私合营企业。"

一个有七八十年历史的纺织老厂是如何变身成为很有影响力的创意产业聚集区的呢？那还要从20世纪90年代说起，当时中国正处在由计划经济向市场经济转型的过渡时期，由于产品积压、企业亏损，上海开始产业结构大调整，以实现工业城市向金融、贸易与服务业为主的城市转型的战略目标。在这同时，上海又吹响了综合治理苏州河污染的进军号，苏州河沿岸几百家工厂开始关、停、并、转。由于污染问题，春明粗纺厂已经不适合在市区内再生产下去了，加上企业本身也不景气，越生产越亏损，当时的春明粗纺厂已负债8 000万元，1 200多名员工下岗。短短一个月内，沸沸扬扬的厂房突然沉寂下来，全厂只剩下30多人，主要负责看管厂区里的固定资产，并负责老机器的销售。如今是上海M50文化创意产业发展有限公司行政部经理的管李兴，当时也是留下来的员工之一，他对那时企业的困境记忆犹新："厂也关停了，该卖的设备卖得也差不多了，不值多少钱，每个月等待报销的退休工人实在太多了，真是入不敷出。"

莫干山路50号老照片

M50：艺术在这里聚集

改造前的老厂房

　　进入90年代，整个上海的纺织行业都处在困难时期，春明粗纺厂作为一个传统企业也处在调整过程中，无法获得更多的经济支持，必须靠自己的"造血功能"。金伟东当年是房产经营部的经理，负责工厂停产后的招商工作。为了找到合适的项目，他和同事们跑遍了上海，想到过搞电子加工业、服装业，也想到过做印刷业或高科技行业，但最终他们发现这些企业其实都不适合入驻市中心的老厂房，也不适合都市工业的未来趋势。当时，园区里已经有100多家各种类型的小企业，如何安置它们让金伟东犯了难，而此时他又听说这一地块可能要进行新一轮的开发，这让他更加一筹莫展。

　　这片占地面积30多亩，拥有自20世纪30年代以来各个历史时期四万多平方米的工业建筑厂房到底该何去何从？正当金伟东他们为园区招商忧心忡忡时，艺术家薛松突然来到了园区办公室，他带来一个消息：西苏州河路的仓库要拆了，画家们在另寻工作室，他的经济代理人劳伦斯也想在附近给画廊找个新址。

突如其来的惊喜与波折

　　劳伦斯是瑞士人，他的香格纳画廊是上海第一家当代艺术画廊，与他签约的薛松、张恩利、丁乙等人都曾征战过巴塞尔和威尼斯等世界顶级艺术展，在上海颇具影响。苏州河两岸原来有不少旧厂房出租，很多艺术家在那里建立了自己的工作室，可没过多久房地产开发兴起，他们不得不再找房子。

当时薛松带着劳伦斯等人来考察这片园区，一走进莫干山路50号，薛松看到的是一楼破败的厂区和一些小型的印刷厂、服装厂、小作坊等，而厂区的二楼都已经搬空了，让他印象最深的是，整个园区就只有两个公共厕所，甚至还有老鼠出没，环境极其脏乱。但就是这样的园区，却让劳伦斯觉得很满意，他看中了厂里的锅炉房，劳伦斯觉得这个园区有比较丰富的工业资源，很多空间都是不一样的，要是艺术家们把工作室搬到这里来，每个人都可以找到自己心仪的一个地方。比如有的人会钟意有锅炉的房间，有的人会倾向楼上看得到风景的房间，还有的人喜欢安静，可以选择较偏一点的空间。随同劳伦斯一起来的丁乙也很满意这里，他觉得这样的空间会让艺术家感到很自由自在，张恩利对此也十分赞同，他说："任何一个人都渴望有一个比较大的工作室，这样在里面画画会很舒适，这里的建筑特点特别适合于做工作室，它又有一点工业的痕迹，有怀旧感。"在考察房子的过程中，这些艺术家告诉金伟东，上海作为一个国际化的大都市，当经济发展到一定高度的时候，文化的核心价值就会需要一个非常好的呈现，就是这句话，深深触动了金伟东。

劳伦斯看中了锅炉房，并付了订金，说好一个月后来签合同。一个月时间很快到了，劳伦斯却没有来，又过了几天，劳伦斯给金伟东打来电话，说房子有可能不租了。那天正好是金伟东的生日，他想做点好吃的，当时全家正在大卖场购物，接到电话后，金伟东一下子呆住了，赶忙跑到广场上给劳伦斯回拨电话，问他为什么不签约了。原来是劳伦斯听说这个园区过两年也要动迁，而且锅炉房的改造费很厉害，他有些犹豫了。接下来的一个小时，金伟东一直徘徊在广场上，给手机里所有能找到号码的艺术家打电话，询问有没有挽回的可能，金伟东说："我记得我在广场上站了快一个小时，脑子里一片空白，因为当时劳伦斯他们要的是没有一个人愿意租的房子，哪怕是我们当时引进的小工厂也不愿意租这里。我们的租金政策是租一年免一年，只要能帮我改造，你就来租。"

那时厂区被上级部门定位为"都市型工业园区"，目标客户是电子加

薛松工作室

工厂,但在金伟东眼里,这些艺术家却更具吸引力。之前的一些尝试使他发现,粗纺厂的厂房条件、供电能力根本无法应付大部分电子加工厂的生产需求,倒是艺术家们易于管理、很少消耗能源。他意识到,这批人会共同进退,只要争取到劳伦斯,就意味着别的艺术家也会跟着进来。说起这段插曲,劳伦斯也有点感怀,他说:"我们喜欢长期在这个地方,当时他们不知道第二年园区可能会拆掉,虽然我们都比较喜欢这个锅炉房,但就为了一年的合同来装修锅炉房我们也不敢,这有点像赌博。"金伟东从艺术家朋友那里了解了劳伦斯犹豫的理由,马上给劳伦斯回了个电话,做了三个表态,他回忆说:"我记得当时我讲了这么几句话,我代表厂方感谢你带了那么多朋友来看房子,我们非常欢迎你来,如果你最后决定还是不来的话,我们把订金退给你,交个朋友。至于拆与不拆,我们也做不了决定,如果拆,我第一个辞职。当时劳伦斯请了他的一个非常好的建筑师朋友来做过改造规划,整个预算大概要花40多万元,他觉得这笔费用太高。我说,你把图纸拿来,我请我们的工程队重新做一次测算,尽量把费用降下来。"

金伟东的这个电话最终保全了莫干山路50号,第二天,劳伦斯就来到金伟东的办公室,当场签了合同。很快,丁乙、张恩利、周铁海、陈墙等艺术家也跟着搬了进来。丁乙借了精工车间,当时他周围的"邻居"有印塑料袋的,有做铝合金门窗的,还有做物流的等等,但后来随着艺术家越来越多后,这里就变成了艺术园区。薛松是最早在莫干山路50号建立工作室的艺术家之一,最初他把工作室搬到这里是因为这里不仅离家近,

涂鸦墙

而且租金便宜。如今,莫干山路50号能有这么大的发展,是薛松意想不到的。

始于涂鸦,兴于艺术

艺术的聚集需要天时地利,更离不开人和。艺术家来了以后,在M50的边上,一条街道的墙壁出现了他们的街头涂鸦,涂鸦的水平还相当高。以前人们只能从电视上看到国外才有的涂鸦进来了,由于人们对它的看法不同,使涂鸦墙经历了一波三折。M50总经理王艺至今记忆深刻,她说:"涂鸦墙其实也是个自发的过程,它并不是我们组织了人去画的,那个墙其实是隔壁一块空地的围墙,在画的时候,城管还跟这群作画的年轻人起过冲突。他们画,城管在后面涂。对于城管来说,他有这样的责任去维护墙面的干净,因为当时他们把这种行为看成是一种乱涂乱画。"

涂鸦最早起源于美国,现代的涂鸦已经变成了一种文化、一种生活,简单的色块和造型可以是人性的,也可以没有任何含义,然而要引人瞩目、要夸张,让人惊叹。有的时候,涂鸦是艺术家的一种潜意识,或者说是人的一种原生态,随便涂抹的东西,看了让人突然感到悸动,就像听到一个声音后突然被惊醒。在M50创意园隔壁的这一块空地上,形成了600米长的涂鸦长廊。2011年,这里要动工了,这段墙要被敲掉了,忽然间出现了很多来拍照的市民,大家对这些涂鸦表现出了异乎寻常的喜欢。

有人说，艺术和垃圾只差一步。随着苏州河的综合治理，原来臭气冲天的苏州河变得河清岸绿，吸引了各方人士到苏州河畔来居住，而此时有关部门居然想到了涂鸦艺术，这让王艺感到很欣喜。城管主动找到他们说，苏州河清淤工程基本结束了，两岸会需要一些景观，能不能用涂鸦的形式来提升下两岸的文化品位。艺术的魅力也好，市场的需要也罢，人们对艺术的热情似乎前所未见，而那时的上海艺术生态，星星之火还未燎原，艺术群落发展的空间潜力仍然需要挖掘。

文化发展是上海城市发展的一个方向，就在这时，金伟东他们决定及时转变发展思路，把原来引入园区的制造企业全部搬迁，全面引入艺术行业。理念的更新，使艺术的聚集更上一层楼。2004年建筑设计专家、德默营造建筑事务所总建筑师陈旭东从国外回国，在莫干山路50号找到了宽敞的厂房空间和独特的艺术氛围，于是他把自己的事务所设在了这里，探索建筑新美学的可能。他认为建筑设计是创造性的工作，经常要和各种各样的创意人士进行交流，这里有这样的资源，大家能相互激励、交流，给创作工作带来启发和灵感。

从20世纪90年代到新千年，文化被重新激活，过去属于边缘地带的艺术，突然变成了一个中心，苏州河沿岸出现了很多艺术仓库，这种艺术的全新汇聚形式，让艺术的发展越发蓬勃。上海一起设计（Design Together）创始人、艺术家侯正光从国外回来后想要开个设计公司，为此他去过北京，也到过深圳，从北到南溜达了一圈，正好他有几位艺术家朋友在这儿，他们向侯正光推荐了这个艺术园区，于是他把公司也设在了莫干山路50号。此后，金伟东等人已经彻底抛开了把工厂区定型为"都市型工业"的想法，他们明确意识到：这个地方生存下去的唯一可能，只有经营艺术。在这里，工业遗产被文化产业进行重新消化和定义，焕发了新的生机。

艺术在这里汇聚

莫干山路50号成了创意产业园，那些老厂房的痕迹还在，但鳞次栉比的画廊、书店、设计室却已经让这里平添了很多艺术气息。2005年，上

M50创意产业园

海市经委正式将莫干山路50号挂牌为上海创意产业聚集区，命名为M50创意园。

随着M50创意园的发展，入驻园区的中外艺术家越来越多，艺术的门类也越来越广，除了画廊、平面设计、建筑设计外，还有影视制作、环境艺术设计、艺术品（首饰）设计等各类文化创意行业的加盟，国内外艺术家和创意设计领军人物的加入营造了苏州河沿岸浓厚的文化气息。一进园区，大家都会感受到这里的艺术创造能量。2005年，创意园成功地举办了上海国际服装文化节、时尚之夜以及Creative M50、宝马车展等一系列时尚活动，如今，M50创意园已成为苏州河畔一道独特的人文景观。

2014年9月的一天，上海莫干山路50号，523艺术空间"人人都是艺术家"培训班的又一批学员毕业了。自开班以来，培训班已吸引了数以百计的退休职工、家庭主妇、公益人士、企业高管、学者甚至外国人参与体验，艺术总监林正碌正在用油画教学法，让平民百姓也有机会参与到油画创作中来。林正碌在教学中不做示范，不讲调色，不教技法，鼓励每个学员一上手便大胆独立实践，寻找其中不变的、恒定的科学规律，在这里，任何人都可以来学，而且523艺术空间开展的是公益教学，不收任何学费。

林正碌是位哲学家，他的绘画正如他的哲学著作《数性宇宙论》一样奇异独特。2008年，他用30个小时画了一件静物，由此无师自通，后来他成了艺术家，林正碌觉得能让形形色色的人们都能够快速地感受艺术的魅力、创造力，而且能够有效去践行艺术，是很有幸福感的一件事。艺是生活中不可缺少的精神食粮。但没有真正的粮食，他们又如何生存呢？523艺术空间除了教学员绘画，它还是一个画廊，通过举办展览，学员们的这些独一无二的作品，也会吸引一些收藏家或者艺术爱好者前来购买，所得的收入按照国际惯例百分之五十给学员，剩下的还可以弥补艺术空间运营资金上的不足。

薛松是最早在莫干山路50号建立工作室的，1985年，他从安徽老家考到上海戏剧学院舞台美术系，毕业以后在歌剧院工作了十年，1998年开始成为自由职业画家。1990年，歌剧院小剧场宿舍里发生了一场大火，薛松目睹了火灾现场，后来，他从火灾现场捡了很多东西，有乐谱、烧坏的手帕和灰烬等，他拿到工作室开始实验。慢慢地，薛松用印刷品焚烧后的碎片，拼贴组成大量的作品，在花样不断翻新的当代艺术中，展现了非同一般的个人风格和语言方式，为观众提供了新的视觉图像和视觉气息。薛松觉得，通过这种方式，通过创造、破坏、重建，他把个人的压力都释放出来了，能够表达出纯粹靠绘画所表达不出的内容。

张恩利也是十多年前在莫干山路50号建立了一个自己的工作室，尽管那时他还在大学执教，却已经是一位职业艺术家，每天他都很有规律地把许多时间花在绘画创作上。他特别推崇杜尚和塞尚，因为他们对于整个艺术界的影响是特别大的，他说："他们实际上改变了某种思维方式，这一价值远远大于他的绘画本身，他让人改变了某种思维方式，实际上就是他的思想影响了你。"人们认为严谨的艺术家产量都很低，这偶尔也不适用，张恩利一年能画四五十张作品，巨大尺幅的一年也能有十来张，除了不在工作室的时候之外，他平均每周创作一张画，速度是很快的。因为他觉得有了展览，创作的动力就会很强。

这里不仅是艺术家聚集，灵感闪烁出创意的地方，同时也是艺术走向民间、进行普及和传播的课堂。王艺介绍说，M50每年都会定期举办艺术家作品展，主要做当代艺术，起先周边的居民普遍反映说看不懂画的意思，后来他们便让画廊工作人员来讲解，使艺术家和普通观众的距离更近了。如今M50创意园还吸引了包括英国、法国、意大利、瑞士、以色列、加拿大、挪威等17个国家和地区以及来自国内十多个省市的130多位艺术家，开设了众多的创意设计机构。

M50多样化的功能

上海的画廊行业走过了近20年的发展历程，90年代中期以后，上海经济飞速发展，对外也越来越开放，许多国内外资本进入上海，创办画廊。在整个艺术品市场中，画廊是连接艺术家和鉴赏者、收藏者的关键纽带。劳伦斯的香格纳画廊就是当代艺术圈里的一块老牌子，在最初着手推动中国当代艺术发展之时，香格纳画廊凭借境外关系多次参与一些大型国际美术展览，如巴赛尔艺术博览会以及在巴黎的艺术博览会，这让M50创意园在国际上也渐渐有了自己的影响力，可以说创意园是先在国外出名，然后再把名声传入国内的。

丁伟也是M50创意园的元老，2002年，他的木马工业设计公司成立，过去十年间，他为1 000多家企业提供设计服务，其中包括50多家世界五百强客户。2014年3月18日联合国教科文组织"新锐设计奖"举行颁奖典礼，丁伟获得"创意新锐大奖"，企业也进入了全球创意十强行列。M50里汇聚了建筑、家具、创意等行业，这让丁伟获益匪浅，他说："我们说产业要抓微笑曲线的两端，一端是研发，一端是销售服务，园区非常好地去容纳创业力量，它有一个内在循环，在这里汲取创意，也为产业贡献了很多的创意。"

M50创意园里有一个家具设计展示厅，很多产品都打破了传统家具一

香格纳画廊

物一用的模式，设计师结合现代生活需要，赋予了家具多重功能。设计师侯正光强调，他不是在炫耀一种家具能产生多少变化，而是想通过互动使消费者产生心理上的亲近感，侯正光说："文化创意产业园区的蓬勃发展打破了过去的产业结构及发展模式，对以创新为主的产业提供了丰厚的土壤。这里经常有画展等各类活动，在上个厕所的时间里，你都可以看个画展，这太方便了，所以我觉得这里挺棒的。有小小的地缘优势，这对于我们这样的设计公司是一种得天独厚的帮助。"

在短短几年里，莫干山路50号不断地有画廊、设计公司、艺术机构和艺术家迁入，形成了上海最具规模并兼具艺术质量的当代艺术社区，但园区也曾面临被拆除的危险，后来经过一系列努力使不拆暂时成为可能之后，M50创意园对园区进行了整体改造。从2005年初开始，针对M50创意园如何进行现状更新，作为探索建筑美学的设计师陈旭东与业主、用户和公众进行了大量互动式讨论，最终与业主、社区代表共同确定了总体改造的纲要，以确保在转型和改造的过程中，妥善地延续原有的区域特征，并完整地保护工业建筑风貌，这使整个改造过程变得具有可持续性和灵活性。与此同时，M50创意园的管理层对于M50的品牌建设提出了创新思路，他们希望以M50创意园为基础，充分利用园区资源聚集的能力和汇集起来的资源，将M50放到一个更高的层面，将其打造成一个以"艺术、创意、生活"为核心价值的品牌。

近些年来，M50创意园的成功为上海城区改造开发创造了一类新热点，一时间上海大大小小的创意产业园如雨后春笋般冒出来，纷纷瞄准软件、动漫、建筑、会展、广告等时髦领域大做文章。有M50创意园的珠玉在前，一些艺术家试图重走薛松、丁乙等人最初发现莫干山路50号时的拓荒之路，自动聚集到一些乏人问津的老旧工厂仓库中，但却再也没能发展出可与M50相媲美的文化创意园区。如今各类艺术展览和商业活动随着艺术仓库的兴起而变得愈发活跃，上海M50创意园是上海城市改造过程中自然形成的具有创新意义的文化标杆，它体现了海派文化的包容性和宽泛性，也为上海这座城市和老百姓的时尚生活注入了新的文化内涵。

淘书乐，乐淘书

从20世纪八九十年代至今，每周日早上逛文庙是许多上海书迷的一种爱好。在文庙书市里，书迷们总能找到梦寐以求的、苦无觅处的古旧图书，也能发现各种心仪的期刊、报纸、连环画等，文庙书市像一道城市的风景线，那些人们喜欢的书、丢失的书、破相的书、绝版的书……在被人重新拾起的那一刻，时间仿佛凝固了，空气中书香氤氲。30多年来，文庙书市成了上海书迷的一个淘书乐园，有的人结成了书友，有的人遇到了文化名家，还有的人从书迷变成了书店老板……

文庙书市的雏形

在上海除了有淮海路、南京路、四川路等闻名全国的商业街外，还有一条窄窄的文庙路曾经名声在外，文庙路上不仅有祭拜至圣先师孔子的上海文庙，还有上海广大书迷特别喜欢的文庙书市。每逢星期天，文庙内的广场上众多爱书人士便从四面八方聚集到这儿，人人聚精会神地驻足于各个简陋的书摊前，选购心仪的精神食粮。

文庙书市位于上海老城厢的西南面，30多年来，它已被上海广大书迷们誉为"沪上淘书乐园"。文庙大成殿内的孔夫子，默默地注视着2 000多年后人头攒动的淘书人群，见证了书市的兴起。对于原上海南市区文化馆馆长顾延培老先生来说，文庙的书市好像是他一手带大的孩子，因为他亲历了书市的诞生和成长，顾延培说："80年代初，我们想搞一个全市的图书

淘书乐，乐淘书

文庙大成殿前的孔夫子像

展销会，让全市各区的新华书店都在大神殿以及东福殿、西福殿内设摊。"

图书展销会可以看作是文庙书市的雏形，它的兴起是与20世纪80年代的读书热紧密相关的。刚刚冲破文化坚冰的国人对书有着淳朴的渴求，一阵如饥似渴的阅读狂潮席卷全国，新华书店、图书馆每天人头攒动，尽管新书一本接着一本地出版上架，但很多书依然脱销。当时马路上，特别是老城厢的大街小巷上大大小小的书摊很多，这给了顾延培和他的同事们一些启示，他们想到，是不是可以把书摊请进来，特别是在礼拜天把书摊请进文庙，让大家互通有无？于是由顾延培牵头，当时的南市区文化馆邀请出版、公安、工商、文化等各方以及社会知名人士座谈，征求他们对举办旧书集市的意见，得到了一致赞许。1986年"上海文庙旧书集市"正式开张，每周日开放，书迷得知这个消息，纷纷奔走相告，书贩、书友从四面八方汇集到文庙前面狭小的街道上，通宵等待开门的那一刻。

让顾延培万万没有想到的是，旧书集市居然受到了前所未有的欢迎，开业第一天，空前的盛况让组织者差点招架不住，顾延培说："没有想到书市会火得不得了，两扇大门一下子倒下来，人拦都拦不住了，只好提前半个小时开放。"那时的文庙，里里外外都是书，真的是书的海洋，这把书迷们高兴坏了。"书籍是在时代波涛中航行的思想之船，它小心翼翼地把珍贵的货物运送给一代又一代。"从那以后，每逢星期日七点刚过，就有大批书贩聚集在棂星门前，排队抢租摊位，一边等开门，一边扎堆交换着行情。文庙大成殿广场上，人山人海，读书人赶集似的汇聚而来，一千多平方米的场地中央，摆满了一排排书铺，两侧廊坊也被充分利用起来，铺天盖地地堆满了书。

所以很不方便

1986年,文庙旧书集市开张

读书人赶集似地汇聚而来

读者在旧书集市上淘书

那些年,我们与文庙结缘

自1986年起,一周一次的文庙旧书集市成了上海最重要的旧书集散中心,曾一度占据上海书刊批发市场将近九成的份额,沿着棂星门进入文庙,一个疯狂淘书的故事在此上演。

那时候的文庙是爱书人口中的"鬼市",这并不是说文庙那里闹鬼或者有什么荒诞离奇的事情,而是因为一来好多摊主怕去晚了找不到好位置,就会半夜三更来抢占地盘,二来有些淘书客为了淘到好货,半夜就会出动来赶早下手,他们或借着路灯微弱的光,或是打着手电筒,更有甚者还会头顶着矿工照明灯,于是"鬼市"的说法也就叫开了。"鬼市"里的淘书人个个如狼似虎,书从麻袋里倾倒出来的那一刻,他们的眼里喷着火,与其说是淘书,毋宁说是抢书。

当时,收藏家冯建忠的家住在浦东南码头一带,在公共交通十分不便的年代,淘书可是件辛苦活儿。每到星期天,冯建忠都会起个大早,摸黑赶到文庙,在那里守上四五个小时,只要能淘到一件像样的宝贝,他都会开心好几天。说起疯狂淘书的往事,冯建忠仍历历在目:"当时凌晨一两点钟文庙门口已经有书市了,我就调好闹钟,带上白开水,最晚清晨四点一刻要乘摆渡船的,过了江,交通也不方便,还要走上二十多分钟的路,那里早就人山人海了。"就是在这样的条件下,冯建忠对于去文庙淘书依旧乐此不疲。有一次,他遇到一个老先生在出售一整套的《人民警察》杂志,起初老先生并不愿意把一整套的杂志拆分来卖,但架不住冯建忠的软磨硬泡和爱书的诚心,老先生终于把一本《人民警察》创刊号卖给了他。如今这本创刊号被评定为国家一级文物,也是在这样的机缘下,冯建忠开始有意识地收集起各种创刊号。

功夫不负有心人,几十年如一日的坚持,当年囊中羞涩的书友冯建忠今天已经成为著名的期刊创刊号的收藏家,被上海收藏界、新闻界誉为"期刊创刊号收藏大王"。现在被认定为国家一级文物的书刊,在冯建忠手里的就有二三十件,他收藏的最早的杂志是光绪十八年(1892)的,还有《东亚报》《清议报》《民报》《新青年》等的创刊号。经过20多年的苦苦寻觅,冯建忠至今共收藏了我国不同历史时期及美、日等海外几十个国家的各种杂志创刊号10 053种,其中解放前创刊号2 000多种,其中有许多珍品、孤品,填补了我国收藏界的一项项空白。他举办了一场场的公益展览,其中大部分藏品来自文庙书市,冯建忠说:

冯建忠收藏的《解放日报》创刊号

"上海在解放的第二天就发行了《解放日报》的创刊号,特别珍贵,这份创刊号是1990年我在文庙一个姓李的先生那里淘来的,当时也不算太贵,大概三百多块。"

到了80年代末90年代初,文庙书市已经初具规模。那时,上海及江浙一带周边地区的市政建设不断发展,许多居民开始动迁,致使家藏的旧书源源不断流向旧书市场,每逢周日,文庙旧书市场都会聚集来自上海及江浙等地的近两百家书商和五六千名书友,卖书、淘书、读书,热闹不已。起初,杨传发还是一个"上班族",每天下午抽时间去南昌路、淮海路一带收集好书,到了星期天就攒下十几麻袋的书,挑去文庙卖,直到今天他仍然在文庙摆摊。一路走来,杨传发见证了书市从兴起到繁盛的过程。因为能找到好的货源,杨传发的生意越做越大,很快成了文庙书市的一块招牌,甚至还包下了大殿屋檐下的三个摊位。只要他的摊位一铺开,许多熟客就去他那里成捆成捆地抢书,往往不到一个上午,他的书就全部卖完了。有一次杨传发起晚了,他以为那个星期天的生意不会太好,但让他没想到的是,熟客们竟在文庙等待着他。

和杨传发不同,陈钢伟一开始并不是做旧书生意的,而是一个不折不扣的连环画迷。很早他就开始收藏连环画,但是苦于没有好的途径,为凑齐一套书,他经常蹲点新华书店,那时候,地摊、旧书店、废品站都是他的"淘宝胜地"。一次偶然的机会,他听人介绍了文庙,抱着试一试的心态来到了书市,并且就在这里,遇上了"心头好"。他说:"刚兴起收藏连环画的时候,我们很少能看到60年代的版本,但是第一次到文庙,我就被一本《十五贯》吸引住了,当时要三十块钱,蛮贵的。"又惊又喜的陈

连环画《十五贯》

钢伟毫不犹豫地掏钱买下了这本书，从那以后，他成了文庙的常客，书市也回馈给他极大的收获。当时，陈钢伟在收集贺友直的《山乡巨变》，这是三本一套的宣纸本，他的手上有前两册，却一直苦于找不到第三册，结果在文庙，他从一个老先生的手里心满意足又毫不犹豫地以高价买到了第三册。渐渐地，文庙书市取代了陈钢伟之前"淘宝"的那些地方，他收藏了很多的连环画，还萌生了开一个连环画专卖店的想法，1998年，他的这个梦想终于实现了。

文庙上演的那些惊喜

星期日早上七点半，陈钢伟照例带着几大箱旧书来到文庙，在这里，他已经摆了20多年的书摊，和远远近近的书友都结成了朋友。陈钢伟从书迷变成了书摊老板，他的"小人书屋"开张以后，很快成为上海第一家连环画专卖店，生意远比他预想的火爆，一个月就能卖出几千册。藏书多、人品好，陈钢伟积累了不少"回头客"，还常有外地的爱书人专程来上海找他淘书。

文庙，无论处在何时何地，总是文人荟萃之地，它带给读书人太多的惊喜。文庙旧书市场作为正规书市的补充，在20世纪八九十年代，满足了人们对各种书本知识的需求。那个时候的文庙书市异军突起，与北京的潘家园书市南北呼应，是华东地区最重要也最有名气的旧书集散地，越来越多的读者把文庙书市当作一场阅读的盛宴，一次属于老百姓的文化节庆。

赵斌是公交公司的机械维修工，20多年来，他每个星期日都会风雨无阻地来到文庙淘书。书友都明白，去旧书市场，是淘，不是买，有时候满载而归，有时候又一无所获，淘书的乐趣不光在书本身，书籍之外，还有意外的发现。书市的火爆，吸引了不少名家名人，对于像赵斌这样的书友来说，与作家、明星在书市上不期而遇是经常的事，运气好的话，甚至还会碰到自己的偶像。赵斌就碰到过滑稽演员王汝刚，当时王汝刚带着儿子来找《三国演义》连环画，被书迷们认出时，他还对着书迷展现了他的标

文庙旧书集市上的书迷

志性笑容。赵斌还遇到过著名武侠小说作家温瑞安,他看过温瑞安的武侠小说《四大名捕》,书中的故事情节让赵斌感到意犹未尽,当他遇到温瑞安时,便毫不犹豫地请温瑞安签名。让赵斌没想到的是,温瑞安不仅写上了赵斌的名字,还附上了一句留言,那温润的话语以及谦恭有礼的样子,时至今日还深深地印刻在他的心上。

在上海文庙书市里,所有的人都在寻寻觅觅,这里经常会遇到出版社清理库存,很多人几年前舍不得下手买的好书,在这里基本可以用三折的价位买下,甚至有些地方出版社库存太久的大部头名著,最终也有可能流入这个市场,定价将近2 000元的书籍,在这里500元就可以买到。当然,这种书一旦出现,一下子就会被抢空了,所以要抢到心仪的书籍,除了练就一双"火眼金睛",很多时候,"功夫在诗外"。陈建国买书时间久了,就和几个摊主特别熟了,那时候,这些摊主知道陈建国特别痴迷历史类图书,就把这些书藏在其他书的下面,帮他留着,等到陈建国来了,再把书拿给他。

一本好的旧书自有其强大的生命力,它始终会给淘书者带来意外的惊喜,而且从不拒绝囊中羞涩的爱书人。当时有很多在上海的外地大学生,他们经济条件比较一般,每次来文庙淘书,总是苦苦请求再便宜一些,杨传发就常常被他们的爱书之情所感动,以最便宜的价格把书卖给他们。

一个城市的旧书摊、旧书市使这个城市里的读书人的血脉流转起来,一本本旧书就如同一个个失去父母的孤儿,等待爱它的人来认养。到文庙书市买书的，基本上都是铁杆的读书迷和淘书客，作为上海最有文化气息的购书场所，文庙书市在华东地区乃至全国都赫赫有名，有不少慕名而来的书友是不远千里、万里到文庙来淘书的。长期驻扎在文庙的陈钢伟就遇到过很多国外大学的专家、教授，他们很精通中国文化，对古旧书的行情也比较清楚，也会到书摊前翻一翻、看一看，淘淘好书。

吴福康的淘书往事

每个星期天开放的文庙旧书市场，多年来一直是上海书迷的圣地。这里的门票从一角涨到一元，摊位费从三角涨到三十元，仍挥不走那些爱书的人，当时最火的时候，上海文庙一天的门票收入能有三万元，也就是说，在一天内有三万名书迷涌入了文庙。淘书人、卖书人以及各种书刊，每周一次不间断地上演着一出名叫"我与文庙有个约会"的好戏。

每一次淘书，吴福康都要为此做一个记录，20多年来，他的"淘书日记"已经攒了厚厚的几大本。在哪里买的书、当时花了多少钱、是哪一天买的，他都会详细地记录在案，吴福康觉得，给他的书做这些记录，就像知道了它们的出身，十分有纪念意义。吴福康用"淘书日记"的方式记录自己的爱书之情只是千千万万书友的一个缩影，20多年来，不少人靠着文庙旧书市场读书成才，也有不少人靠着文庙旧书市场成了书业行家，有不少人在文庙搜罗旧书最后成了收藏家，也有不少人靠文庙养家糊口而渐入小康。上海文庙书市，成了上海文化界的一块金字招牌，新书与旧书的交融使得一个城市的文化气息显得格外浓郁。

吴福康长期从事平面设计工作，他喜欢书画，从文庙书市开市到现在，他每个星期日都来淘书，风雨无阻，他攒下了满满几屋子的图书、字画，对于淘书，他有着独特的心得，他说："刮风下大雨的时候，人就会少一些，但恰恰是在这个时候，我就能趁这个机会买到一些好书。对于卖书的人来说，我在这种鬼天气里来淘书，有点出其不意，这种反其道而行之的行为，经常会收到很好的效果，其实我有很多好书就是这么淘到的。"闲暇的时候，吴福康总喜欢整理自己的书橱，每一本图书的背后都有一个

吴福康收藏的张安朴亲笔签名的明信片

故事，整理这些图书就是整理自己的回忆。20世纪80年代，吴福康在轻工业局下的一家公司当宣传科长，他的部门里有一位叫张祥耀的大学生，他知道吴福康会画画，平时也喜欢写写书法，他告诉吴福康说他的叔叔张安朴也挺会画画的，招贴画、插画画得都很好，还屡屡获奖。为此，张祥耀还送了吴福康一套张安朴亲笔签名的明信片，这让吴福康爱不释手。但是过了一段时间，吴福康在文庙旧书摊里发现有一套明信片和他的一模一样。看到这套明信片时，吴福康有点愣神，他拿起来仔细端详，原来就是张祥耀送给他的那套明信片，上面还写有自己的名字呢，他估计是在处理旧书报的时候，被夹带在里面给处理掉的。

从此以后，吴福康把这套失而复得的明信片珍藏在书柜里，时不时拿出来赏玩，也更加珍惜自己的好书。对于吴福康这样的书友来说，淘旧书的乐趣和逛古玩市场一样，经常不知道会有怎样的惊喜在等待着自己，很多人在不经意间就会遇到怦然心动的好书。吴福康为此还总结出了一些哲理，他说："我来文庙的时间不算早，但我总相信缘分，这本书是你的，就算你晚到了也会是你的，我有好几次就买到了心仪已久的好书，我就在想，这么好的书，前面成百上千的人怎么就走眼了呢？这书怎么就轮到我了呢？这说明我跟这书有缘，该是你的谁也夺不走。"吴福康是一位美术工作者，文庙让他受益匪浅，他开办了自己的设计工作室，作品还被收入各类画册，是文庙让他见识了中国艺术之美，在旧书、好书中激发了灵感。

缘聚文庙书市

那时的文庙书市成了上海书友交流的大沙龙,有人千里迢迢地走进来淘书,自然也有人不辞辛劳地走出去淘书。陈建国是邮局工作人员,他的任务是押运邮件到全国各地去,走南闯北的他自然能淘到不少好书,因此他在文庙的书友圈里小有名气。那时,陈建国的时间,一半在上海,一半在外地,他就利用这个便利条件,在外地收了不少好书,也常常帮朋友去淘书。

这是文庙的书友们以及书友和老板之间达成的一种默契,尽管有时候他们互相并不知道对方的姓名、职业,但是提到某一本书,大家总是心领神会,友谊就这么建立起来了。陈建国经常趁着工作之便在全国各地帮朋友们买书,很多时候都能买到上海没有的书籍。有一次,上海的书友圈里都在寻求一套特别紧缺的图书,作为在文庙书市里摸爬滚打了多年的摊主,杨传发说:"那时候流行收集连环画《兴唐传》,里面有五本书找不到的,我还写信向出版社询问呢,结果他们说,这本书没运到过上海,就连江浙一带也很少见。"

《兴唐传》是80年代的一部古典长篇连环画力作,能够坚持将34册全部出齐也是不容易的,对于广大连环画爱好者来说是一套不可多得的连环画套书佳作。由于在江浙一带发行量极少,连神通广大的书摊老板杨传发也束手无策,而越是找不齐全的书,让书友们越是兴致高涨,一时间,能拥有一套完整的《兴唐传》成了书友们最大的心愿,可是就算出再高的价钱,也难觅这"五大缺本"的踪影。正好在这段时间,陈建国出差跑新疆这条线,他抱着试一试的心态去了一家图书仓库,还真让他找到了这五本书。那一天,陈建国坐早上五点的火车回到上海,怀揣着一大摞宝贝,他连家也没回就从火车站直接奔到了文庙,他带回了好几百本连环画,一下子就引起了轰动。那时,这个系列的连环画就已经炒到了一百来块钱一本,但是陈建国并不图赚钱,而是五块钱、十块钱地把书卖给了书友们。陈建国当上了"搬运工",他搬回的岂止是几百本书,而是中国传统文化的流传与延续，他满足了读书人的心愿，可依然是供不应求，陈建国在新疆和上海这两地间穿梭，直到把他发现的那个仓库都快搬空了。在文庙，买卖关系永远是退居二线的，淘书、收藏、互相交流才是第一位的。

自1993年以来，文庙书市每个星期日参加旧书集市的客流一般都在两三千人次，在90年代，文庙书市如日中天，但是进入21世纪以来，随着数字阅读的兴起，纸质书市场开始萎缩，旧书市场一年不如一年，原先两进院子的书市，缩减了一半，摊位费也一降再降。随着旧书市场的风光不再，也为了更好地保护上海文庙的文物，文庙书市传来了搬迁的消息，这可急坏了一批铁杆书友，很多人觉得，上海文庙书市要是关闭了，他们就没有地方去淘书了。

其实，那个时候文庙内外有两大书市：一个是曾经占到上海书刊批发市场将近九成份额的文庙书刊交易市场，这个市场位于文庙以外；另一个就是每周日在文庙内设摊，以各种旧书交易为主的文庙旧书交易市场。2013年，文庙书刊交易市场搬迁了，而一周一次的文庙旧书交易市场还是被保留了下来。

"因为离不开书，所以离不开文庙，因为有文庙在，所以对于阅读的情怀就不会变，因为这个情怀的存在，所以对文庙就情有独钟。"这是书迷们对上海文庙最真切的感受。俗话说，书中自有黄金屋，各类旧书自有其强大的生命力，它始终会给读书人和淘书者带来意外的惊喜，而且始终会有囊中羞涩的爱书者加入，如今无论数字阅读如何廉价，但它终究不能取代具有书香味的图书。进入21世纪的第二个十年，旧书市场又再度热了起来，一方面，旧书越来越成为一种文物收藏，另一方面，人们又渐渐回归到纸质图书。文庙书市虽然历经了起落，但依然有着得天独厚的优势，人们在贩卖旧书中赚取生计，旧书在贩卖中得以流传，文化的价值也得以传承，历史也在这里得以延续。

出版社的故事

上海是全国出版业的重镇，上海的出版社既有综合类的出版社，也有专业类的出版社，几乎涵盖了所有的出版种类。在读书人的心目中，上海人民美术出版社、少年儿童出版社、上海译文出版社、上海古籍出版社、上海人民出版社、上海文艺出版社等等都是一个个响当当的品牌，许多人就是读着这些出版社的一本本好书长大的，许多伴随一代代人成长的图书至今仍然是经典，而出版这些好书的出版社和出版人的故事，也在人们心中留下了不灭的记忆。

上海人美与连环画

在20世纪五六十年代的老上海弄堂里，到处可以看到出借小人书的摊头，对于生活在那个年代的小孩子而言，到小书摊看小人书是一种快乐的享受。当年小书摊上的书多以连环画为主，花几分钱你就可以在小书摊前消磨半天时间。市民朱海山记得，借阅连环画，旧书一分钱可以看两本，新书一分钱看一本，他就经常向父母要一点钱去小书摊看连环画。

1938年拍摄的平凉路上的小书摊的画面是我们现在能看到的最早关于小书摊的影像资料，这种备受孩子们欢迎的连环画就起源于上海。中国近现代出版史研究者汪耀华介绍，"连环图画"这个名称约出现于1925—1928年，始于沈志芳创办的世界书局，那个时期，上海世界书局出版了《西游记》《水浒》《三国志》《封神榜》《岳传》等一批连环画，这与上海

1938年上海街边的小书摊

上海世界书局

上海世界书局出版的《水浒》连环画

印刷工业的发展有很大的关系,尤其是石印技术的引入与发展。上海人民美术出版社原副总编辑黎鲁介绍说:"过去古代中国是木刻,刻起来很慢,而石印很快,(画家)可以直接在纸上画,画出来马上就可以印了,没有这个条件,不可能有连环画。"

石印是印刷史上的一个革命,这种现代化的印刷技术在鸦片战争后进入中国,汪耀华长期从事中国现代出版史研究,由他所著的一本书的书名

上海人民美术出版社出版的《三国演义》连环画

就叫《1843年开始的上海出版故事》。据他介绍,1840年鸦片战争爆发,到了大约1843年12月,英国的传教士麦都士从马来西亚来到上海南市区东门外,设立了墨海书馆,带来了现代的印刷技术,成为中国近代出版业出现的一个标志。

上海的特殊地理位置使上海成为中国现代书业的开端,也使上海成为中国的出版中心。然而连环画的出现除了现代印刷业的助推外,还与上海的海派文化密不可分,黎鲁对那一段历史很有研究。他认为连环画的出现,还与戏曲演出连台本戏有关,因为上海的出版商发现人们爱看连台本戏,于是就用连环画的形式一本本画出来出版,果然销路颇佳。

1952年,由多家私营出版单位组成的新美术出版社成立,黎鲁任副社长,同年,华东人民美术出版社成立,后来更名为上海人民美术出版社。1955年底,新美术出版社并入了上海人民美术出版社,黎鲁回忆:"到了国营单位人民美术出版社,我们摩拳擦掌想要好好干一番,那时候讨论到,原来的新美术出版社出了17种《三国》的连环画,但是零零散散没有规划,想出一本就出一本,出了17种,于是大家就讨论这个题材怎么做法。"家喻户晓的《三国演义》连环画创作就是在那时拉开了帷幕。

刘锡永、赵三岛等五名著名画家潜心考证,为《三国演义》连环画做人物造型,创作了115个绣像;王亦秋等30余位画家参与了这套大型连环画的创作。创作者们回忆,绘制连环画很严谨,是要讲规矩的,上海人民美术出版社《三国演义》连环画画家王亦秋说:"我就是演员,又是导演,人物的位置、表情、道具都是有关系的。"黎鲁说:"穿的盔甲啊,宰

为《三国演义》做人物造型的五位著名画家

相穿宰相的衣裳,皇帝穿皇帝的衣裳,都有规定的,古代规矩很大的,是不是?这些东西绘画者都要懂的。"老一辈编绘者用严谨的工作态度、娴熟的绘画技法、细致的黑色线条,在白纸上描绘出了一幕幕波澜起伏、气势磅礴的战争场面,而那时的连环画的累计印数也可以达到惊人的几百万册。

在新中国的美术史上,上海人民美术出版社的连环画、年画和宣传画都曾占有很重要的一席之地,上海人民美术出版社总编辑邱孟瑜认为,人美社一直是一家非常强大的综合类的美术出版社,因为连环画《三国演义》的盛名太盛了,所以就掩盖了它其他方面的光辉。上海音像资料馆研究馆员张景岳就对当时的一幅宣传画印象深刻,那是1959年国庆节前夕,在《支部生活》上刊登的一幅宣传画。画面上一位女性身着旗袍,一个小女孩靠在她的肩头,远处的花丛中有华表,张景岳回忆说:"这样一幅画,一下子就吸引了大家的目光,为什么呢?因为这位女性的形象真的把我们上海女性的特点全部表现出来了,衣着打扮、发型、长相、风度、气质都非常好。"

在相当长一段历史时期,上海人民美术出版社除了连环画、宣传画影响巨大,出版的年画也占了全国的半壁江山。那些年,各地很多画家都来投稿,其中不乏名家,如程十发、刘旦宅、刘鸣等,作为年画作者的林伟光就亲眼见证了当时的盛况。"不夸张的,每年到这时候(过年前),这么大的房间全部贴满投稿,上海的年画在全国的影响力非常大,许多外地画得好的画家，能在上海人美出版一张年画，都觉得非常不容易的，这也是对他的一个肯定。"他回忆说。

少儿社与《十万个为什么》

少年儿童出版社于1952年12月28日成立，是全国最早的一家专业为少年儿童出版图书的出版社，它不仅在全国家喻户晓，而且出版成果累累。少年儿童出版社社长冯杰介绍说，少儿社的社名是由当时的国家名誉主席宋庆龄题写，包括少儿社出版的《小朋友》《少年文艺》两本杂志的刊名也是由宋庆龄先生题字的。

《小朋友》

叶永烈是著名的科普作家，他与少年儿童出版社的渊源颇深，当年还在北京大学读书时就写了一本科普作品《碳的一家》。书写完后，他来到北京大学旁的新华书店，发现少年儿童出版社出过很多类似的书，于是就买了一本少儿社的书，从版权页上抄下"上海延安西路1538号"的地址，就将稿件寄过去了。后来他知道，书稿到了一位叫曹燕芳的女编辑手中，曹燕芳对此书很喜欢，对书稿做了修改并配上插图后，就在1960年2月出版了。

因为这本书，叶永烈就与编辑曹燕芳相识了，当时曹燕芳正在编《十万个为什么》，当时，她就推荐还是大学生的叶永烈参与这套丛书的编写。叶永烈回忆说："数理化这几册是她负责的，在我之前，她约了上海师范学校七位化学老师写化学分册，一看就摇头，编辑室一看，也都否定了，为什么呢？他们写的像教科书，根本不能用。那时正好我给他们寄去了那本《碳的一家》，已经开始排版了，曹燕芳老师说：叶永烈不是北大化学系的吗，让叶永烈试试看。于是她就寄来五个'为什么'的条目让我

不同版本的《十万个为什么》

写写看。"

叶永烈写完后寄过去了,曹燕芳一看,非常满意,于是就把化学分册所有的题目都寄过来,叶永烈也不知道这些是人家都写过的,就一个个这么写下来。《十万个为什么》化学分册出版的时候,一共收录了175个"为什么",叶永烈写的就有163个。别的分册的编辑一听说此事,也都来找叶永烈约稿,叶永烈也来者不拒,给天文、地理、农业分册等都写了稿,在全部900多个"为什么"中,叶永烈一个人就写了300个。

少年儿童出版社编审洪祖年认为,叶永烈文笔比较好,写得也很生动通俗,对《十万个为什么》有相当大的贡献。

在《十万个为什么》的作者中,还有一个很特殊的作者,叫"山边石",这个人又是谁呢?当时23岁的洪祖年,是六位编辑中最年轻的一位,如今他解开了这个谜。"'山边石'每本书里都有,这不是一个人,这是我们编辑室的六个人,这个名字也是我取的。我们不是少年儿童出版社第三编辑室嘛?一般情况下大家说一编室、二编室、三编室,三编室谐音叫'山边石'。"洪祖年解释道。

1961年,少年儿童出版社逐步推出了关于物理、化学、天文气象等八个分册的《十万个为什么》,出乎出版社和编辑的预料,这套书竟然引起了全国范围的热烈反响。上海市民胡芷苓还记得当年忍不住在课堂里偷偷翻看《十万个为什么》的往事。老师的"批评"她至今还记得,她记得老师对她说:"哦,《十万个为什么》,好书啊,这是我们青少年的第一本科普读物。这是本好书,但是你以后上课不要看。"

这套书除了在老百姓当中有非常好的口碑，还赢得了很多顶尖科学家的关注。李四光、苏步青、谢希德、竺可桢、茅以升、钱崇澍、王元等大科学家为《十万个为什么》出了题目。顶尖科学家的加入，对《十万个为什么》的内容做了极大的补充，也大大提升了这套书的含金量。洪祖年介绍，作者队伍从第一版时的五六十名，逐步增加到第六版时的几百名作者。

少年儿童出版社社长冯杰对《十万个为什么》的定位是："大家编给大家看。前面一个'大家'就是名家、专家，介绍一些前沿的科学信息，由各领域中的专家参与这套书的编写，对保证这本书的权威性是相当有好处的；后面这个'大家'，就是一般老百姓，这套书既要能做到专业、权威，但是又要让普通老百姓读得懂，要符合他们阅读的兴趣。"如今《十万个为什么》这套书先后出版了6个版本，累计发行量超过1亿册，它是新中国几代青少年的科学启蒙读物，在传播知识、普及科学方面发挥了很大作用。

文化是有传承的，少年儿童出版社经过半个世纪的积累，已经拥有很多响当当的品牌了，《十万个为什么》《上下五千年》《365夜》《三毛流浪记》等图书，以及《小朋友》《少年文艺》《故事大王》等一系列期刊都是经过半个多世纪积累起来的。

少年儿童出版社不仅为那个年代的人们打开了一扇知识的窗口，更成为那时的人们为自己子女买书的首选品牌之一。

译文社与外国文学名著热

1978年上海译文出版社成立后，第一时间就推出了很多外国文学名著，那年5月1日，国家出版局组织重印的35种中外文学名著投放市场，各大新华书店热闹非凡。《斯巴达克思》就是上海译文出版社推出的第一本世界名著，"冯春"这个笔名也第一次出现在读者的眼前。"冯春"就是资深翻译家、上海译文出版社编辑郭振宗，《斯巴达克思》的书名是他题写的，这本书也是由他编辑的，他还为此书写了一篇一万多字的

上海译文出版社推出的第一本世界名著《斯巴达克思》

前言。

上海译文出版社正式挂牌于1978年1月,然而《斯巴达克思》赶在1978年4月就出版了,在这么短的时间里,这本书就投放到市场,他们是如何做到的呢?

郭振宗说,出新的译著要经过翻译和编辑过程,时间来不及,因此就把以前翻译出版过的名著,挑好的重新修订出版。上海译文出版社总编辑史领空回忆,那个时候出版人有一种非常紧迫的感觉,就是想快点把书做出来,满足市场的需求,因为当时的读者非常想要了解国外,了解世界。

经历了那个书荒的年代,《斯巴达克思》等世界名著一经推出就引发了人们争先恐后的追捧,人们在各大书店门口排队买书的盛况是那个年代一道亮丽的风景线。20世纪80年代末起,上海译文出版社陆续推出《简·爱》《呼啸山庄》《红与黑》《巴黎圣母院》《浮士德》《安娜·卡列尼娜》《神曲》等十多种畅销文学名著直接引发了中国出版业的世界文学名著热。

上海电视台记者周力回忆那时的买书经历:"1993年的时候,这本书八块六,蛮贵的,我一直不舍得买,看了好几个礼拜,最后,我咬咬牙齿,下定决心买了。没想到,因为这本书是1993年一版一印,只印了一千册,现在回过头去看,这本书的价值非常大,有朋友跟我讲,这本书现在在二手市场,品相好的话要卖几千块。"这本被周力珍藏的梭罗的《瓦尔登湖》与《斯巴达克思》《十日谈》一样,都被选入了"外国文学名著丛书",这套丛书的封面图案为网格状,藏书者又称之为"网格本"。关于这套书的编撰由来,郭振宗介绍说:1958年,中宣部提出要编撰三套丛书,一套叫作"外国古典文学名著丛书",另一套叫作"马克思主义文艺理论丛书",还有一套叫作"外国文艺理论丛书"。丛书的编撰具体就交给了中国社会科学院外国文学研究所,外文所就牵头组织了一个编委会,所

出版社的故事

在新华书店门口排队买书的队伍

有的编委都是全国最权威的外国文学专家。

上海在1949年之前就是全国的出版中心，也是全国的外文出版中心，当时面对中宣部的重大出版工程，上海就主动要求承担一部分工作，也得到了中宣部的同意。因此，由中国社会科学院外国文学研究所、人民文学出版社和上海译文出版社共同合作的"外国文学名著丛书"的出版工作一直延续到21世纪，至今已经出版了140多种。这套丛书中当然包括名著《简·爱》，读者张景岳念念不忘的一个《简·爱》的版本是由上海文艺出版社出版的。

然而，这个上海文艺出版社与上海译文出版社有什么关系吗？1958年，毕业于上海外国语学院俄语系的郭振宗就被分配到新文艺出版社外国文学编辑室，他对那段历史非常熟悉。他介绍说，新中国建立前，上海就是外国文学翻译出版的重地，巴金、赵家璧都曾在上海开办出版社。新中国成立以后在公私合营的社会主义改造中，这些出版社合并成立了新文艺出版社，后来上海文化出版社、上海音乐出版社也都被合并到新文艺出版社，并改名为上海文艺出版社。当时全国就两家出版社出版外国文学作品，即北京的人民文学出版社和上海的上海文艺出版社。

正是因为上海一直有出版外国文学的实力和传统，才使上海译文出版社在成立后大显身手，对于"译文"这个名称，郭振宗解释说："为什么叫译文出版社？因为当时鲁迅在上海就出过《译文》杂志，等于是继承鲁迅的传统。"史领空则认为："（译文）两个字非常好，非常的文气，而且反映了上海译文出版社是做翻译图书的这样一个特点。"

285

郭振宗在上海译文出版社成立之初进社，一直工作到退休，在将近二十年的时间里，他编了几十种书，其中最重要的一套就是草婴先生翻译的托尔斯泰小说全集十二卷，他回忆起当年那严谨细致的编校过程："他（草婴先生）对我比较了解，所以书稿交来以后，提出要我做他的责任编辑。他说，你尽量地给我改，尽量提意见，提得越多越好。十二本书，我恐怕要花六年时间，基本上一天就看几千个字，像《安娜·卡列尼娜》上下两本，大概七十万字，我花了一年时间。"

20世纪五六十年代成长起来的人们对俄国诗人普希金也都非常熟悉和喜爱，那时虽然已经有普希金的部分翻译作品出版了，但风格迥异，不成系统，郭振宗就下定决心自己来做一套译文风格统一并成系统的普希金文集。

在80年代初，郭振宗以自己的笔名"冯春"，出版了全国第一本最完整的《普希金小说集》，到1999年，普希金诞辰二百周年的时候，郭振宗又出版了包括普希金全部文学作品的十卷集。

古籍社与传统文化整理普及

上海的文化海纳百川，它不仅不断吸纳来自全球最新最时尚的元素，而且中国的传统文化也深深扎根在这片土地上。在打浦桥地区热闹繁华的田子坊、日月光商场对面，有个幽静的院落，那就是上海古籍出版社所在地。

上海古籍出版社总编辑吕健介绍，古籍社所出版的古典文学图书有三个层次，最高层次的就是"中国古典文学丛书"，这是给专家看的，中级读物也是请古典文学的研究名家所编撰，是第一流的大家做的中级读物，另外便是初级读物。

上海古籍出版社的古籍整理在全国都是首屈一指的，无论是针对哪个层次的读者出书，都保持着严谨的态度，从找底本到标点、校对，都一丝不苟。"中国古典文学丛书"是上海古籍出版社出版时间最长、学术含量最高、最能体现精品特色的一套大型丛书，这套书也许离普通老百姓有点远，但是读中文系的学生肯定人人皆知。

上海古籍出版社副总编辑奚彤云说:"我们古籍出版社的编辑很多都是读古籍出版社的书长大的,如果没有标点整理,要看古籍原文,对在学习的人其实是很困难的。像这本《陆机集校笺》是复旦大学杨明先生做的,我没进社的时候,出版社就约他稿了,我做研究生的时候,还帮他到北京的国家图书馆去对过一个宋本的底本。"

这本《陆机集校笺》,从约稿到出版,杨明先生做了十年,而这套丛书中的好几种书,十年是一个基础的数字。这里每一本书里都凝聚着一流专家和上海古籍出版社编辑的心血。上海古籍出版社总编辑吕健介绍,古籍整理是非常严谨细致的工作,先要做一个版本的梳理,然后进行校勘的工作,接下来进行标点,有一系列非常严格的学术规范。对于古籍整理的难度,上海古籍出版社哲学编辑室主任刘海滨举例说:"你如果不知道这个词是一个地名,你可能不能画专名线,如果不知道地名之间是什么关系,你就不知道把这根线画在哪里。还有人名,包括字、号,各种官职的名称,你到底画还是不画,应该画在哪里,这些是最考验一个整理者和编辑的水平的。当然如果你要对古籍做深度整理,比如要对《王阳明全集》加注释,甚至有些可能要做白话翻译,这就是另外一种程度上的难。"

这套专业的古籍整理图书不仅受到专家学者的称赞,也很受普通读者的欢迎,上海古籍书店首席古旧书刊标价师陈克希收藏了上海古籍出版社出版的《稼轩词编年笺注》以及陈寅恪先生的《元白诗笺证稿》。对于陈寅恪先生,陈克希推崇备至。陈寅恪先生治学严谨,对出版的要求非常高,在全国众多的出版社中,他选择了上海古籍出版社的前身,也就是上海古典文学出版社。上海古典文学出版社成立于1956年,1958年更名为中华书局上海编辑所,从此,中华上编的编辑与陈先生书信往来不断,这些书信都被档案室很好地保存了下来。1978年,上海古籍出版社成立,打算出版中国一流学者的著作,年逾七十的李俊民社长首先就想到了陈寅恪。其实,在20世纪80年代,知道陈寅恪先生的人并不多,到了90年代,作家陆键东写了一本《陈寅恪的最后二十年》,陈寅恪先生就从一位学界泰斗变成知识分子的代表性人物而进入公众视野。所以中国近现代出版史研究者汪耀华认为,20世纪80年代初期上海古籍出版社就能出版《柳如是别传》等书是一种很超前的事情,之所以能有超前的眼光,高克勤社长认为,这是由于古籍出版社的前辈

《王阳明全集》

不但有思想解放的勇气，而且还有对中国现代学术源流的深刻了解。

除了陈寅恪的作品集，《王阳明全集》的出版同样也体现了古籍社前瞻的学术眼光。20世纪80年代末，学界很少有人研究王阳明，普通人知道王阳明的更是少之又少，因此刘海滨认为，出版社能够决定出版这么一套书还是需要有一定魄力的，因为市场肯定是有限的，包括研究者的利用可能也是有限的。但是《王阳明全集》出版后，对于整个中国哲学研究，以及相关的一些研究都起到了很大的推动作用。这是当时中国大陆地区出版的第一位儒学大家全集，在当时缺乏网络资源的情况下，给学界的研究提供了极大的方便，也为普通读者关注和了解儒学提供了可能。

上海古籍出版社出版的高质量的图书受到了读者的欢迎，在70年代末80年代初，在书店排队买书的情况屡见不鲜，原上海报业集团资深编辑储有明排队买过《稼轩词编年笺注》，当时排队的盛况让储有明记忆犹新。他回忆说："报纸上登出来，新华书店要卖这本书了，第二天一早，我是请了假去买这本书的。那个时候，南京东路新华书店是在南京东路山东路口，卖这本书的柜台在二楼，从二楼排队，转了一个弯，再排到楼下，楼下再转一个弯，转到书店外面，到了外面以后，一直转到山东路再弯进去，估计至少有一千人在排队。早上九点钟开始卖书，我8点钟到时，已经排在几百个人的后面了。"

上海人民社：《青年一代》红遍全国

1978年改革开放后，中国告别了书荒的年代，很多年轻人迫切希望感受更多的新事物。当时，上海人民出版社的社长宋原放与夏画捕捉到这个

《青年一代》

信息，在1979年初，他们便开始筹办《青年一代》杂志。

原任《青年一代》主编的夏画回忆，他和社长宋原放两人讨论后觉得，出书的速度太慢，报纸出版社又不能出，于是决定出期刊，先从一年出四本的丛刊开始。汪耀华认为，青年读物是当时上海人民出版社相当大的一个板块，杂志相对来说短平快，而且有连续性，青年购买的踊跃性相当高，销售上可以短时间见成效。

《青年一代》杂志一经推出，就大受欢迎，订单的数量之大让夏画都觉得奇怪。他回忆，《青年一代》第一期推出订数就是35万份，第二期就是40万份，一年以后达到70万份，后来每一期增加10万份，一直到527万份，这是全中国四千种刊物里最高的。汪耀华曾在南京西路的新华书店工作过，他见证了那个时候《青年一代》的畅销场面。他回忆，那个时候卖《青年一代》就像发牌一样，杂志一到，读者就在南京西路排队了，警察、纠察还会过来维持秩序，而且每人只能买一本，不允许多买。后来南京西路新华书店还为此搞起了"预售"模式，读者先把书款付了，杂志到货后去领取就行。

在那个读物还不是特别多的年代，这本杂志为读者打开了一扇获得知识的窗口，原为《解放日报》记者的谢其祥记得那时他拿着《青年一代》可以三个小时手不释卷，因为杂志中的文章篇幅最多一到两页，但短小精悍，以纪实的形式抓住了读者的心。

杂志大卖，《青年一代》也从季刊变成了双月刊，有很多人建议编辑部出月刊，但夏画为了保证杂志的质量，坚持一年只出六期，数量虽然比月刊少,但工作量却依然很大。夏画回忆,当时的投稿多得要用麻袋来装,出版社聘用了很多人来作初步的筛选,去掉征婚和求职的,将其他稿子按政治、经济、生活等几个大类分好,再把好的稿子挑出来给编辑,编辑就从这些稿子中挑选审读。每一期发稿前,六十篇文章、十四万字就会交到主编夏画面前,由他最终定夺取舍。

就是从那时开始,爱好写作的谢其祥成了众多投稿人中的一位,那时的他已经走上新闻工作的岗位,也萌发了向《青年一代》投稿的念头。投了一两次,稿子被退了回来,退稿信上写道:内容一般化,欢迎继续投稿。于是他向在《新民晚报》工作的曹正文请教,曹正文认为内容是最重要的,谢其祥觉得自己在平时采访中遇到的大量真人真事都是很好的题材。

主编夏画也认为,《青年一代》的宗旨,是把为青年读者服务放在第一位,因此内容一定要让青年人能够接受。杂志也要成为青年人的朋友,而不是导师。找到方向的谢其祥从此开始了他的写作之路,当他写的一篇文章被《青年一代》选用后,心情非常激动。

《青年一代》杂志无论是在新中国的期刊出版史,还是四十年改革开放的期刊出版史上,它都是占有一席之地的。除了《青年一代》等红遍一时的期刊,上海人民出版社在图书出版领域主要出版哲学、社会科学、政治、财经、历史等领域的学术专著和大众读物。研究历史的张景岳对上海人民出版社的出版理念很是钦佩,他说:"上海人民出版社就有这个气魄,有这个眼光,为白寿彝出了《中国通史》。又比如陈旭麓,他是专门研究中国近代史的,他1988年底去世了,到1991年就替他出了《陈旭麓学术文存》,再过了一年,由他学生整理的《近代中国社会的新陈代谢》出版,这本书的出版给近代中国史的研究留下了一部经典。可以这样讲,上海人民出版社在有关文史哲经法,在社会科学方面,真的是贡献了非常多的经典之作。"

上海文艺社:琳琅满目的期刊与丛书

当年在上海畅销的杂志远不止《青年一代》,上海文艺出版社的《文化与生活》,上海译文出版社的《世界之窗》,都是响当当的期刊品牌。在改革开放前后，上海文艺出版社是全国唯一一家注重实用文化、生活文化、通俗文化的出版社。上海文艺出版社原社长江曾培说："这些东西（指实用文化、生活文化）过去有的人看不起，各地文艺出版社都不出的，但是我们文化生活的方针就是搞实用文化、搞生活文化。所以粉碎'四人帮'以后，文化生活编辑室的同志，专门就出了一个《文化与生活》杂志，当时我记得，买这本杂志都是要开后门的，当时有好多人来找我批条子，批条子才能买到，一般买不到的，每期都要印几百万份。"

《故事会》

改革开放，给老百姓开启了一个重新发现美、追求美的时代，很多人至今都记得上海文艺出版社出版的那些实用性很强的图书杂志，比如《上海服饰》《上海棒针编结花样500种》《家常菜谱》等一度风靡全国。除了实用生活类杂志，在通俗文化方面，上海文艺出版社创刊于20世纪60年代的《故事会》备受群众喜爱，最兴盛的时候，《故事会》一期可以发行四五百万册。江曾培回忆，当时《故事会》在全国有八九个分印点，出版社将打好的纸型给印刷厂，各印刷厂必须在同一天印出来，假使一前一后，市场上马上就有盗版的了。上海市民胡芷苓回忆："住在石库门的时候，只要这本书出来，总归会有人跑出来说，今天《故事会》出了，里面有一个故事很好听的，那么在夜里乘风凉的时候，他就会讲给大家听。"

上海文艺出版社作为一家综合性的出版社，他们的目光并不仅仅局限在通俗文化上，江曾培经过市场调研，推出了体现高雅文化的《艺术世界》。在《艺术世界》的出版走上正轨之后，江曾培又开始马不停蹄地筹划大型文学刊物《小说界》。虽然当时上海已经有了一个老牌的文学杂志《收获》，但江曾培有自己的思考和追求，他认为："十年浩劫过去以后，老百姓有好多话要讲，感情要倾诉。当时倾诉的渠道很少，就要通过文学把它抒发出来，当时比如说写短篇，写中篇，要出书还不知道要到哪一天呢。刊物发表的速度快，我们就觉得还是要有个窗口。当时上海已经有《收获》了,我们说办就一定要办出特色,当时的小说最热,最能够反映老百姓的需要,所以我们当时就将其命名为《小说界》。"

当时社会上有一个庞大的写作群体,都想通过写文章走出自己一条新的人生道路,现在的著名作家潘大明就是其中一位。他经常写一些小说给各个杂志投稿,突然有一天,他收到了《小说界》编辑的电话,编辑告诉他,他有一篇小说被杂志看中了准备采用,但是要他到编辑部来做修改。指导潘大明修改小说的编辑叫左泥,当时是很著名的编辑家,他亲手改了之后给潘大明看,潘大明领会了他的修改意图,也懂得了对小说结构和节奏的把握。他记得,当时的文学青年心里对上海文艺出版社有一种敬畏感,就像来到神圣的殿堂一样。

出版社的编辑自然会对每一篇文章字斟句酌,同时也明白向社会大众宣传语言文字规范的重要性,上海文艺出版社为此特意出版了《咬文嚼字》,当年很多人家里都订了这本杂志。市民胡芷苓记得,她几次搬家都舍不得丢弃《咬文嚼字》,儿子在大同中学读书时,这本杂志是学校为每个学生订阅的课外书。有一次她把秘鲁的"秘(bì)"念成了"mì",还是儿子给他指了出来,而她的儿子也正是因为看了《咬文嚼字》才掌握了这个多音字的正确读法。

80年代,上海文艺出版社还以短小、廉价、浓缩精华的理念,推出了一套"五角丛书",这套书至今还被很多读者津津乐道,而这套书的出版还与著名出版家赵家璧有关。江曾培回忆起"五角丛书"的由来:"编辑

五角丛书

大家赵家璧说,他在30年代编过一套书,叫'一角丛书',内容很广泛,很受欢迎,我们向他提出,我们能不能搞一套。因此就根据他的想法先编了一套,开始叫'三角丛书',当时的定价是三毛钱,大概印个一万册就能够保本了。有的人反对,认为'三角丛书'会让人误以为是数学丛书,因此后来确定定价为五角,同时把它的内容定成了五个角:文学、艺术、体育、生活、娱乐。同时出版社定下一个方针,要以最小的面积,给读者最好的内容。"五角丛书"以十本为一辑,每次推出十本,共计出版了约150册。一推出便一炮打响,大受欢迎,一下子几百万册就销掉了,小32开的窄长开本、丰富的内容、便宜的定价,都给读者留下了深刻的印象。

上海文艺出版社作为一个综合性的出版机构,他们在面向大众读者的同时,也出版了很多重量级的学术经典作品,《中国新文学大系》就是其中的代表,它囊获了整个20世纪的中国新文学,是几代人、几代作家、几代编辑家、几代出版人共同努力的结果。

文明需要记录,文化需要传承。在出版行业干了一辈子的江曾培就一直秉承着前辈出版家的出版理念,他说:"一个出版社,它的架构要立体,既有短平快,又有长远的东西,如同赵家璧讲的,书比人长久,要出版能够长久存下来的东西,这样出版社才能有生存的价值。"

如今,整个上海的出版行业也已经建立起这样的立体架构,出版并形成了一大批具有广泛影响和品牌效应的图书精品。今天,上海众多的出版社几乎涵盖所有的出版品种。上海是一个追求卓越的城市,各个出版社也都在关注多层次、高质量的作品,追求雅俗共赏、老少咸宜的风格,让上海的读者感到处处都充满着书香。

精武人生

1910年,霍元甲创办了精武体操学校并担任总教练,这是中国第一个民间体育团体,也是上海精武体育总会的前身,"爱国、修身、正义、助人"的精武精神激励着一代又一代精武人自强不息、精进卓越。精武会员符保卢曾代表中国参加奥运会,后参加抗战英勇牺牲。查瑞龙加入了精武会后不仅练就一身好武功,还参演多部爱国影片,他成立的石担石锁队由徒弟徐志成坚守着。随着时代变迁,精武精神呈现出了不同的表现形式,精武会创新编创的精武操、警用操、女子防身术、坐式太极拳等服务了更多的社会百姓。

精武会的创立与初心

曾经在20世纪80年代风靡一时的电视连续剧《霍元甲》让"精武会"的名字家喻户晓,上海精武体育总会的前身是中国精武体操学校,成立于1910年,已经有一百多年的历史。2014年底,精武武术被列入国家级非物质文化遗产保护名录。薛海荣是上海精武体育总会副会长,他已经在这里工作多年,说起精武会的故事,薛海荣如数家珍。据他介绍,1909年,西洋有一位叫奥皮音的大力士到上海,他是从事健美和举重的,在上海表演了几天就口出狂言,认为中国人都是东亚病夫。中国人听到他的狂言之后,非常气愤,同盟会的农劲荪和陈其美两位先生商议,要请北方的武术名家到上海来,跟奥皮音打擂台。

霍元甲　　　　　　　　　《时报》上关于霍元甲的报道

恰好农劲荪先生在天津开药栈时结识了霍元甲，于是就邀请霍元甲来上海打擂台。陈其美、农劲荪等人募集资金在静安寺附近的张园搭建了比武擂台，然而，霍元甲两次受邀到上海都没能和"西洋大力士"奥皮音打成擂台。原来霍元甲到了上海以后，奥皮音又提出种种借口不肯比赛，自己跑掉了，所以这一场赛事就没比成。于是双方又约定了1910年4月再举行比武，到了4月，霍元甲又来到上海，提出了要跟奥皮音比武，奥皮音一看中国真正的武术名家来了，不光有力气，而且有功夫，便被吓跑，再也不敢打了。

最终这场擂台赛变成了国内高手的武术表演赛，霍元甲技压群雄，艺惊四座，霍元甲的传奇故事被刊登在《时报》上，大长了中国人的志气。薛海荣认为，尽管中国人的个子比外国人要小，但是我们有功夫、有力气、有技巧、有技术。陈其美当时提出："希望十年内训练出千万名既有强健体魄，又有军事技能的青年，以适应大规模革命运动和改良军事的需要。"这样，一批尚武者和爱国人士一拍即合，创办了中国精武体操学校，由农劲荪担任会长，霍元甲担任武术总教练。当时在上海虹口有不少日本人开的道场，面对日本人的挑战，霍元甲经常与其展开比武。薛海荣

精武体育会首任会长农劲荪

精武体育会大门

认为,精武体操学校从成立的那天起,就是为孙中山的同盟会所发起的革命、为中华民族在世界上以崭新的姿态出现而准备的力量。

然而在精武会成立还不到一年的时候,霍元甲先生就不幸去世,霍元甲的突然逝世对精武体操学校是一个沉重的打击,会内的活动也暂时停顿下来。为了延续精武事业,当时的学员陈公哲、卢炜昌、姚蟾伯三人捐资献力,将精武体操学校更名为精武体育会,最终让精武会走出了低谷。

在上海精武体育会建会十周年的时候,孙中山先生还亲笔题写了"尚武精神"的横匾。陈内华是上海精武体育总会的秘书长,1977年他就在这里工作了,对于"尚武精神",他有很深刻的理解,他说:"为什么叫作尚武精神呢?它实际上就是强身健体,通过强身健体增加自己的一种抗击力量,来推翻那时候的旧制度,尚武精神就是这样来的。"

薛海荣认为,说到上海精武体育总会,就必须要提到精武公园。当时在外滩的黄浦公园,外国人所竖立的"华人与狗不得入内"的牌子让中国人都非常气愤。当时有一个无名人士提出捐给精武会三万银元,他的目的就是想让精武会去做一件有利于精武会发展和社会发展的事情,薛海荣介绍:"他们就在倍开尔路(今惠民路)买了十亩地,大家商议要造一座公园,这座公园的名称就叫精武公园,我们在精武公园门口也竖了一块牌子——凡是人类能遵守文明守则者,皆可入内。"

早期的精武公园大门

创建初期的精武体操学校是一个纯武术团体，因为场地设施简陋，师资力量单一，无法开展其他的体育活动。自1916年迁入倍开尔路，也就是今天的惠民路新址以后，逐步开展了篮球、乒乓、哑铃等现代体育运动。上海精武体育总会秘书长陈内华认为，精武体育会在中国最早引进了现代的体育项目，并在当时提出"爱国、修身、正义、助人，唯今唯一，乃文乃武"的精武精神，成为一个综合性的体育社团。

1936年，德国柏林举办第十一届奥林匹克运动会，精武会有三名代表前去参加，其中最出名的就是符保卢。陈内华介绍："符保卢年轻的时候就参加了精武会，他是一个撑竿跳运动员。1936年柏林举办奥运会他去报名参加，但是由于当时经费比较紧张，他没法带自己的撑竿去参加比赛，只能向别人借了撑竿。在预赛中是通过了，但是到了决赛的时候，因为竿子不是自己的，所以并不合适，比赛中竿子断了，结果决赛没有取得很好的名次。"

献身救国的精武人

由于符保卢一直从事武术和体育项目，身体非常强健，所以积极报考了当时的中国空军，并被空军录取，加入了中美联合航空队，也就是飞虎队，但不幸的是在一次意外事故中，符保卢光荣牺牲了。

电影《民族生存》剧照

抗日战争爆发后,除了符保卢外,还有很多精武人投入到"抗战救国"的行列之中。1920年就加入精武会的查瑞龙在抗战期间参演了《民族生存》《肉搏》等多部抗日进步影片,为宣传抗战做出了很大贡献。查瑞龙之子、精武体育总会会员查天培回忆,当时父亲在很多武打片演员中红得发紫,但他却在此时决定改变戏路,原来日军侵华时,在闸北陆家宅的祖宅两度被日军飞机炸毁,因此父亲查瑞龙对日本人有一种刻骨的仇恨,于是他想改变戏路子,便与田汉商量。1932年10月初由田汉编剧的第一部抗日片《民族生存》开始拍摄,查瑞龙出任片中主角。

查瑞龙之所以能够成为武打影星,是因为自己有一身真功夫,而他下定决心学武术,也是有原因的。查天培回忆,父亲经父母介绍,进入了一家英国人办的设计公司上班,一天由于打翻墨水损毁了图纸而遭到外国老板的殴打,由于觉得外国人看不起中国人,父亲决定离开,并决心练好武术,为国人争光。

查瑞龙辞职以后就专门学习武术,也开始了"振兴国术"的事业。他从小就练习石担石锁,练就了一身肌肉和健壮的体格,被称为"东方大力士",并在20世纪二三十年代的时候,专门表演石担石锁以及硬气功等武术。

1949年新中国建立后,查瑞龙组建了闸北区工人业余石担石锁运动队,为了不让这门技术失传,也为了吸引更多的人来学习,他开始教授石担石锁技术,并在工厂、农村、部队、学校演出。查瑞龙的关门弟子徐志成,一直铭记着师傅临终前对自己的嘱托,上海精武体育总会精武传统专业委

石担

员会副主任徐志成回忆，师傅查瑞龙对他说："你一定不要把它荒废了，带一班人出来把石担、石锁石担永远地传承下去。"于是徐志成就开始在师傅的基础上，进一步研究发展，经过不断地创造，在1996年10月全国第三届农民运动会中，徐志成带领的上海石担石锁队在表演项目中得到了一等奖。

为了促进国民体育和募集慈善基金支持抗战，上海孤岛时期，精武体育会还举办了各种体育比赛。"（精武体育会的）抗日战争募捐和难民救济等活动始终没有停止过，它还搞了很多比赛。"上海精武体育总会秘书长陈内华说，"当时社会的体育设施是非常差的，精武体育会作为一个体育组织，又有一定的硬件设施，还有这样的组织者，所以吸引了很多人来参加体育比赛活动，应该讲是为我们国家全民参与体育活动做出了很大的贡献。"

不拘门派的精武武术

80年代风靡一时的电视剧《霍元甲》，除了其主题曲《万里长城永不倒》一时红遍大江南北外，还有一套"迷踪拳"让更多人开始着迷，甚至跑去精武会专门学习。电视剧中霍元甲打的迷踪拳，实际上出自少林，其中有一支流传到了霍家，迷踪拳的动作敏捷灵活，很讲究腰腿功夫。上海精武体育总会同济基地主教练曹志豪介绍，霍元甲留下来的迷踪拳也叫霍氏练手拳，是霍元甲原原本本带到上海精武体育会的一套套路，是由太极、少林、形意等拳种的动作组合而成的。

精武体育会日常训练

影视剧中陈真的形象也让人印象深刻,事实上,陈真却是一个虚构的人物,但是这个虚构的人物也是有原型的。薛海荣介绍:"陈真实际上集中了四个人身上的性格,一个是霍元甲的徒弟刘振声,还有一个就是陈其美,疾恶如仇、敢说敢当,他的功夫则主要反映了陈公哲与陈铁生两位先生的功夫。"当时热播的《霍元甲》《陈真》等一些影视剧对精武体育会发展传承起了很大的作用,使广大民众,特别是青少年了解了精武体育会这样一个组织。

"精武门"的称呼让人以为它是一个门派,但精武会其实是不分门派的,除了霍家的迷踪拳,还有很多流派。上海精武体育总会秘书长陈内华介绍,据历史资料记载,精武会一共有248套传统拳种,来自我国的黄河流域、珠江流域和长江流域,这些都是精武体育会在开展的传统武术,这些传统

精武四大名师

鹰爪拳

武术都是由精武会邀请各地一些比较好的武术老师带到精武会来的拳种。

薛海荣认为,精武会之所以受到老百姓的欢迎,是因为其不拘泥于一种门派,也不仅仅注重传统的武术,而能够汇各种流派于一路,各自发扬自己的特色,可谓百花齐放。

精武会的定位就是一个以武术为主的民间体育团体,从成立以来,有很多武术大家在这里教过武术,比如"少林门师"赵连和、"七星螳螂"罗光玉等。鲍宗德的舅公陈子正被称为"鹰爪王",是精武四大名师之一,鲍宗德介绍,鹰爪属于少林派,但是鹰爪拳属于象形拳,鹰爪拳最大的特色就是抓、拿、打,柔中有刚,刚中有柔,绵里藏针。鲍宗德的鹰爪拳就是跟着父亲鲍希荣在精武会学的,现在他依然记得父亲当时是如何教自己的,他回忆说:"我爸爸这个人话也不多的,他很实在的,你稍微有一点不行,他拿根红木棒子就对你一敲,你什么地方摆不好,他就敲你什么地方,背上不好就敲背,马步扎得不好,就敲你脚。"在精武会刚成立的时候李会廷就在这里教拳了,他教的是查拳,他的外孙、上海精武体育总会传统武术研究中心副主任刘元回忆,他们家最早是在山东济宁的,外公李会廷从小就在家里习武,18岁艺成以后,开过镖局,也当过那时候的武官,后来因为官场腐败,就弃官不做开始走江湖。1909年,霍元甲遇见了李会廷,就把他请到精武体育会,当时精武体育会人很少,也没有几个老师,李会廷就帮着霍元甲一起在精武体育会教拳。

查拳相传是明朝末年的回族人查密尔创建的,这套拳法注重腿部的动作,还有一套帮助武术习练者记忆和练习的歌诀,刘元介绍:"出手如箭出弦，回手如被火烧，这就是对于练武之人的要求。（查拳）出拳要很快，像雷电一样，也像箭射出去一样，回手的时候也要快，要像被火烧了一样。"

如今，精武会也在不断吸引着各类武术门派前来交流，童子功大师张世刚就是被这种容纳百川的精神所吸引而加入精武会的。现在，张世刚的童子功也是精武传统武术中的一项内容了，对于何谓童子功，张世刚认为："练童子功就是做到返璞归真，我在外面练童子功的时候，人家就有一种说法，童子功是没有结过婚的人练的。人家都问我这种问题，我讲不对，童子功、童子功，就是练成像小孩一样的柔软，实现筋松气通、祛病延年的效果。"

张世刚不仅经常去参加各种武术比赛和表演，2010年世博会期间，他还代表精武会在世博园内表演了30场。为了把这门功夫传承下去，张世刚现在已经开始把它教给小孩子了，虽然练习很苦，但在孩子们的脸上，我们看到更多的是乐趣。

精武传统在校园

有一百多年历史的澄衷中学从建校以来就有武术教育的传统，通过开展多种运动项目，提高学生的身体素质，这在很大程度上归功于王怀琪这位体育老师。在新改建的精武公园里，有精武十八铜人雕像，其中就有王怀琪老师的铜像。据上海市澄衷中学校长潘红星介绍，王怀琪最早也是在澄衷中学读书的，此后又到精武体操学校有一个短暂的进修，毕业以后又回到母校来做老师，他可能是精武会比较早的会员。潘红星认为，王怀琪在精武方面的贡献不是在精武会本身，而是把这样一种精武精神带到了基础教育中，在中小学中以精武精神教书育人同时又著书立说。

王怀琪的体育教育影响了好几代人，很多学生还保持着锻炼身体的好习惯。李达三先生就是王怀琪老师当年的学生，潘红星介绍说，李达三先生已经年逾九旬，读书看报无须戴眼镜，这样好的身体，他认为也是得益于王怀琪老师。80年前李达三在校读书时，王怀琪老师教给他八段锦，后来就成了他终身自我锻炼的一个习惯。他现在90多岁了，但是每天睡觉前，还会练一套八段锦。

潘红星校长在参加北京校友会的时候，一位80多岁的校友给她讲起几十年前王怀琪老师体育课上的一句顺口溜，潘红星说："王怀琪老师在体育课上跟他们是这样说的，走路一定是要雄赳赳气昂昂的，然后，还编了一个顺口溜说，钱是会越用越少的，力气是会越用越多的。"

一百多年来，上海澄衷中学的武术教育搞得有声有色，现在的澄衷中学里，王怀琪老师后继有人。自幼在精武会习武的林思砚老师继续开展着学校的武术教育，林思砚认为，王怀琪老师把功法全部整理成书，当时还很少有人做这些事情，因此其对武术是一种很好的推进和发展，而自己现在在做的就是把武术普及下去。

林思砚利用体育课的时间，教学生武术基本功和武术套路，还根据不同年级特点教授不同的武术套路，林思砚介绍说："高一教王怀琪的八段锦，因为这是我们的传统。高二我们教的是精武的武术操，是新编出来现在正在推广的武术操。高三学的是新编长拳，这是教材里面有的，按照我们自己的要求，我们把它强化了一下。"

现在，在公园、学校里，经常能看到精武操，精武操是精武会近年来在传承传统拳法套路的基础上编排的武术拳操。上海精武体育总会副秘书长方婷介绍说，武术套路动作繁多，每套都有五六十个动作，推广教学需要花费很大的时间精力，因此他们就把精武会代表性拳种中的一部分动作抽选出来，编成精武操。精武操分为中老年操和青少年操，现在，已经在公园和中小学学校中推广了。

虹口区第三小学是精武操的一个教学基地，学校接受精武操，更看重的是武术所带来的精气神和"爱国、修身、正义、助人"的传统精神。上海市虹口区第三中心小学校长盛裴说："精武精神和我们现在倡导的社会主义核心价值观是相通的，所以，我们就用精武体育作为一个育人的载体，既培育学生的价值观，又让学生通过精武体育练习强身。武术是小朋友非常喜欢的一种运动，而且又有教育的内涵，再加上又能够健身，三合一，所以我们就基于这样一点，把这个项目引入学校，并且作为一门课程，面向全体学生。"

公园里的习武风情

天刚刚亮就有很多人来到公园锻炼,太极拳、形意拳、南拳、石担石锁等,内容丰富多彩。在闸北公园指导打太极拳的老师刘金妹,自幼爱好武术,但是直到退休后才有了时间加入精武会,学习太极拳。在她的影响下,如今丈夫也开始打太极拳,并做了她的助手。上海市精武体育总会原闸北区辅导中心主任刘金妹说:"我丈夫开始是我把他教会的,学会了以后,他一起帮我,他是这里的辅导站站长,我是中心主任,他是负责我们闸北公园一块的,我的成绩也有他的一半。他负责音响,在前面领队、示范,每天不管天冷、天热,都是这样子坚持的。"

作为中国传统功夫,太极拳不仅吸引着很多中国人如痴如醉地学习,20世纪70年代,意大利著名导演安东尼奥尼来中国拍摄纪录片的时候,太极拳也成了他的影片中必不可少的镜头。当年,他还用镜头记录下了当时上海百姓练武术的热闹场景。上海精武体育总会传统武术研究中心副主任李国华回忆,当时从南京东路外滩、外滩公园门口一直到延安东路外滩,每到早晨,一路上都是练拳的老百姓。

一同在闸北公园教拳的还有雷龙兰,雷龙兰自幼跟随父亲雷平习武,她的父亲是一位民间拳师,来到上海后一直在闸北公园教授形意拳、南拳、长拳、罗汉拳、形意棍等各种传统武术。雷龙兰退休后开始全身心地跟随父亲在闸北公园教拳,她至今还记得和父亲一起在公园教拳的情景,她回忆说:"两个小朋友,慕名到闸北公园来跟我父亲学习传统武术,我爸爸就教他罗汉拳,又教他形意十三棍,还有朴刀。在一个星期里,我就做我爸爸的助手,我爸爸在前面教,我在后面带,一个星期里他们就把这三个套路都学会了。"

后来父亲年纪大了,教不动拳了,雷龙兰就接替了父亲,继续在闸北公园教拳,无论天气多冷多热,雷龙兰都一直坚持,即便是2008年的那场大雪都没能让她停下来。她回忆,下大雪的时候,闸北公园一片白茫茫的,早晨只来了少数几个拳友,他们就在公园里面继续坚持练拳,也是公园里面一道白色的亮丽风景线。

在公园里教拳还发生了不少有趣的故事。方媚和方婷是一对双胞胎，她们从小在精武会练武。原来姐妹俩出生时，方媚只有四斤左右，方婷只有三斤左右，医生认为两人是养不活的，由于从小身体不好，于是她们的妈妈就把她们送到精武会练武以强身健体，后来她们在虹口公园锻炼的时候还教了三胞胎姐妹，这段往事她们记忆犹新。方婷回忆，三胞胎姐妹同样是因为体质差而被母亲送来习武强身，于是虹口公园里双胞胎姐妹教三胞胎姐妹，便成了一段佳话。练了两三年以后，三胞胎姐妹就被虹口区少年宫招去练舞蹈了，后来，还考进了上海音乐学院。如今，方婷是上海精武体育总会副秘书长，方媚则是上海海事大学副教授。

每个年代总会有流行的武术功夫，一方面让大家锻炼身体，一方面也让大家因为一个共同的爱好聚在一起，上海精武体育总会武术教练张世刚回忆说："70年代到80年代的时候，是练少林等长拳类的比较多，80年代末，练气功的比较多，好像就是一阵风，现在又没有了。90年代，练的是木兰拳，公园里面都是，因为木兰拳受到老年朋友，特别是妇女同胞的喜爱，现在是练太极的比较多。"

时代变迁中的精武精神与武术教育

尽管精武人一直想维护和开展精武事业，但是旧中国时局动荡，精武难以复兴，直到上海解放后，精武会开始开展更多的群众体育活动，武术、摔跤、乒乓、棋类是这段时期精武会的四项特色活动。

上海精武体育总会传统武术研究中心主任方长生回忆起那时的情景还记忆犹新，记得20世纪50年代初，练武的人大部分是商店职员、工厂工人，也有一部分学校教师，寒暑假里也会有学生。精武会的二楼有一个很大的练武的场子，当然那里还有练健美的，练举重的，但大多数地方都是练武术的。那时候教武术的有三个老师，一个是王凤岗，他主要教少林拳，鲍希勇教鹰爪拳，孙润志教太极拳。上海精武体育总会传统武术研究中心副主任刘元记得，每天到了晚上，摔跤房门口挤满了围观的人，连窗户上都爬满了人在看，相当红火。

当时，为了响应国家"增强体质"的号召，大家都积极参加各种体育活动来增强体质，很多人来到精武会馆里练武，也有很多人跑到公园里打拳。尤其是1951年，第一套广播体操推出，一时间，全国上下掀起了做广播操的热潮。

不仅仅是想通过传统武术来强身健体，更是对武术难以释怀的热爱，让一代代练武之人，无论在怎样的环境和条件中都没有放弃武术。1960年，年幼的刘元就开始在精武会习武了，一直到十七八岁上山下乡他才暂时告别精武体育会，他回忆说："上山下乡以后，我因为爱好武术，就坚持练武术。一些贫下中农的孩子和我年龄差不多的，他们就跟着我学武术。我们那时候收了工以后，晚上就到操场上去练，天天晚上都热情很高，以至于几个年长的贫下中农就来跟我说了，你用什么魔法让孩子们都不睡觉了，都跟着你忙。那时候，劳动再累，回来以后到了晚上就开始练武术了，也不知道什么叫累，完全是一股热情和一种爱好在支配着。"

查瑞龙之子、上海精武体育总会会员查天培记得自己上山下乡时，别的知青带的是咸鱼、咸肉、香肠，他带的则是三百斤杠铃片、五根铁杆、五只哑铃、一副吊环。坚持练习武术，不仅带给他们强壮、矫健的身体，也给他们带来了生活的乐趣，让他们在艰苦的环境中也能生存下来。

时代发展变化，精武会"爱国、修身、正义、助人"的精神一直没有变，始终激励着精武人，增强百姓体质的初衷也一直没有变。"文化大革命"时期，精武会的活动也停止了，但是精武会"爱国、修身、正义、助人"的精神，一直鼓舞着龙的传人，迎接新时代的到来。现在，精武会在上海的很多公园建立了辅导站，上海精武体育总会秘书长陈内华介绍，精武会现在在全市有14个辅导中心，将近200个辅导站。

传统武术中，心意六合拳作为其中的一种在公园普及教授，吸引了不少男女老少前来学习，练拳不仅给他们的身体带来了好处，也带来了精神的力量，增加了生活的乐趣。陶光文现在是精武传统武术研究会的一员，专门负责心意六合拳的普及工作，他介绍说，六合拳的"六合"是指内三合、外三合，外三合就是肩与胯合、手与足合、膝与肩合，内三合就是心与意合、意与气合、气与力合。

丁振华做的是文员工作，长期坐在室内工作，年纪轻轻身体就出现了各种问题，后来跟着师傅陶光文练拳，恢复了年轻人该有的精气神，现在，陶光文已经有了很多徒弟，心意六合拳也传到了很多地方。

此外，精武会还编排了警用功夫拳、女子防卫术、残疾人坐式太极拳，为不同的人群提供一套健身和防身的武术拳操。除了武术队以外，精武会还有其他体育团队和文化团队，上海精武体育总会副会长薛海荣介绍："我们现在还成立了精武摔跤队、精武拳击队、精武棋牌队、精武龙狮队等，把人民群众的生活与强身健体，与体育运动，与武术很好地融合在一起。"

无论是今天，还是昨天，上海精武体育会都把推广体育运动与增强国民素质的工作有机地结合在一起，为中国武术的蓬勃发展做出了自己的贡献。

沪剧情缘

沪剧是上海特有的地方戏剧种,两百多年前,当上海还是一个普通的江南村镇时,沪剧便以说唱的形式出现在地头田间。沪剧关注人间真情,演绎百姓故事,其发展与上海同行,与时代同步,也承载着上海这座城市的风土人情和文化根脉。2006年,沪剧经国务院批准被列入第一批国家级非物质文化遗产保护名录。

从滩簧到沪剧

沪剧源自田头山歌,并随着上海这座城市的发展进程,从滩簧到申曲再到沪剧,与城市同行,和时代同步。

起源于浦江两岸的田头山歌和民间俚曲的沪剧,在流传中受到弹词及其他民间说唱的影响,演变成说唱形式的滩簧。清代道光年间,浦江一带的滩簧发展为两人自奏自唱的"对子戏"和三人以上演员装扮人物、另设专人伴奏的"同场戏"。1898年,已有艺人流入上海,并固定在茶楼坐唱,称作本滩。1914年,本滩易名为申曲。1927年以后,申曲开始演出文明戏和时事剧,1941年上海沪剧社成立,申曲正式改称沪剧。沪剧是以表演现代生活为主的戏曲,其音乐委婉柔和,曲调优美动听,易于塑造现代的典型环境中的典型人物,具有浓郁时代气息和真情实感的艺术美。

沪剧的发展历史只有两百年左右,在上海未开埠时,沪剧只是田头山歌,其特色在于说新闻唱新闻,把各家各户的家长里短编出来唱。在沪剧表演艺术家韩玉敏看来，沪剧的特点一是应观众所需，二是紧跟时代。观众想看什么，演员就演什么。演出形式最初也很简单，演员戴着小顶子帽子，拿着扇子就可以开始表演。从唱家长里短到古装戏、西装戏、少数民族戏，沪剧的表现范围与时俱进，不断扩大。邵滨孙与凌爱珍开始唱西装旗袍戏，如《阮玲玉自杀》，韩玉敏这一代演员演出的有少数民族戏，如《苗家儿女》《金沙江畔》，而王盘声、王雅琴唱的《梁山伯与祝英台》则属于古装戏。

1941年上海沪剧社成立时《申报》上的宣传广告

沪剧善于表现时事的特点在20世纪20年代末的一出《黄慧如与陆根荣》中表现得很充分，甚至还产生了意料之外的结果。这是一出根据当时新闻报道改编的沪剧，讲述的是一个深居闺房的小姐对家里的长工产生了感情并向其求爱的故事，主题是爱恨情仇，红颜薄命。该剧演出后，那时有一家烟厂迅速推出了名为"黄慧如"的香烟，一时上海滩无论达官显贵或平民百姓，人人争相购买，竟出现烟厂来不及生产的火爆景象。

传统的魅力、生活的底蕴、创新的出色加上方言的优势，这使得沪剧成为上海市民文化娱乐乃至日常生活中不可或缺的部分。来源于市井生活，又接地气，使得沪剧善于表现现代的内容，在表演上也不像其他剧种那样程式化。沪剧演员王勤指出，沪剧与其他剧种的一个区别，在于擅长表演现代的东西，是以演现代戏为特长的。她小时候看的《芦荡火种》《星星之火》《罗汉钱》《鸡毛飞上天》都是现代题材，而用上海话讲，用上海话唱，也使其很容易让本地观众产生亲近感。

而在审美风格上，沪剧中的悲剧题材比较多，沪剧演员王勤说："观众喜欢看什么？要么就是大悲，要么就是大喜，我们沪剧中，大悲这种题材特别多。一个悲剧，观众看完以后，哭得眼泪、鼻涕滴滴答答，他们觉得老过瘾的,这个就是沪剧的魅力。"

沪剧音乐委婉柔和,曲调优美动听,唱腔主要分为板腔体和曲牌体两大类。板腔体唱腔包括以长腔长板为主的一些板式变化体唱腔,辅以迂回、三送、懒画眉等短曲和夜夜游、紫竹调、月月红等江南民间小调。曲牌体唱腔多数是明清俗曲、民间说唱的曲牌和江浙俚曲,也有从其他剧种吸收的曲牌及山歌、杂曲等。沪剧的伴奏音乐则与江南丝竹关系密切,有小、轻、雅、细的特点,以二胡、琵琶、三弦、笛子、扬琴、小锣等作为主要伴奏乐器。

沪剧爱好者闫德钧从小就喜欢听沪剧,让他着迷的不单是唱腔,也不仅是乡音,还有唱词中体现的美,他说:"很吸引我的就是沪剧的唱词,相当美。比如讲'银色光带透杉林,薄雾似烟绕山间'这两句,早上,阳光照射下来像银色的光带一样透明,杉林中弥漫着雾气。美不美啊?"

著名沪剧演员陈瑜认为,从一些唱词中也可以看出沪剧演员从草根中走出来、表演贴近百姓的特点,"沪剧的一些老先生都是从滩簧走过来,滩簧就在茶馆店里的,如'摆出八仙桌,招待十六方','砌起七星炉,全凭嘴一张',这种唱词,你不到茶馆店里,学院派是写不出的,所以沪剧的表演形式贴近老百姓,老百姓特别欢迎"。

戏迷的世界

沪剧是上海最具代表性的本土剧种,它来自民间市井,善接地气,能够反映民间百态和群众情感,又是以上海方言说唱,因而沪剧在上海有着广泛的群众基础。

在社区文化中心工作的沪剧爱好者陶一铭三四岁就开始跟着奶奶听戏了,那时家里五斗橱上有台电唱机,总在播放沪剧,其中的每句念白、每段唱词,都深深地嵌在了他幼小的心里。至今,他还收藏了不少老艺人的戏装,他介绍说,这些戏装都是20世纪30年代老艺人们花了大价钱做的,上面全部是手绣而且盘金,当时沪剧艺人的收入并不高,做这样的戏装可以说是花了血本,为的是追求好的舞台演出效果。

陶一铭由于喜欢沪剧，逐渐认识了沪剧界的一些老先生，听他们讲沪剧界的往事。从爱好到钻研，他开始深入沪剧的历史中。陶一铭回忆，他认识的第一个沪剧前辈是王雅琴老师，从此他走进了沪剧这扇门。通过她的介绍，他认识了很多年已八九十岁的沪剧界老先生，而当时他才只有不到二十岁。时间长了，老先生们看出了陶一铭的热情和对沪剧的热爱，渐渐接纳了他，他和老先生们越来越熟，逐渐成了忘年交。

沪剧名家王雅琴13岁时曾灌制过红透上海滩的一曲《卖红菱》唱片，70年后，王雅琴偶然对陶一铭讲起这件事，不料陶一铭却将它却默默记在心里。陶一铭回忆，有一次他偶然来到东台路古玩市场，无意间在一家店门口堆的唱片中发现了王雅琴的《卖红菱》，当时这张唱片售价30元，对他来说并不便宜，但陶一铭还是很开心地将它买了回来。演员与戏迷总是有一种缘分，在陶一铭看来，这张唱片好像就在等着他的到来。那时没有CD，陶一铭将唱片转录到磁带上，当晚就带着磁带来到王雅琴老师家中，80多岁的王雅琴听着自己13岁时的录音，高兴不已。

20多年来，陶一铭工作之余都在搜集和整理沪剧资料，跑遍了与沪剧相关的角角落落，还写了一本记叙一代代沪剧艺人从艺历程和生活遭遇的作品《滩簧乱嚼》。

沪剧被誉为"上海的声音"，在上海的市郊一直有着一大批沪剧迷。沪剧就像有一种特别的魔力，深深地吸引着戏迷平桂琴，至今她还记得自己小时候为了听沪剧，忘了去割草的往事。年轻时在田头听着沪剧干农活的平桂琴，如今办起了一个沪剧沙龙，她自己出钱买了各种音响设备，还买了铜鼓、扬琴、大提琴等。看着她对沪剧的喜爱，很多人却不知道她曾经患过一场重病，正是沪剧的陪伴使她走出了疾病的阴影。开刀、化疗、吃药，激素使她变胖，化疗使她掉光了头发，此时家人为了让她走出阴霾，全都支持她去唱沪剧。平桂琴总是说，沪剧是她生命的一个组成部分，空闲在家的时候，家里总是伴随着沪剧，连最喜欢的衣服也是沪剧的演出服。她还向《上海故事》栏目组展示了她的十几件戏装，每种戏的衣服都各不相同，"这件是《燕燕说媒》的，这件是唱《四季相思》的，这件是唱《人配成双》的，这套是唱《新家洞房》的，这件是唱《星星之火》、扮演杨桂英的，我最喜欢的是唱《江姐》的这件"。

几年来，由平桂琴创办的沪剧沙龙，为社区街道、敬老院演出了近百场，在她看来，是沪剧帮助她走出了绝望的阴影。

章勤新与沪剧结缘是在他年轻的时候，那时家里有个收音机，妈妈喜欢听越剧，爸爸喜欢听评弹，他却独爱听沪剧，不但听，他还爱记录唱段和唱词。章勤新回忆说："有时候很晚还躲在被子里面听，一边听还一边用家里的一本账本做记录。第一遍是记不牢的，那么听了第二遍又记，像填充一样的，等两三遍听下来以后，一个唱段全部记好了，那么这个时候我也会哼唱了，对唱词也已经熟悉了。"

此后，章勤新惊异地发现沪剧音乐竟然那么美妙，一个偶然的机会，他找到了专业鼓板师王宝华老师学敲板，这一学就是十多年。以前的沪剧界很重视鼓板，它是唱腔的骨架，用以指挥乐队的节奏与速度。鼓板不是只要敲得响就行的，敲板人自己节奏感要强才能去带动乐队和演员，最重要的是敲板人要熟悉沪剧曲调，了解曲调和板式。章勤新介绍说："沪剧的敲板是按照作曲的意图，有时候要轻一点，有时候要激昂一点，还有当中转板的时候，转的时候一定要敲清楚，让乐队走得清爽，演员唱得好。要尽量靠近演员的感觉来敲板，这样使乐队与演员配合好，观众听起来就舒服了。"

迷恋沪剧几十年的章先生还有一件令他很得意的事，他所收集的沪剧录音有不少连广播电台里也没有。他说，电台里播出过的曲目太多，再加上有的大戏时间很长，不一定每个曲目都能被完整保留，往往只保留了唱腔，而这些被遗漏的剧目录音他收藏了不少。

沪剧，是上海人的流行曲，是上海人的音乐剧，是上海社会风貌和大众精神的艺术展现，滋润、慰藉和关爱着一代又一代上海人的心灵。对于沪剧，很多人都有美好的故事，说起沪剧，真的叫人有种说不出的轻快与舒畅，仿佛有一脉清泉从心田里欢快地流过。

演员与戏迷的一生缘

普通戏迷和沪剧名家间也有不少难忘的缘分和往事，让人久久回味。沪剧爱好者杨宏富的妈妈是位越剧演员，从小就希望儿子也吃开口饭，去唱戏，而杨宏富则觉得男子唱越剧显得娘娘腔,他更喜欢沪剧,八九岁时,他对着一鱼缸的水练嗓子,改善了原来比较哑的嗓音,于是就开始唱起了沪剧。

高中毕业后,命运似乎跟杨宏富开了个玩笑,上山下乡的大潮把他推到了黑龙江插队落户。在黑龙江,他仍然放不下沪剧,他回忆,当时他在连队里负责宣传工作,为干活的知识青年加油鼓劲,于是他就在休息时为大家唱沪剧。

1980年,杨宏富从黑龙江回到了上海,虽然他的工作是在燎原电影院画电影海报,可他却经常靠沪剧激发自己的创作灵感,杨宏富回忆说:"搞创作的时候,我一定要听什么呢?听王盘声的唱腔,没有王盘声的唱腔,好像总归少了个背景音乐,所以我的背景音乐实际上就是王先生的唱段,整天听啊听,一听就画得出来。"

演员与戏迷好像是有一种缘分,一次偶然的巧合,杨宏富见到了心中的偶像王盘声老师,之后,王盘声同时收了三位业余弟子,杨宏富便是其中的一位。能成为沪剧名家王盘声的弟子,杨宏富激动不已。有人对他说,比他唱得好的人多的是,王盘声却收了他当弟子,他真是无比幸运。这句话深深触动了杨宏富,他买来了录音机,把自己唱的录下来,再回放出来找不足。

那时,很多沪剧艺术家把自己对艺术的爱,倾注在对后辈的关怀上,杨宏富得到名家王盘声的指点后,更加痴迷沪剧了,以至于睡觉时都在打拍子。沈锦妹是杨宏富演唱沪剧的搭档,为了唱沪剧,她毅然放弃了单位的高薪回聘,辞掉了人事部经理的工作。沪剧有一种说不出的魔力,为了演出效

杨宏富和沪剧名家王盘声的合影

果，沈锦妹自己动手做服装，做道具，一针一线，日日夜夜挑灯夜战。

沪剧演员王勤的父亲王惠忠是一位文艺爱好者，特别喜欢沪剧，他还记得当年大院里众人拥在地下室里，围着一个九英寸电视机看沪剧的情景。

王勤6岁时学扬琴，看到电视里的沪剧后，她开始想学沪剧了。1984年，王勤参加了上海沪剧院举办的一个暑期学习班，从此迷上了沪剧。改革开放让艺术家们获得了新生，几十年过去了，从沪剧迷成长为沪剧演员的王勤还记得当年参加暑期沪剧班，艺术家们与小沪剧迷打成一片，指导他们唱沪剧的情景。她回忆说："那个时候，参加沪剧班的是一批跟我年龄相仿的十几岁的小朋友，沪剧表演艺术家丁是娥老师、解洪元老师、邵滨孙老师、石筱英老师三天两头来看我们，经常会给我们上课。我印象特别深的、终生难忘的是丁是娥老师作为我们沪剧界的领军人物，能够这样手把手地教我，小时候感觉自己很光荣，真的不得了，怎么是丁老师来教我唱，而且是一字一句地教我唱。"

那个年代，上海经常举办各种沪剧大奖赛。1986年，上海市举办了"水仙杯"沪剧大奖赛，当时报名参加比赛的有1 300多人，王勤也在其中。她还清晰地记得丁是娥老师悉心指导她参加比赛的往事，其中蕴含的关爱之情令她十分感动。王勤记得比赛是在大冬天，参赛者们在青年宫的排练场中排练，连着几个晚上，丁是娥老师都一字一句地给她把关，不厌其烦，直到她唱好为止。每晚丁是娥回去之前，还会贴心地关照她围好围巾，保护好喉咙，不要受凉。

那次比赛王勤得了一等奖，在她看来，这是前辈艺术家悉心指导和对小辈关爱的结果，是她一生的记忆，更是她一生的财富。

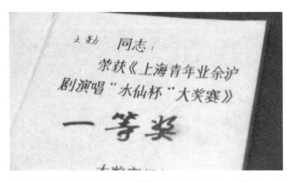

王勤获得上海青年业余沪剧演唱"水仙杯"大奖赛一等奖的证书

在20世纪80年代，茅善玉是上海家喻户晓的沪剧演员，曾获得过很多奖项。她的表演清新自然，富有灵气，唱腔圆润甜美，情深味浓，

沪剧情缘

沪剧演员茅善玉和
孙徐春演出照

深得观众的喜爱，以至于走在路上，她常要以一块手帕或一张餐巾纸遮住脸，否则热情的戏迷认出她来，虽然不像现在随时随地可以拿出手机合影，但也总要拉着她握手、聊天。

戏迷热爱演员，演员对于戏迷也怀着深深的感情，茅善玉认为，戏曲的戏迷和流行歌曲的追星族有所不同，追星族追捧流行歌手往往只是一时，而戏迷对于自己所钟爱的戏曲演员的追捧往往可以延续一辈子。她记得有些自己的戏迷对自己如何出道、第一次演的是什么戏、在什么剧场演出如数家珍，有些茅善玉自己都已经淡忘的事，戏迷们还记得很清楚。著名沪剧演员陈瑜也记得自己身体不佳仍坚持演出后，观众围在剧场门口问寒问暖，还帮她打好出租送她回家，这些都让陈瑜感动不已。

从时尚到非遗

早在解放前，沪剧就是老百姓喜闻乐见的剧种，1949年上海解放后更是红火一时。往事总是令人温暖，沪剧名家韩玉敏老师现在虽已至耄耋之年，往事依然历历在目，记忆犹新。她记得当时越剧名家众多，解放前越剧就拍过电影，只可惜现在大多未能保存下来，她回忆说："我是1947年学戏的，到了1950年，沪剧在上海红得不得了，角儿很多很多，邵滨孙、石筱英、杨飞飞、丁是娥、顾月珍，都是红得不得了，当时在上海，什么戏都唱不过沪剧。沪剧最早也拍过电影的，但是由于是私人老板拍摄的，

沪剧电影《罗汉钱》剧照

后来全部没有了,邵滨孙跟凌爱珍拍过《恨海难填》,但是这个影像资料一点没有留下来。"新中国成立以前,曾经拍过三部沪剧电影,然而现在都没有保留下来,《罗汉钱》是我们现在能够看到的最早的沪剧电影,拍摄于20世纪50年代。

"文革"过去,进入改革开放的新时代,老、中、青沪剧名家投入了极大的热情深入基层,为城乡百姓演出。在《孤岛血泪》中,著名表演艺术家杨飞飞采用了八种沪剧曲调演唱的"金媛自叹",被誉为"杨八曲",它不仅是沪剧经典的代表,更是人们对于一个时代的集体记忆。沪剧爱好者马建明回忆,"文革"结束后,反映抗日战争时期上海的《孤岛血泪》(原名《妓女泪》)在1982年又重新演出,杨飞飞老师连演三个月,场场爆满,而在连演三个月的90天里,马建明至少就看了七十几天。

痴迷沪剧的马建明的父母便是沪剧迷,小时候陪伴他的是沪剧广播。1980年去报社当记者,本来工作上他与文艺并无关联,可他却和沪剧界有特别的缘分。从1980年至今的30余年里,他拍摄收集了大量的沪剧照片资料,记录了沪剧这30余年的发展。

1978年是一代人的人生分水岭,沪剧舞台也重新焕发生机,许多演员纷纷回到了他们热爱的舞台,沪剧迷们也有机会一睹他们的风采。老百姓如久旱的禾苗,如饥似渴地要享受文化生活,那时电视机并不普及,许多戏迷是通过无线电广播来欣赏和学习沪剧的,而有了剧场看戏的机会,他们也往往会连买好几场过把瘾。对于那个时期演员和戏迷的热情,茅善玉回忆道:"那时候是百废待兴,老百姓对各种戏曲乃至各个门类的文艺都有一种饥饿感。我们作为学生,到剧场去看沪剧演出,就看丁老师在唱'从前一个小姑娘',哎呀,那个时候一下子让我感觉着迷了,观众们掌声雷动,唱一句一片掌声。"

在那时，听沪剧就是一种时尚，沪剧演员王勤认为，这和现在的青年人喜欢看韩剧、迷周杰伦及蔡依林等歌星是一样的，那时戏迷们的热情也绝不会比今天的粉丝们差。

艺术是时代的产物。进入21世纪之后，随着上海现代化进程的加速，与其他一些传统戏曲一样，沪剧艺术也面临着生存的危机，市场萎缩，观众减少，出现了人才流失和断层现象。

沪剧表演艺术家杨飞飞演出照

许多人为振兴沪剧做出了各自的思考，沪剧演员陈瑜认为，沪剧已经走出最低谷，处在向上走的路上。沪剧仍应贴近生活，紧跟时代脉搏，走现代戏的道路，这是沪剧的传统。唱了几十年沪剧的茅善玉认为，沪剧以戏曲形式保存着上海的语言特征、文化记忆和世俗风情，希望它能永远传承下去。戏迷马建明对于沪剧的喜爱影响了他的一生，从20世纪80年代初做新闻工作开始直到退休后，他仍然忙着采访沪剧，现在还管理着一个沪剧网站。开办网站后，他希望能吸引更多的青年人喜爱上沪剧，推动沪剧的复兴。

二百多年来，沪剧始终承载着上海的方言、民俗、艺术乃至上海人的情感与精神，好在还有那么一批铁杆的沪剧迷，他们活跃在社区，寻找着童年的快乐，只因心中的沪剧情结。2006年5月20日，经国务院批准，沪剧被列入第一批国家级非物质文化遗产名录。

海上中医

中医是中国传统文化的重要组成部分,而在中医师们辩证诊治之后,君臣配伍的中草药是取之于自然的本草,论述着道法自然的传统哲学。当中草药由草本变成百姓口中的药,需要经过加工炮制等工艺,童涵春堂半夏加工的绝技一直被津津乐道。雷允上、童涵春堂、蔡同德堂、胡庆余堂这些百年传承的老店陪伴了一代代上海人,而寻常百姓家中的橘子皮、乌龟壳、鸡胗皮则是父辈们留给孩子们关于中草药的最初记忆。20世纪初,海派中医逐渐形成,名家辈出,他们以高尚的医德和高超的医术续写着中医里的一个个传奇,而他们的后人也都在传承与创新的路上,谱写着中医薪火相传的乐章。

治病救人的神奇本草

本草可以治病救人,它并不稀奇,就在民间,很多不起眼的草药却能起到大作用。以前上海人家里,几乎都有收集鸡胗皮、甲鱼壳,晒橘子皮的经历,本草之道,融于生活,这些东西也成了父辈给孩子们关于中草药最朴实的记忆。橘子皮经过炮制以后就成为陈皮,具有化痰、止咳等多种药用价值;而鸡胗皮,其学名叫作鸡内金,具有健脾、开胃、消食的作用。可以入药的鸡胗皮,在很多人的记忆里是一种"麦芽糖"的味道,市民蔡玉华说:"小时候,我们一起玩的一个小朋友,家里存有鸡内金,他就拿去卖掉,将换来的糖给我们大家吃,当初有一种糖,叫饧糖。有人挑着担子、吹着笛子，一听就知道是换饴糖的来了，就拿钱去他那里买。"小时候的蔡玉华，看到小伙伴拿鸡内金换钱买糖，自己也去找草药换钱了。听说药店收野的葡萄藤，他就弄了一点野的葡萄藤到药店去换钱，结果由于药店收得太多了，他没能用葡萄藤换到钱，但这也成了他儿时一段美好的记忆，而收集橘子皮、鸡胗皮、甲鱼壳的习惯也成了那个时代生活的印记。

吴宇雯是雷允上的执业药师，她还记得小时候奶奶高高挂起的那只乌龟壳，奶奶告诉她乌龟壳很值钱，小孩子不能随便玩。这乌龟壳学名叫龟板，可制成龟板胶，具有滋阴补肾的功效。收集鸡胗皮、甲鱼壳的年代好像很久远了，但是吴宇雯如今还会碰到来药店卖甲鱼壳的顾客。

中草药主要由植物药、动物药和矿物药组成，是大自然给予人类的馈赠。20世纪60年代，蔡玉华曾做过赤脚医生，主要工作就是采集草药，用草药给老百姓治病。他说，当初采草药就是为了解决农村的看病问题，那时农村条件差，药的价格又比较贵，他在农村当了两年采药员，也正是这些普通的草药起了大作用，救了很多人的命。蔡玉华说，到容易流行脑膜炎的时候，拿牛筋草烧汤，可以防治脑膜炎。如今的蔡玉华依然保持着采集草药的习惯，无论走在路上，还是在公园里，他的关注点依然在花花草草上面，自家的院子里也长满了草药。

除了乙脑外，当时蛔虫病在城市和农村也是一种常见疾病，解决问题的是宝塔糖，这源于一种叫蛔蒿的植物。上海市中医医院医生胡晔介绍说，蛔蒿不是中国土生土长的，它来自北极圈，是从苏联人那里引进过来的，其中的山道年成分对于治疗蛔虫是相当有效的。当时宝塔糖在小朋友们中间很受欢迎，本草与糖果之间是儿时一段甜甜的记忆。

从一株植物到一滴汤药，本草完成了它的使命，然而，来源于自然的本草要想变成药物，炮制是必不可少的过程。有一位邻居想向蔡玉华讨要何首乌，蔡玉华想试试手气看看能不能挖到，他还真的挖到了一只，这只首乌最起码有六七年。据《本草纲目》记载，何首乌性温，味苦涩，苦补肾，温补肝，能收敛精气，所以能养血益肝，固精益肾，健筋骨，乌须发。然而何首乌要达到滋补的效用，必须要经过蒸制。蔡玉华说，他当采药员的时候，把采来的何首乌洗干净，烧饭的时候放在锅上蒸，蒸上几次，里面就会变黑，这就是制首乌。

蔡玉华蒸制何首乌的方法是中医里讲的炮制，有些中药可以通过炮制降低毒性，有的还可以改变药性。在食用首乌时，就分为鲜首乌、生首乌、制首乌：鲜首乌可清热凉血、退热；生首乌是解毒通大便的；制首乌则变成了补药，可以滋阴补肝肾。炮制有火制、水制或水火共制等加工方法，而一些药材往往要先通过切片炮制才可以更好地发挥药效。上海百年老药店童涵春堂的切片工艺一直为人称道，有"半夏如蝉翼，玄胡像金片，附子飞上天，槟榔108片"的说法。当药材经过炮制之后，剂型是本草的下一场转化，中药有汤、醪、丸、散、膏、丹、酒等剂型，提起丸剂，上海百姓家中有一种常备药——六神丸。

过去，小孩子生痱子、生热疖头没有其他效果好的药，而六神丸是比较有效的，当时六神丸在日本和热带地区很畅销，因为它的消炎、解毒功效很好。上海市中医医院耳鼻喉科主任郭裕介绍说："六神丸已经是国家级的非物质文化遗产项目，并且变成了一个保护性的品种，实际上这里面确实有很多奥妙的地方。"20世纪七八十年代，上海人家里空调、电扇等制冷设备比较少，小孩子一热就容易在头上、身上生疔疮，俗称叫热疖头，上海雷允上药城执业医师吴宇雯的小儿子刚满一岁的时候生了热疖头，老师傅就让她去买一瓶六神丸，可以外用。吴宇雯就拿一两粒六神丸，用一点温水化开，涂一点在儿子的头部、颈部，没过两天症状就缓解很多。

一颗小小的丸药就可以起到这么大的作用，这是因为六神丸所含的麝香、蟾酥等本草的强大作用，也正是因为草药名贵，工艺精湛，六神丸在市场上的供应一直都很紧张。郭裕还记得小时候，父母小心翼翼数六神丸的情景："以前家里是用脚盆洗澡的，三伏天的时候，爸爸、妈妈、奶奶在洗澡之前，盆里先放几粒六神丸，还说要节约点用。"等到郭裕进入医院工作，他每月可以分配到买六神丸的票，这在当时也是一件很荣耀的事情。1984年，医院的六神丸是计划供应的，郭裕作为耳鼻喉科医生，一个月有十张票子，一张票子可以买一盒六神丸，因为他手里有这十张票子，找他的人就很多。

这些与中草药打了一辈子交道的人与本草建立了深厚的感情，无论在哪里都不舍得放弃，蔡玉华采了一辈子的草药，如今看到草药手仍然会痒,自己经常会去采药。小小一株花草幻化成一滴汤药,饱含着对健康的祈愿,中医的神奇魅力、本草的奥妙精髓融入寻常百姓生活中。

传承百年的药房

到了80年代,随着卫生条件的改善、医疗水平的提高,宝塔糖也逐渐在百姓身边消失了,然而本草治病救人的使命从未止息,宝塔糖因蛔蒿成就了一个时期的辉煌,在沪上,有一家因为本草而出名的草药店——群力草药店。上海群力草药店医师茅忠瑾介绍说,群力草药店最早是夫妻老婆店,老板叫马恒永,夫妻两人到上海开店后,丈夫每天一早就到佘山农地里采草药,妻子则在柜台上卖草药。

卢世尧是群力草药店的老中医,茅忠瑾曾跟随他学习中医,师徒传承间见证着中医的发展变化。茅忠瑾在70年代末来到群力草药店的时候,草药店的生意就很火爆了,一个医生平均一天要看七八十号病人。20世纪七八十年代,医药资源比较缺乏,老百姓收入也比较低,而中草药价格便宜,以经营草药为主的群力草药店就成了很多百姓看病首选的地方。群力草药店还有另外一个受欢迎的原因,就是它"为群众服务"的定位,茅忠瑾说:"最初我们的草药店还不叫群力,60年代我们在北京搞过中草药会展,周总理看了以后说我们办得不错,他在展览会上还讲了一句话——群策群力,攻克难症。老同志回来以后跟当时的领导商量后,就把明济堂改名叫群

群力草药店旧址明济堂

上海雷允上老店

力草药店。"1977年,群力草药店以一味"小活血"茜草成功抢救了张家口72名中毒儿童,开始闻名全国,这也是本草治病救人的道义,取之于自然的本草进入药店以后,在中医师们的笔下,开始了另一段新的生命。

在春末夏初的时节,多味药材的配伍,祖传的制作工艺,幻化成一粒药丸,这也是本草的新生。岑志坚是雷允上药城的总经理,每次提到六神丸,他都感到非常自豪。六神丸选用了麝香等多味名贵药材作为原材料,也秉持着手工制作的传统工艺。1948年就来到雷允上的老药工胡惠民曾亲手制作过六神丸,人们都以为六神丸是用机器做的,实际上是用手工做出来的。六神丸的配方和制作工艺一直都是保密的,解放后,雷允上的后人将它们献给了国家。岑志坚说:"民间曾有'北有同仁堂,南有雷允上'之说,当时的一些达官政要也为雷允上题匾题字。"1734年,吴门名医雷允上在苏州创立雷允上诵芬堂老药铺,太平天国时期,他的后人从苏州来到上海开设药铺,起初卖伤药、苏药、行军散等,这些药品效果很好。后来昆山霍乱爆发,雷允上就把中药行军散送过去,把霍乱控制住了,以后雷允上的生意越来越好。在上海,雷允上与童涵春堂、蔡同德堂、胡庆余堂一起被称为"上海四大户"药店。这四大药店经营范围广、知名度高,像雷允上的行军散、六神丸、伤药等比较讲究,童涵春堂主要以人参再造丸闻名,蔡同德堂的药酒、胡庆余堂的阿胶在老百姓的心中都很有分量。在这些传承百年的药店里,一代代人用耐心研磨出了浓浓的药香,陪伴了一代又一代的上海人。

药食同源,因时进补

上海百姓一直注重身体保健,所谓"冬天进补,春天打虎",到了冬天,很多人家会做一些膏方滋补品,这成了很多上海人记忆里冬天的味道。中医讲究因时而异,百姓人家弥漫着的艾叶鸡蛋、杨梅酒、冰糖炖梨适应不同的时节,也印证着中医药食同源的特性。

中药源于食物,而又不同于食物,唐代《黄帝内经太素》一书中曾写道:"空腹食之为食物,患者食之为药物",反映出中医"药食同源"的思想,而这种思想在老百姓的生活中体现得淋漓尽致。药食同源伴随着天人合一的传统哲学,在每个季节都有着不同的体现。

春生、夏长、秋收、冬藏,冬令进补的习惯和中华传统农耕社会是分不开的,上海市名中医何立人说:"秋收之后就是冬闲,要准备养精蓄锐,明年到地里再干活。农民往往在自己家里种一点点脱力草,学名叫仙鹤草,采下来熬一熬,收浓了以后吃,治疗脱力劳伤,补气血。"

膏方历史悠久,近现代在上海、江浙及广东等地广泛使用,十全大补膏、洞天长春膏等经典名方在上海老百姓中耳熟能详。传统膏方的名字具有浓烈的传统文化特色,中医用五行运行规律来阐释事物间的互相联系,李其忠是上海中医药大学的教授、博士生导师,他对中医与传统文化的关系有着深刻的认识:"中国的传统文化既是中医药学理论的母体,又是它的载体,两者是不可分割的。唐代孙思邈写《千金药方》,里面有一张处方叫'金水膏'。中医把肺归到金,把肾归到水,那么一讲到金水膏,懂一点中医文化的人都知道,它是肺肾双补的。"

膏方在上海很受欢迎,和上海的自然环境是分不开的。上海冬天的气候比较阴冷,吃点膏方可以暖暖身、补补气血。膏方在清代末期就比较风行,源于上海繁荣的经济,那个时候能够吃到膏方药的,基本都是有钱人。经济一富,人们想到的第一件事情就是要把身体养养好,调补身体。而在20世纪初的上海,膏方的食用大都是一人一方的形式,中医界有"宁看十人病,不开一膏方"的说法,这是因为要开具一剂辩证精确、

熬制冬令补膏

配伍严谨的膏方,对医生的要求非常高。

到了20世纪五六十年代,上海人的生活水平发生了变化,老百姓食用膏方的形式也随之发生变化,人们到医院里请中医把脉,开膏方的料,中草药都是在医院里配好的。胡晔说:"做起膏方来,小朋友肯定是最开心的,用黄酒调阿胶,边上有糖、黑芝麻、核桃、红枣等,不停地搅,搅到筷子能把膏拎起来,不是滴滴答答一串,而是慢慢地滴滴答答落下来,所谓滴水成珠就成了。"滴水成珠的膏药不仅滋补调养了身体,在一年又一年的寻医问诊中,中药也成了医生与患者的纽带,让他们变成了朋友。何立人说:"养生先养心,实际上我们治病的时候,治病先治心,好好地跟病人沟通,了解他的疾病造成的心理上的痛苦,还要了解他所处的生活环境的变化,这一点很重要。"

当医院里的中医师们还在书写药方的时候,中药的四味五性早已飘散在百姓家,冬至时节,上海市民许潜村家里手工制作芝麻核桃粉的习惯依然没有改变。把核桃、芝麻在铁锅里面炒熟了,冷了以后放在捣臼里面捣成糊状,把它拌匀,放一点糖。如果说膏方和芝麻核桃粉是中药在冬天弥漫的味道,那么其实在每个季节,都有不同的中药味道弥漫在寻常百姓家。清明前后,屋子里弥漫的是一把艾叶的清香。

俞伟华家里种的艾草是从别的地方移植过来的,宝宝不舒服的时候,就帮宝宝洗澡用,还放入老姜,颇有效果。杨广富家里没有种艾草,但是他每年端午节都会在集市上买上一把艾草,这也早已成了多年的习惯。撸下叶子,放上两片姜,用来煮鸡蛋,当艾草从新鲜的叶子变成杨广富家里随着鸡蛋一起翻滚的草药,就到了杨梅成熟的季节,这个时候,很多人家都会泡一瓶杨梅酒。据《本草纲目》记载,杨梅具有"生津、止渴、调五脏、涤肠胃、除烦愦恶气"的功效,而白酒有很强的驱寒、杀菌作用,和黑枣酒、人参酒一样,杨梅酒也是一种养生酒。

许潜村除了要做杨梅酒,到了秋天,还要为小孙子煮一碗冰糖雪梨水。买一点生梨、川贝放入冰糖,用锅隔水蒸,冷了之后给小朋友吃,有比较明显的止咳效果。一碗甜甜的冰糖雪梨水承载的是许潜村浓浓的祖孙情,而对很多上海人来说,梨膏糖是更熟悉的味道。"一枝冰雪吊梨膏,二则要用桂圆熬。山楂麦芽能消食,四君子能把小虫消。上用五香花露飘,下有六味味道好。七星灶里生炭火,八卦炉中等梨膏。九枝陈皮能开胃,十味中药共煎熬。煎是煎,熬是熬,煎煎熬熬成此膏。咳嗽伤风疗效好,男女同胞快来买梨膏。"20世纪二三十年代,上海城隍庙民间艺人的一曲"小热昏"将梨膏糖唱红了整个上海滩,从梨膏糖这种本帮特产就可以看出,上海人对保健养生的极致追求。上海市中医医院主任医师董耀荣介绍说,梨膏糖里的冰糖和生梨是主料,但还会加入其他食物,根据不同的体质有不同配比,实际上这也是中药的食疗方,主要针对咳嗽、喉咙痒。

艾叶、杨梅酒、雪梨这些不仅是老百姓养生保健的食物,更是平常用来治病的方法,身体有了小问题,先在自己家里解决,是老一辈人留下来的习惯。秋季过后,又到了冬令进补的时节,今天的生活习惯早在千年前的《黄帝内经素问》里已有记载:"人以天地之气生,四时之法成。"这也是中医里面天人合一的整体观,严世芸说,中医的整体观绝对不单纯指一个人的整体,而是指天、地、人的整体。平常我们说什么节气用什么药,要吃点什么东西,它的思维方法就是把人放到天地中去考察。

中医文化也不仅仅是人与自然的相互关系,治病、调理、养生,它博大精深的内涵,早就以药食同源的方式,融入寻常百姓生活中。

海派中医的产生与传承

20世纪初,许多中医大师悬壶上海,演绎了一段海上中医的传奇历史。石筱山曾是上海家喻户晓、鼎鼎大名的伤科大师，石氏伤科家族的后人之一石印玉从小就耳濡目染神奇的伤科手法，如今年过七旬的他依然坚持诊治。卢世尧因被石筱山治好伤病而迷恋上中医，最终成为群力草药店的一名坐堂医生。朱春霆用推拿疗法让封笔多时的画家吴昌硕重拾画笔，他还率先在上海成立了全国第一所推拿学校并担任校长，为全国各地培养了大批的推拿人才。丁氏内科创始人丁甘仁、朱氏妇科创始人朱南山、陆氏针灸创始人陆瘦燕等，这些中医大家们都以高尚的医德和高超的医术续写着中医里的一个个传奇，而他们的后人也都在传承与创新的路上，谱写着中医薪火相传的乐章。

传承千年的国医用疗效印证着它的独特魅力，当时间的年轮旋转到20世纪初的上海，这里是一片中医的繁荣地带，那时候全国的很多医学派别，像新安医学、钱塘医学、吴中医学、岭南医派等都有人到上海来。

当时的上海不仅名医荟萃，很多药房也来此寻求发展，严世芸曾任上海中医药大学校长、上海市中医药研究院院长，每次讲到上海中医这段辉煌的历史，他都感到非常自豪。"外来与本土的医家一起著书立说，创办学校、医院，使得上海成为江南地区新的医学中心，造就了近代中医史中的诸多首创和第一。上海有第一个被政府备案批准的中医学校——上海中医专门学校，有第一个中医社团——上海医学会，还有第一张中医的报纸——《医药报》，全国第一本综合性的医药辞典——《中国医学大辞典》，有那么多个'第一'。"

除此之外，在1958年，上海市第一人民医院完成了首例针刺麻醉手术，而在当时，上

上海中医专门学校

海有一位家喻户晓的针灸大师陆瘦燕。针灸的常用方法为隔衣进针，也就是隔着衣裳做针灸，而陆瘦燕改进了自古相袭的隔衣进针的方法，暴露肢体、暴露穴位，并且进行消毒，这为后来的针灸操作常规奠定了基础。这样一来穴位可以定得更加准确，也避免了穴位的感染，便于伤口的愈合。陆氏针灸继承人之一丁邦友介绍说，陆老先生首次提出伏针的概念。什么叫伏针？就是大伏天可以治疗很多毛病，他发现在大伏天肌肤容易开放，针灸的效果比较好。

陆瘦燕为病人扎针

由于伏针的效果非常好，到了夏季，慕名而来的人非常多，陆瘦燕夫妇不得不每日限额挂号，很多患者只得通宵排队，有人从前一天的白天就开始摆小板凳，最有意思的是有一些病人，为了抢位子，还在板凳上刻了名字。当时的景象非常壮观，有时队伍甚至要跨过几条街，成为上海的一道风景线。如今，针灸已从小小的诊所走出了国门，它简便、安全、廉价的特点，受到了很大的欢迎，尤其是中国开展援助非洲的医疗项目后，针灸为当地人的保健理疗发挥了重要作用。

陆瘦燕诊所外患者排队候诊

自古以来，家族传承是中医传承的主要方式，而到了20世纪初，上海开放的文化氛围，使中医的传承方式也得以创新，上海大大小小的中医学校有四十几所，中医在开展学校教育的同时，又把学校教育与师承教育结合起来，不拘一格。

20世纪初，丁氏内科创始人丁甘仁创办上海中医专门学校，它是全国第一所经过政府备案批准的中医学校，培养了一大批名医，丁甘仁的学生程门雪、黄文东成为新中国建立以后中医学院的第一、第二任院长。

除了丁甘仁以外，当时的很多名医都很注重教育。1936年，朱南山父女创办了新中国医学院，董莉是朱氏妇科第四代传人，老一辈在教育上的付出总是让她很感动，她说："朱氏父女把自己看病赚的钱，除了用于养家糊口外，全部都捐给新中国医学院，每年捐八千银元，当时两千银元就可以买北京的一个四合院。"当时影响力比较大的还有由秦伯未、严苍山等人发起创办的上海中国医学院。1956年，上海中医药大学建立，延续了这些学校深厚的底蕴和传统，后来国家评定的国医大师张镜人、裘沛然、颜德馨、石仰山等人，他们大都曾在当时的中医学校学习，上海新生代的中医，基本上都是在这条线上成长起来的。

无论是家族传承还是学校教育，源远流长的中医以其神奇的魅力吸引着很多人沉浸在书海药香中，即便是辛苦，他们也从未放弃。热爱中医的

朱南山父子创办的新中国医学院

人永远怀着一份虔诚之心，在探索中医的过程中找到自信和荣誉，中医医学是中国人民智慧的结晶，是在与疾病斗争过程中产生，它所蕴含的理论体系、治疗方法、治疗经验跟西医是不一样的。一根银针、一双手掌、一只拔罐就可以治好疾病，中医在人与人的关怀中尽显着它的神奇和伟大，在一代代人的向往与追求中薪火相传。

誉满杏林的海上名医

在上海，中医伤科中最出名的有八大家：石氏、魏氏、王氏、施氏、陆氏、闵氏、殷氏、佟氏。石印玉是石氏伤科第四代嫡系传承人，已经70多岁的他依然坚持在石氏伤科治疗的第一线上。在1880年，石氏伤科来到上海南市，从第二代传人石晓山开始就声誉鹊起。石印玉介绍说，石氏伤科从石晓山先生开始有一个最大的变化，就是不仅帮人接好骨头、治好脱臼，或者帮人贴贴膏药，还会像一般的中医一样，根据中医的基本观点开中药。1933年，石氏伤科第三代传人石筱山、石幼山兄弟两人又新设诊所，进一步丰富和完善了石氏骨伤学术。20世纪五六十年代，有苏联专家来到上海，在一些重工业项目上援助我国，苏联专家跌伤了、摔伤了也看中医，而且就看石筱山。当时，石氏伤科一天的门诊量有三四百人，那时没有X射线，判断患者的病情全靠手法，石印玉说："要巧，这个点要选得好，不是力气要大得不得了才行，中国有一句话叫'四两拨千斤'，位置摆好了，外面用膏药。"石氏伤科被大家熟知的药物，最出名的是三色敷药，石印玉介绍说，这三包药的颜色是不一样的，一包比较淡，一包比较黑，还有一包带一点紫色。石筱山先生做了一项很重要的工作，他在药物上面加了一层非常薄的双皮纸，在

石筱山先生（右）与石幼山先生

曙光医院的前身四明医院

双皮纸上面根据需要还可以加上其他药膏。

新中国成立之初，石筱山毅然把祖传三代的石氏伤科秘方完整地献给了国家，现在在江浙地区的很多中医院里都可以看到石氏三色敷药。石氏伤科在百姓中口口相传，也启迪了很多人的学医梦想，后来成了群力草药店一名医生的卢世尧就是其中的一位。有一次他摔得趴下了，刚好跌到一块石头上，跌伤了腰部，小便出血，被送到曙光医院，是石晓山的孙子石印玉把他看好了，而且没有后遗症。从此以后，卢世尧就对中医产生了兴趣，从患者到医家，是身份的转换，更是中医另一种方式的延续和轮回。

传统的中医也在不断地创新和发展，而老一辈人留给下一代的永远是对医术的执着探究和对病人的关怀。如今，石氏伤科从一个门诊科室发展到现在的石氏伤科流派，从它诊治的病人类型中，也可以看到整个社会的发展变化。石印玉1963年就在曙光医院工作了，而曙光医院的前身是宁波同乡会的四明医院，是以中医为主的。

在当时疾病流行的时候，四明医院发挥了很大的作用，严世芸的父亲严苍山就曾在四明医院抢救过病人。1949年以后，四明医院改叫第十人民医院，后又在它的对面造了一座大楼叫十一医院，再后来这两所医院合并为曙光医院。为百姓所熟知的曙光医院与岳阳医院、龙华医院、上海中医医院，在中医治疗上发挥着重要作用。

推拿是中国古老的医治伤病的方法，用手在人体上按经络、穴位，采用推、拿、提、捏、揉等手法进行治疗。国家级非物质文化遗产朱氏推拿

中国现代推拿教育的开创者朱春霆（右二）

代表性传承人朱鼎成介绍说，推拿实际上在古代称为按摩，也叫"按跷"，有五千多年的历史了。推拿是中医的外治疗法，跟针灸一样，不吃药也不打针，用手帮人治疗，它不但是一种医术，而且是一种人与人之间的关怀。

1912年，有一位名叫丁凤山的一指禅推拿大师来到上海行医，他正是丁氏推拿流派的创始人。1956年，上海成立了中国第一所推拿学校，当时学校的校长就是丁凤山的再传弟子朱春霆。朱春霆最为人乐道的就是治好了吴昌硕，让他重新拿起画笔，每次回忆起父亲的事情，朱鼎成的眼神里总是充满敬仰。"海派画家吴昌硕大师1925年封笔了，因为半身不遂，他不能画画了。一方面经人家介绍，另一方面他也在报纸上看到了朱春霆的一指禅推拿，因为一指禅推拿在20世纪初叶就非常有名了，上海滩都知道的。吴昌硕就请我父亲去治疗，我父亲当时不到二十岁，昌硕老人当时见到我父亲的时候，应该是挺惊讶的。"经过两个月的推拿治疗，吴昌硕老人恢复了健康，还专门为朱春霆作了一幅画。在对吴昌硕大师的治疗中，朱春霆展示了一指禅的风采，吴昌硕不但对此表示感谢，而且认为推拿应该得到发展。虽然一指禅推拿在当时很有名气，但是在传统中医里面推拿是不被看重的，以前有一种讲法叫医家小道，说的是动嘴巴的人看不起动手的人，朱鼎成说："推拿实际上是一种功夫，我们叫米袋功，就是在一个长八寸、宽四到五寸的袋子里面装满大米，天天用一只手指头去推，要在一年里把里面的米推碎掉，甚至把它推成粉。"

后来，朱春霆治好了陆定一，让推拿传承的问题受到了关注。"陆定一部长身体不好，因为长征途中落下很多毛病，他就到上海来治病，当时，中央保健局就把这个任务交给了我的父亲。他接下这个任务后做了一个周密的推拿方案，陆部长经过不到两个月的治疗就好了。1956年5月，陆部长在北京怀仁堂做了一个报告'百花齐放、百家争鸣'，这个报告是向全国的科学家、艺术家做的，在这个报告里，他专门提到了推拿，他讲像推拿这样的民间医疗还没有得到足够的重视和注意。"

在这种情况下，中国第一所推拿学校成立了，在师生们的共同努力下，推拿学校探索出了现代推拿教育的模式，朱春霆也成了中国现代推拿教育的开创者。从1956年到1966年，学校一共培养了大约八百名学生，这些学生后来大部分分到全国各地，对当地推拿学科的建立都起到了很好的作用。朱鼎成常常想起父亲俯身夜读的情景，这个时候他总会拿起毛笔，写上一幅字，与父亲进行一场关于家传医学的时空对话。父亲一直对他讲，虽然推拿是第二代，但实际上中医传到他已经是第七代了，一定要继承下去，这也成了家族的一种荣誉。

寻找饶家驹

1937年11月，淞沪会战的规模逐渐扩大，侵华日军烧杀抢掠所造成的难民潮从四面八方涌向上海租界。此时，一位名叫饶家驹的法国人道主义者联络各方爱心人士，努力游说斡旋交战各方，在紧挨着法租界的南市老城厢一带建立起了一片收容和保护中国难民的"南市难民区"，为了表示中立，南市难民区对外又称"饶家驹安全区"，当时南市难民区的所在地就是现在的上海城隍庙、豫园商业区和方浜中路一带。80多年前，以方浜中路为界向北一直到人民路的1平方公里的区域成了30万中国平民躲避日军炮火的诺亚方舟。

湮没于历史中的法国神父

被称作上海老街的方浜中路连同其身后的豫园商业区，如今是上海最耀眼、最负盛名的旅游地标之一，然而如今很少有人知道，1937年，在方浜路的南面，尽是侵华日军烧杀抢掠的死亡之地，而在其北面直到民国路的仅仅1平方公里的区域，却由一个名叫饶家驹的法国神父主导建成了一个让30多万名中国难民逃避战火的"南市难民区"。

阮玛霞是美国国会图书馆的研究员，也是国外为数不多的致力于研究饶家驹的学者之一，她发现在中国没有多少人知道饶家驹神父和他的故事，当她去档案馆或图书馆查询有关在抗战时上海的安全区或饶家驹神父的资料时，连工作人员都从来没有听说过这个人。阮玛霞曾多次前来中国寻找档案，并出版过《饶家驹安全区：战时上海的难民》一书。

苏智良是上海市历史学会副会长、上海师范大学教授，长期从事抗战历史研究，关注饶家驹也已经长达二十年。他也同样认为，饶家驹是非常了不起的，但是很遗憾，二战结束后的1946年，饶家驹就因病在柏林去世，所以以后没有一位很认真的历史学家去挖掘和宣传他的事迹，导致后来饶家驹的故事几乎无人知晓。

张景岳退休前是上海音像资料馆的研究馆员，对上海历史影像如数家珍，在这里的节目库房内，珍藏着上海音像资料馆长期以来通过各方渠道采集而来的珍贵历史影像，也正是因为这些影像使我们在远隔80多年后有幸能一睹饶家驹的容颜，第一次听到饶家驹的声音，只有一只手臂，高大的身躯，宽大的黑色长袍，标志性的大胡子与微笑，这就是法国神父饶家驹。

2017年，上海电视台《寻找饶家驹》摄制组来到了坐落于法国夏朗德省的一座风景如画的小城圣特，置身于饶家驹的家乡，在历史学者的帮助下，找到了饶家驹出生的地方。

1878年3月15日，饶家驹就出生在法国小城圣特一座普通的白色民居内，这里是饶家驹人生的起点，如今它已经被改建成了一座酒店。当地历史学者查尔斯·拉格朗日介绍，饶家驹的父亲在法国军队中服役，在饶家驹出生前就被征召入伍，饶家驹出生后，饶家驹家族搬到了另外一个地址，但是他的确出生于这座民居的某个房间内。

摄制组从圣特市的市政府档案室、法国国家视听研究院等地找到了

法国圣特饶家驹故居

饶家驹的出生档案和来华的护照、身份证以及当年的一些珍贵历史影像资料，翻阅着这些资料，我们似乎穿越时空重新踏上了饶家驹的人生旅途。

1913年，饶家驹来到上海，他的法文原名叫JACQUINOT，在徐家汇完成语言学习之后，他起了个"饶家驹"的中文名字，并成为虹口圣心堂的神父。1913年到1921年之间，饶家驹在当年的震旦大学、徐汇公学等地教学，在一次给学生做化学实验的过程中不幸炸断了自己的右臂，从此成了独臂神父。

朱善基是土生土长的上海人，在他的家族里，有很多长辈都曾在震旦大学和徐汇公学里工作或求学，有一些甚至与饶家驹做过同事，他从小就常常听亲戚们讲饶家驹的传奇故事。他回忆说："实际上饶神父的那个手臂被炸掉，不是因为日本人扔炸弹，因为有人说是他在闸北被日本的炸弹炸伤了，其实这是误解。而真正的原因，是他在徐汇公学教书的时候，因为要做一个烟火来庆祝法国人的节日，在化学实验时发生了意外爆炸，而炸掉了那个手臂的。这件事情是我的表哥在徐汇公学念书的时候，他的化学老师因为知道这件事情，亲自告诉我表哥的，我的表哥再告诉我的。"

饶家驹长期致力于人道救济工作，作为上海"华洋义赈会"的会长，他曾多次参与救助长江、黄河等地的水患灾民，并且帮助战乱中的平民逃离战火。1932年"一·二八"淞沪抗战期间，他努力说服日军停火4小时，帮助中国平民安全撤离战场，这些救济工作使他获得了极高的声望。当时的上海市长吴铁城对他表达赞誉，这也为他后来继续从事慈善事业奠定了良好的基础。上海师范大学教授苏智良评价道："他在20年代的上海就是一个慈善领袖，中国发生了水旱灾害或者是战争，他往往是振臂高呼，因为他是中立的，没有个人的利益。他集资以后，送到受灾方，这些行为赢得了很多的声誉，包括日本人、中国人都知道，所以这种情况下他去做慈善，就有一个非常好的基础。"

三十万难民的诺亚方舟

1937年8月13日，"八一三"淞沪会战爆发，这是上海永远不会忘记

难民潮

的日子,这一天,日军的野蛮侵略使整座城市陷入死亡与绝望,成千上万的普通百姓流离失所,沦为难民。

上海音像资料馆研究馆员张景岳介绍,淞沪抗战三个月,上海出现了三次难民潮,第一次是8月12日。当中国军队进入华界闸北的时候,老百姓们又惊又喜,因为中国军队终于回到了上海市区,但是战争马上就要爆发了,为了防止像"一·二八"的时候那样突然之间遭到日军的狂轰滥炸,所以在华界闸北、虹口、杨浦这三个地方的老百姓就全部朝苏州河以南公共租界跑,因为那里还是中立的,这一波难民潮人数达到了几十万。

战争惨绝人寰,日军一次轰炸致死的平民就达上千人,无数民房被烧成灰烬,救济难民迫在眉睫。1937年8月上旬,全上海各界组成了上海救济委员会、上海市慈善团体联合救灾会、上海国际救济会为主的三大难民救济机构,共同救助难民。

上海国际友人研究会会长陈一心是著名的中国儿童教育家、当时的上海国际救济会难民教育委员会会长陈鹤琴之子,在他的记忆中,当时的难民救济情景依旧历历在目,他介绍说:"上海有一批国际友人,他们组织了一个国际救济会,还有很多学术、教育、文化界的名人,像我爸爸陈鹤琴,像沪江大学的校长刘湛恩等等,也从事救济。另外呢,有慈善团体联合会、联合救灾会,加上当时中国共产党地下组织,他们成立了一个难民工作委员会,简称'难委'。这就是当时上海救济难民的一个大的背景和几个主要的团体。"

此时的饶家驹已是上海国际救济会的常务委员及中国红十字会上海国际委员会副主席,负责管理法租界内

饶家驹

新设立的难民所,其中就包括在震旦大学操场上设立的上海国际救济会第一难民所。上海社科院研究员、上海世界史学会会长潘光是当时饶家驹的助手潘达之子,他回忆说:"第一国际难民所的成立在1937年8月以后,在当时的震旦大学校园内,现在的交大医学院,解放后是第二医学院的校园内。饶家驹连续几天亲自带大家搭大棚子,一个棚子可以住四百人,很多棚子加在一起就不止四百人了。之所以要搞安全区,是因为租界里面实在接纳不了越来越多的难民,所以决定在南市的租界外建立安全区。"

到了10月,日军占领江湾、大场等地,11月初日军在金山卫登陆,越来越多的难民从上海周边涌向租界。先是浦东的老百姓渡江到达公共租界,在外滩一带登陆,日军很快又打到龙华,即当时肇嘉浜以南的华界,所以老百姓又通过肇嘉浜上的枫林桥等逃到租界,最后,11月9日至11日,日军攻至上海的老城厢,这里是人口最密集的地方。

当时的上海有华界与租界之分,租界在当时是唯一可以躲避日军炮火的地方。此时已经聚集了70万难民的租界早已人满为患,不堪重负,租界当局觉得,如果再允许几十万难民进去,将会影响到租界内的生活和日常的运作,所以纷纷关起了铁门。这样,在民国路(今人民路),法租界和南市交界的地方就有十万以上的难民在等待着租界铁门的开放。

在原有的难民收容所都已经超负荷运作的情况下,如何救助更多的难民成为难题。此时身为中国红十字会上海国际救济会主席的饶家驹便开始考虑利用自己独特的身份设法在交战区内设立一个中立区来救助陷入水深火热的上海难民,而紧挨着法租界的南市老城厢很快进入他的视野,那里既可以依托租界,中国的军事设施又不是很多,成为建立战时人道主义安

全区较为理想的候选地。

饶家驹开始利用自己原本救灾工作中积累的丰富经验以及外交技巧游走在中国、日本和租界当局三方之间,努力说服各方同意在上海南市老城厢建立一个安全区。在1938年《饶家驹安全区》的宣传册中,研究人员发现了饶家驹为设立南市难民区奔走于各方政要的交流书信。1937年11月2日,饶家驹首先向当时的上海市长俞鸿钧提议,在南市划一片"不受任何形式攻击,不设武装军队军事机关,亦不作武装的敌对活动之行为"的区域接纳难民。11月3日,饶家驹又给上海市长俞鸿钧写信:"此处难民区,北部、西部和东部以民国路为界,南部以方浜路为界,此区域保留给中国平民,不受日本军队攻击……难民区将纯粹用于人道主义目的,不能以任何方式被解释为干涉中国政府主权。"上海市长俞鸿钧给饶家驹神父的回信为:"不受日本军队攻击,我很荣幸今天能够和饶家驹神父一起确认进一步的安排。"

当时的上海市政府为了最大限度地保护平民,就以不损失领土主权为主要前提同意了这一请求,同时,饶家驹也努力斡旋租界当局,对于租界来说,解决难民潮有利于租界的安定,因此很快也通过了提议。

最后,饶家驹再向日本总领事冈本季正(Suemasa Okamoto)等人交涉,要求不要对安全区实施攻击。1937年11月5日,日本总领事冈本季正也给饶家驹写信最终确认安全区的存在,日本当局也需要有人帮助他们安置大量流离失所的平民,因此最终也通过了他的提议。

饶家驹本人的语言天赋,也为他成功斡旋于各方之间提供了很大便利,他不仅懂法语、英语、拉丁语等,他在上海生活了那么长时间,上海话讲得和上海人一样,他又会流利的日语,这使得他在所有的人群中,都能无障碍地进行交流。饶家驹的中立立场,也对安全区的设立起了不小的作用。美国国会图书馆研究员、《饶家驹安全区》一书的作者阮玛霞认为:"饶家驹神父是中立的,他没有任何政治关系,他可以和日方对话,也可以和中方对话,试图让多方能够达成共识。"

为了避免该区域在性质和主权问题上的分歧,饶家驹以巧妙的外交技巧提出使用自己的名字命名这个难民区,于是国际上称该区域为"饶家驹安全区",使得这个区域披上了中立的色彩,而在华界,中国人习惯称它

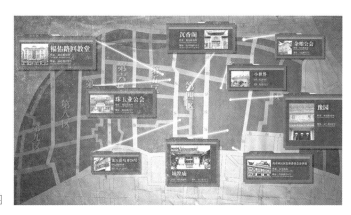

难民区地图

为"南市难民区"。

1937年11月9日午后,一面圆圈套着红十字的旗帜在南市老城厢上空高高升起,标志着南市难民区正式对难民开放,当时的《申报》对南市安全区开放后的效果有这样的描述:"沪南居民迁徙者即为大减,福佑路、九亩地一带商肆,均呈活气,开市者达十之六七,盖该段区域均包含在难民区之内故也。"

上海南市难民区区域总面积约1平方公里,大约为老城厢的三分之一,南以方浜路为界,东、西、北三面以当时的民国路为界,边界处被铁丝网围住,并悬挂红十字旗来识别。饶家驹还成立了"南市监督委员会",管理难民区日常事务,委员会由来自英、法、美、挪威等国的七位代表组成,饶家驹任主席,并将办事处设在安仁街与方浜路交界的北区救火会楼上,以便随时巡视。

为了便于管理,安全区被分为九个区域,每个区都设有区长,区域内的公共场所包括城隍庙、豫园、回教堂、天主堂、万竹小学等地都被辟为难民收容所,居住其中的难民则被统一分发难民证,由200名中国警察和一些无国籍的白俄巡捕以及难民们自发组织的保安团维持秩序。南市难民区成立后不久,从黄浦江边上岸的浦东难民,沪西、沪南涌来的难民以及从租界内回迁来的难民很快涌进南市,想要在这个新建立的难民区里躲避战火,难民区人数最多时达到了20多万。

1937年11月,华界沦陷,上海开始了"孤岛"时期,但几乎与此同时,南市难民区正式收纳难民,从1937年11月9日之后的三年时间里,南市难民区共救助了大约30万名战争难民，成为上海市民战时躲避战火的诺亚方舟。

亲历者的难民区生活记忆

上海南市难民区从1937年11月9日建立到1940年6月30日解散，饶家驹一直积极斡旋，筹集募款，开展人道救援，先后在难民区内开办了残老院、难民医院和难民学校等，南市难民区总共维持了963个昼夜，30多万难民在这里接受救助。

今天，战火硝烟早已远去，如今，很多当年的细节已经鲜为人知。很难想象，当年的安全区是通过什么方式维持运行的？又是如何在这样的环境中拯救了一个又一个平凡无奇的生命？几十年过去了，沧海桑田，人海茫茫，从2015年2月至今，为了能更真实地挖掘出这段传奇历史的细节，《寻找饶家驹》摄制组通过广播与实地寻访等各种途径，寻找难民区的原址与当年的难民区亲历者。

"我是上海人民广播电台990的金亚，我在这里做节目，我们现在要做个题目，今年不是抗战胜利70周年吗，我们想问一下，你家中有没有老人从小就住在南市区？和日本人打仗时就在这里生活，有这样的老人么？我们想找这样的老人了解一下情况。"金亚是上海人民广播电台播音员，她曾走入南市老城厢的社区街道，向居民征求难民区亲历者的线索。通过广播寻访，我们找到了那些曾经与南市难民区有交集的老人。对于1934年出生的刘复田老人来说，他幼年时光的斑驳记忆几乎都与南市难民区有关，他的父亲刘梅一曾是南市区救火会的义务救火员。刘复田回忆说，他亲眼见过饶家驹神父："看到过，看到过，我印象中就是穿一件黑的袍子，一大把胡子，小时候也比较奇怪，好像他一只手不方便的。他到难民区视察，我父亲经常和他在一起，叫他大胡子爷爷。"

现居美国的莉莉安女士曾经就读于上海南昌路的法国市政学院，她通过越洋电话，为我们讲述了那段与饶家驹相识的场景："他人长得很高，白胡子，最先意识到的一点，他是没有手的，后来意识到他是没有胳膊的。因为这个学校有规定,每年都会在学校里举办一个表彰活动,这些学生都来自四面八方,会有各式各样的人来给他们颁奖,我认为饶家驹出现在我们学校里的原因是出席这个活动,主要是给学生颁奖,颁奖学金的。"

《寻找饶家驹》摄制组又寻访到两位20世纪50年代时

饶家驹与难民区里的孩子们

豫园派出所的社区民警,一位叫马家训,一位叫郑永华,如今他们都已年逾八十,对这里的一草一木他们如数家珍。在他们的帮助下,研究人员走上方浜路和安仁街,找到了饶家驹当年办公的北区救火会的位置,如今这里早已被拆除并改建成了商场和小吃店,此外还找到了隐藏在梧桐路上的这座上海最老的天主教堂世春堂。在南市难民区设立期间,它曾经是一所难民学校,它那中西合璧的建筑风格和半圆形的彩窗依旧保存至今,仿佛诉说着当年的故事。

李秀凤老人出生于1924年,当她听到广播里寻找南市难民区亲历者的消息后立刻与电台取得了联系,并向我们讲述了那段艰辛的逃难历史。她一边观看难民区的历史影像,一边回忆说:"(租界)铁门被关起来了,关起来以后,我们就跑不进去了,多少难民啊,不光是我们上海的,还有外地的,怎么办呢?急死了,后来正好有人来喊,你们不要急,不要急,这里有个难民区,你们可以到难民区里去躲一躲,日本人不会杀你们的。那么我们就跟着别人跑吧,到达了难民区。"

南王医马弄,至今还保持着当年的样子,王晓梅阿婆1929年出生,从小她就居住在这条弄堂里,她也是南市难民区的见证者。她还记得难民区刚设立的时候,为了救济难民,法租界的人们隔着民国路(今人民路)的铁栅栏向难民区内投掷吃的东西,难民们拿着帽子、篮子争抢食物。

张国椿1923年出生,他的父亲是当时德国洋行的买办,他回忆起父亲曾从租界内往难民区里扔馒头救济平民的往事。他回忆道:"难民区里

豫园九曲桥上的难民

的难民没有东西吃,我们在法租界里做白馒头。在永安街和四川路中间有一家店,这家店是做染料的,老板是我爸爸的朋友,我爸爸就在染料店楼上用麻袋把做好的白馒头放在里面,一麻袋一麻袋丢下去给难民吃。"

难民区设立之初,慈善组织每天只能提供最多四万份左右的面包和大饼作为难民的食物,后来,南市难民区里陆续开办了24个大米分发中心和24个集体食堂,每一个中心通过票券制度把大米分给难民,才使粮食供应逐步步入正轨,豫园是其中重要的食物分发中心之一。

傅剑秋老先生已经年逾九旬,他的祖父曾经是老城厢北区救火会的文书,当时负责在豫园的点春堂为难民施粥,傅老先生亲眼见证了这段历史。他回忆,当年他的祖父找了6个人,半夜起来,借春风得意楼茶馆的厨房,在铁锅里熬粥,并在点春堂的门口,也就是现在的豫园入口处那个门口设了6个大缸施粥。为了使吃过的人不能再吃,在排队的时候发竹片作为筹子,筹子发光,排队就没有了。

对于聚集了二三十万难民的南市难民区来说,任何小数目都会最终累加成一个天文数字,当时上海的《战地通讯》上记载着安全区每天基本的食物用量:"米量大人六两,小人三两,由难民区里各区区长发放领米证","发粮时间每日两次:上午九时起,下午二时起,由各区区长领去按名散发。"

除了粮食,在这个类似中等城市人口规模的难民区里,住房、饮水、燃煤等基本生活物资都显得尤为匮乏。傅剑秋回忆，当时自来水是没有的，家里用水需要到城隍庙的荷花池里面用水桶去吊水，水打来以后，需要放一点明矾，沉淀以后才能用。

当时的影星周璇在她所唱的《难民歌》中号召人们"何不省些酒肉钱，捐助难民"，为了能让难民区内的难民保证基本的生活水准，当时上海社会各界都自发组织起来募捐。

1937年12月1日，饶家驹发起了募捐运动周，上海各界慷慨解囊，捐助棉衣、棉裤、食品等物资，中国红十字会上海国际委员会也定期给难民发放现金。此后，拥有出色谈判能力的饶家驹斡旋于国民政府、法租界当局乃至日方之间，筹集多方物款。在当时的《饶家驹安全区的故事》一书中，详细介绍了安全区的情况，并被饶家驹作为宣传册带往美国、加拿大募捐。

在1938年5月至8月间，饶家驹在美国发起了"一碗饭运动"，倡议人们节约一顿饭的钱来救助上海的难民。在美国白宫，饶家驹得到了罗斯福总统的接见，在罗斯福的日程安排中记载了这一会面。罗斯福总统向饶家驹承诺提供价值70万美元的援助，这一援助加上在美国、加拿大等地获得的民间捐助，总数达到了170万美元，对于南市难民区内人均一个月不到一美元的基本生活支出来说，这笔捐助尤为珍贵。

此后，饶家驹通过与法租界的协商，还使得安全区内接上了自来水，用上了电灯，也开始有老虎灶、洗澡堂，每天也有定量的燃煤供应，再到后来，安全区内还开设了残老院、难民医院和难民学校。

尽管难民医院很简陋，很拥挤，但是使难民得到了基本的医疗保障，而且通过上海音像资料馆收藏的历史影像可以发

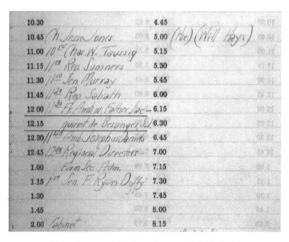

罗斯福的日程安排中记载了和饶家驹的会面

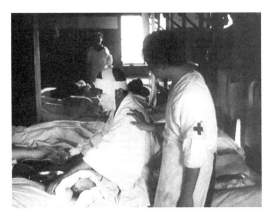

难民医院

现,难民医院里是正规的医疗队伍。相比方浜中路以南的日军占领区,难民区成为一片暂时躲避战乱的安全港湾。难民区亲历者李秀凤记得,自己当时在楼上望见难民区以外的小南门一带,大火整整烧了一个月。

战火虽然还未曾远去,但难民区里相对稳定的环境却让俞光辉与他的爱人在里面相识、相爱。当时,他们两人都是难民区内难童学校的教师,俞光辉的妻子每周都要穿越封锁线从方浜路以南进入难民区教书,在通过日军岗哨时的经历也成了难以忘怀的记忆。俞光辉回忆说:"因为方浜路的各个口子都有日本鬼子站岗,还有铁丝网,日军士兵上刺刀,老百姓走过,都要对他鞠躬。有一次日本鬼子走过,叫她(指自己妻子)唱歌,你越是怕,他越会用枪在地上敲,说小姑娘你到底唱不唱,后来她哭着唱两句就过去了。"

对于难民区的管理,苏智良评价道:"应该说,难民区的社会秩序还是比较好的。他们采取了自我管理,把难民区划分为九个区,然后每个区设立一定的岗位,所以到了1938年以后秩序非常好,有不同的医院,不同的学校,适应不同的人群。"

进入国际法的"饶家驹安全区"模式

1940年纳粹德国开始进攻法国,欧洲战场吃紧,饶家驹于1940年6月16日离开中国到巴黎从事战时救济工作,此时南市难民区内大部分难民也已经得以转移,1940年6月30日,南市难民区宣告结束。从1937年11月9日成立到1940年6月30日解散,总计历时963个昼夜,先后有大约30万名难民在这里得到庇护。

《大美周报》刊登1940年6月30日难民区将解散的消息

上海南市难民区虽然结束了，但是这种战时安全区的模式却影响深远，饶家驹开创了战时保护平民的先例，在南京安全区的创立者德国人约翰·拉贝的日记中有这样的记载："12月3日 委员会决定安全区采用和南市难民区相同的标记符号：白底红圈中间一个红十字。12月6日 南市就是这样的，尽管如此，雅坎诺神父仍然设立了安全区，并因此而获得了巨大的成功。"《拉贝日记》中所称的"雅坎诺神父"就是饶家驹，拉贝设立安全区的工作，实际上是参照了上海，而且拉贝能够在南京设立安全区，也是和饶家驹进行了联系。

饶家驹在中国整整生活了27年，他创立的难民区模式在当时中国的其他不少地方被复制、普及，如武汉、广州、杭州、南京等，至少保护了50万名中国平民。在离开中国之前，饶家驹将他的名字改成了"饶家华"，并且深情地对他的朋友说："中国就是我的故乡，我深爱中国，此次虽暂返欧洲，不久还是要回来的。"然而，这一别竟成了诀别。

1949年8月12日，饶家驹安全区的上海模式被作为范例写入了1949年《日内瓦公约》，成为国际法的一部分；1977年生效的《1949年8月12日日内瓦第四公约关于保护国际武装冲突的受害者的附加议定书》第四部中也将"饶家驹安全区"作为范例援引。

国际红十字委员会图书馆与公共资料馆历史研究员丹尼尔·帕米尔耶里说："据我所知，饶家驹安全区是被国际认可的第一个成功建立的国际安全区，它是一个中立的、只有1平方公里大的保护区，它没有先例，确保了这个区域中人们的安全，它是一个战时成功建立的保护平民的管辖区。我认为，饶家驹开启了一个保护区的新模式，这个模式现在仍被一些有冲突的地区所使用，如果人们想建立安全区的话，也会借鉴饶家驹安全区的经验。"

"我将为不幸的人，尽最后的力量"

2013年3月，德国约翰·拉贝交流中心驻北京办事处代表姜玉春在佩格勒先生的帮助下找到了饶家驹的墓地，这个被人遗忘了大半个世纪的地方终于迎来了一位前来拜谒的中国人。姜玉春记得，那是一个下雪天，他在地图上找到了去那里的交通方式，自己一个人先坐地铁，后来换公交车，然后徒步走了一公里，找到了那座圣湖公墓，找到了在柏林郊外的饶家驹墓地。

2013年9月10日，在饶家驹逝世67周年的纪念日，一块写有"仁者爱人"字样的玉片从上海启程，远渡重洋来到柏林，被镶嵌在饶家驹的花岗岩纪念碑上。在饶家驹墓地捐献铭牌仪式上，美国国会图书馆研究员阮玛霞说："今天我们在这里纪念这位具有创造性领导力的先驱——饶家驹，这个故事鲜为人知，但他经过努力，创立了世界上第一个战时安全区，拯救了五十万中国人，其中八万是儿童。"

2017年，《寻找饶家驹》摄制组来到了柏林Reinickendorf区的墓地管理部，这群追寻饶家驹足迹的人也终于来到饶家驹的墓前，有幸缅怀和瞻仰这位崇高的人道主义者。80年前，这里曾是一家医院，也是饶家驹人生

饶家驹墓地

旅途的最后归宿，回到欧洲后的饶家驹在德国救助因二战而流离失所的难民，最终积劳成疾，身患白血病，于1946年9月10日在这里逝世，享年68岁。

德国当地的历史学者克劳斯·佩格勒为我们讲述了饶家驹最后的故事："当饶家驹病危躺在床上时，他想要一杯香槟酒，边上的人就用汤勺喂了他几口，他已经非常虚弱了，这是9日，到了10日他就昏迷不醒，下午16点40分去世。"

而在2017年12月，上海的城隍庙，一座高大的纪念碑被镶嵌在山门旁的红色砖墙上，以纪念饶家驹与南市难民区的历史。饶家驹的精神证明人类在重大灾难面前，可以超越国别、肤色、种族，以人性的力量和无私奉献给灾难中的人们带去生的希望，饶家驹和南市难民区无疑是20世纪国际人道主义的一个光辉典范。

饶家驹的一生印证了他的一句名言："我将为不幸的人，尽最后的力量。"

安东尼奥尼与上海

意大利电影大师安东尼奥尼

1972年,意大利电影大师安东尼奥尼拍摄了一部长达3小时40分钟的纪录片——《中国》,影片记录了20世纪70年代初真实的中国,这部曾被认为是"真正描绘中国城乡诗篇"的纪录片在当时却引发了一场全国性的大批判运动,而当时全程陪同摄影队的上海电视台资深记者朱黔生也被扣上了"间谍、叛徒"的帽子。39年后,当他重走当年安东尼奥尼在上海拍摄所走的路线时,朱黔生百感交集,心情也由当年的"警惕"变成了如今的"淡定"。

"带着摄像机的旅行者"

20世纪70年代初期的中国已经进入了"文革"后期,1971年,中国恢复了在联合国的合法席位。1972年初春,美国总统尼克松访问了中国;当年秋天,日本首相田中角荣访华,中日两国实现了邦交正常化。中国的大门向世界开了一条缝,全世界也在用好奇的眼光通过这条门缝打量着中国,当年邀请安东尼奥尼来华是希望利用他的国际名望来宣传和展示中国的正面形象。

安东尼奥尼与上海

摄制组在天安门广场拍摄

据上海电视台资深记者、纪录片《中国》摄制组在上海拍摄时的中方陪同朱黔生回忆:"那一年呢,领导也说,安东尼奥尼是意大利的一个名导演,在国际上也是很出名的,而且这批外宾,又是周恩来总理请来的,所以要我们不亢不卑,有理有节,而且也应该是实事求是主动地希望把我们好的东西通过他宣传给全世界。"

于是,意大利著名电影导演安东尼奥尼应中国政府的邀请,于1972年五六月间带着摄影队来到中国,他们原本想在中国拍摄半年,但后来实际的拍摄时间只有22天。纪录片分为三个部分:第一部分在北京拍摄,拍摄场景有著名的天安门广场、长城、故宫、王府井,由中国政府安排参观小学课间活动、医院的针灸生产、工厂的工人家庭生活、生产合作社的状况等;第二部分是去河南林县参观红旗渠、集体农庄以及古城苏州和南京;第三部分是导演对上海的短暂观察,从街景到中国共产党诞生地,从新建的居民楼到旧社会的滚地龙,从茶馆到大工厂,从外滩到黄浦江上的船户,以旁观者的视角反映了当时上海民众的生活。

不过,在安东尼奥尼的认识里,自己是"一个带着摄影机的旅行者",是用"一个身体上、文化上都来自遥远国度的人的眼光"来看看中国,他并没有想到他来拍片是要承担一个宣传中国的大任务,所以在纪录片中,安东尼奥尼在旁白时说,他们只是看了中国一眼。

由此在纪录片《中国》中,拍摄者与拍摄对象刻意保持距离,也没有过多的旁白阐释,这与中方邀请他拍摄纪录片的初衷显然是有差异的。对

349

安东尼奥尼拍摄的纪录片《中国》片头

此,朱黔生回忆说:"他(安东尼奥尼)说,我是通过摄影机把我看到的东西,介绍给你,他说我不作解释,他解释也解释不清楚。那我们的立足点是什么呢?宣传,你为我去做宣传,为我所用,那你当然就要讲我好了。"

这是一部长达3小时40分钟的大型纪录片,它记录了许多当时中国的真实影像。然而不到两年,这部纪录片因为被看成反华影片,掀起了一场轩然大波,并成为一个严重的政治事件。意大利大导演安东尼奥尼在中国遭遇了一场前所未有的批判,他被说成是"一个反共、反华、反人民的大毒草"。

朱黔生是当时安东尼奥尼摄影队里的中方陪同,退休前他曾是上海电视台的资深记者。当年朱黔生是受组织上的委派,陪同摄影队在上海拍摄的。为此,朱黔生同样也遭到了批判。当年安东尼奥尼所拍摄的影片《中国》并没有在中国上映,可笑的是,那时无论是写批判文章的还是看批判文章的,他们中绝大多数都没有看到过这部电影,包括被殃及而遭到批判的朱黔生也是在将近40年后才看到了这部电影。他回忆,当时他写了三个多月的检查,却始终没有看到这部片子,直到2010年,电影导演贾樟柯为了拍摄《海上传奇》找到了他,想向他了解当年安东尼奥尼的一些情况,才知道朱黔生从来没有看过这部影片,于是送了一部《中国》给朱黔生。

"文革"结束后,由这部电影所引发的那场政治斗争,背后的阴谋终于大白于天下,原来是"四人帮"企图用这部电影来诬陷和迫害周恩来总理。那么安东尼奥尼当年是如何拍摄上海的,他说他看了上海一眼,那么他又看到了什么呢?

1972年的上海影像

安东尼奥尼的摄影队到上海的第二天就来到了南京路,这是1972年5

安东尼奥尼与上海

安东尼奥尼镜头里20世纪70年代的上海南京路

月的上海南京路,安东尼奥尼把电影摄影机的镜头聚焦在行人身上。行人们也在好奇地看着这个外国的摄影队,尽管不知道外国摄影队在拍什么,但他们既没有上前去跟外宾说Hello,也没有躲开或走远,有些人还在向后面张望,生怕自己妨碍了外宾们拍电影。当时观望的行人肯定也看到了他,这个摄影队里最重量级的人物。很多年以后,中国的电视人还到他的家乡去拜访了他,他就是这部纪录影片的导演,在国际影坛上颇有名望的意大利大导演米开朗基罗·安东尼奥尼。

安东尼奥尼很快在南京路上发现很多他感兴趣的拍摄对象,譬如几个扫地的环卫工人,他觉得很新鲜,还没有拍完,又来了两个拉劳动车的、蹬三轮车的,还有很多行人,看到他的摄像机,看到有几个外国人,于是围观的人也越来越多,这时安东尼奥尼就不断地抓拍这些围观的路人。

安东尼奥尼曾经说过,其实这部电影是一部关于中国人的电影,他把中国人、家庭和群体的生活作为自己记录的目标。不过,在当时的时代背景下,在一旁陪同拍摄的朱黔生却警觉地感到安东尼奥尼摄影队的拍摄有问题,于是,不久之后他就向安东尼奥尼提出了自己的意见,而意大利导演却仍然坚持自己的拍摄理念,对此朱黔生回忆:"他在拍摄时,不断地去抢拍一些我们当时感觉比较不好的镜头,譬如说捡垃圾的,譬如说南京路边上的一些小马路。几次以后呢,我就感觉你为什么总是要去拍这些镜头呢?发生几次以后呢,我就跟他提出这

年轻时的朱黔生（右）

个问题，你是不是能够按照我们的要求，在南京路上多拍一些我们好的东西。那么他就认为我拍的东西都很好，都是你们现在客观存在的。他的个性很强，他要坚持的东西，一定要怎么做就怎么做，很倔，倔老头。"

朱黔生是上海电视台的摄影记者，都说内行看门道，如果他扛起摄影机肯定不会这样来拍。那么中国的摄影师会怎么拍呢？同样在20世纪70年代，中国电影人拍摄的纪录片《上海啊，上海》中，也有南京路的一个片段，片中的解说词说道："还是这些大楼，还是这些马路，但是他们并不了解，真正的变化是，这里再也没有饥饿、没有屈辱、没有屠杀。"都是在拍南京路，拍摄的时间也相近，但是中国人影片中的南京路和安东尼奥尼镜头里的南京路是很不一样的。

20世纪六七十年代，上海著名的工人新村——番瓜弄是上海劳动人民解放后住进新工房、过上好日子的一个见证，在那里还保留了解放前的滚地龙和解放后新工房建造前的茅草棚。当时，番瓜弄是一个向外宾开放的景点，外国人来上海访问参观总是会去番瓜弄。

为了凸显出解放前后工人住房条件的巨变，在安东尼奥尼拍摄前，朱黔生提出，在滚地龙上面竖个牌子，写上"解放前的滚地龙"。其实如今想来，我们竖了个中文的牌子给外国人看，外国人如果不懂中文的话，也不知道这是解放前的滚地龙。

尽管安东尼奥尼不懂中文，但他并没有搞错，在他的影片中，旧社会的滚地龙和新社会的新工房对比是明确无误的，只是摄影师的镜头对他们感兴趣的东西,还是集中了更多的注意力。朱黔生说:"你既然要了解中国人,上海工人家庭的生活,那么光给你看现在的,你不知道他们有没有翻身、怎么翻身、翻到什么个程度。我们所以就有意安排了,让他到这里来,但是最终他在用的时候,没有充分表达出来。"

如今看来,番瓜弄小区里的少年在石板上打乒乓等镜头很难说是在暴露阴暗面,现在的老上海人看到这些画面时更会勾起他们对儿时生活的温暖记忆。

当年的上海是中国最大的工业城市,所以安东尼奥尼来拍摄上海,工厂是一定要去的。安东尼奥尼的镜头里出现了上海炼油厂,当时为了选择一家工厂来让外国摄影队拍摄,有关方面也是花了一番心思的。朱黔生回忆,当时因为觉得上海炼油厂还有点现代化味道,所以积极地向安东尼奥尼推荐,然而,安东尼奥尼并没有拍摄工厂的大烟囱、大车间,而是把镜头聚焦在了大批上班工人的身上。当年上海的一些大型工厂用运货的大卡车来接送工人上下班,按现在的交通规则肯定是不允许的,也许安东尼奥尼想以上班工人的众多来反映大厂的气派,而一些工人还抱着孩子上班,这可能就更让他感到新奇了。

当时中国的每一个厂就是一个小社会,里面有幼儿园、有学校,而且很多职工都住在厂里面,这让安东尼奥尼觉得,中国没有很明显的等级差别。

安东尼奥尼镜头里上班的工人们

"一个方向性错误"

黄浦江畔的外滩是上海的标志性景观,过去有一种说法,没有到过外滩就等于没有来过上海。安东尼奥尼来上海,当然要拍摄外滩,不过,在安东尼奥尼所拍摄的外滩影像里,我们没有看到被称为万国建筑博览会的外滩高楼。这同样与他的拍摄理念有关,对此朱黔生认为:"建筑实际上他拍得并不多,他主要拍人的活动、人的情绪、人的表情,他认为他感兴趣的东西,就是中国目前是什么状况,这些高楼大厦是外国人的建筑,对他来讲没有多大兴趣。"

当时,安东尼奥尼的摄影队还乘上了一艘游船,在黄浦江上顺流而下,拍摄了许多江面上的自然镜头,他们在黄浦江上看到的大量的小舢板、帆船、手摇船、机器船,让摄影队感到很新鲜。在纪录片《中国》里,除了被批判的个别镜头外,更多的是一些珍贵的史料镜头,如今它们已成为体现上海这座城市变迁特别难得的资料,特别是安东尼奥尼当时拍外滩,没有拍万国建筑群,而是把镜头调转过来,由西向东拍,拍了当年差不多和地平线一般高的浦东。有人认为,他犯了一个"方向性错误",对此朱黔生也认为,"像我,做了40多年的记者,我拿不出这一段影像资

安东尼奥尼镜头里晨练的上海市民

安东尼奥尼与上海

安东尼奥尼镜头里的浦东

料来。在我们的脑子里面,我要拍的都是好的,积极的,能够让人家看到欣欣向荣的,我不可能去拍一个一马平川的浦东"。

如今,在很多反映浦东沧桑巨变的影片中,通常都会用到安东尼奥尼拍摄的这个浦东大全景,感谢安东尼奥尼当年犯下的"方向性错误",为我们留下了这些珍贵的历史影像。

应该公正地说,当年安东尼奥尼拍摄这部影片时,既没有要刻意宣传中国,也没有要故意贬低中国,而是比较客观真实地记录了当年中国人的生活状态,就像后人评价的那样,这是一部"真正描绘中国城乡诗篇"的纪录片。很多年以后,中国的电视人去采访安东尼奥尼先生时,由于生病的原因,老先生已经不大能说话了。

当年在《中国》这部影片的旁白中,安东尼奥尼先生说,他只是看了中国一眼,也许就是这一眼,使他对中国有了感情和依恋,从中国电视人去看望他时拍摄的影片中能够感受到,他还是很想再看中国一眼,多看中国一眼。不过安东尼奥尼再也没有来过中国,他已于2007年去世了。如果说当年安东尼奥尼来中国拍电影和中国的邂逅是他人生中的一个传奇,那么,从当年他影片里的中国景象到如今举世瞩目的中国巨变,那就是一个国家的传奇。

外国人在上海

20世纪初,上海作为"远东第一大城市"吸引了很多外国人来此发展。1867年,英国人雷士德就搭乘货轮到了上海,他以建筑和地产起家,几十年的经营,他的资产高达2 000万两白银,雷士德逝世后,按照他的遗愿,全部家产被捐给了上海的教育卫生事业。1905年,浚浦工程总局成立,先后聘用了荷兰人奈格和瑞典人海德生为总工程师,经过20多年的努力,上海港一跃成为远东第一大港口,与此同时,为躲避战争而辗转来到上海的建筑大师邬达克、与上海结下奇妙缘分的钢琴大师梅百器、拯救了30多万中国难民的饶家驹等外国人,他们都把自己最辉煌的经历和最美好的年华奉献给了上海。

极其俭朴的巨富雷士德

上海南京西路1649号的静安公园,以前曾是外国公墓所在地,1926年5月24日,一位早年漂洋过海的英国人长眠于此。去世前,他曾留下过一份很长的遗嘱,在遗嘱里他深情地写道:"在将近60年中,我主要和永久的定居处一直在中国的上海,现在如此,以后也将如此。"这位把上海看作自己永久居住地的英国人名叫亨利·雷士德,1867年,雷士德抵达上海的时候,上海正进入它的第一个经济增长、市政发展的高峰期,与此同时,西方形形色色的"冒险家"也开始觊觎上海。

年轻的雷士德来到上海的这一时期是近代上海房地产业的发端阶

段，当时大量人口涌入上海，租界当局给出了很多优惠的政策，鼓励外国商人投资，进行房屋建设。一时间地价飞涨，很多外国商人发家致富，作为最早来到上海的外国建筑师之一，雷士德真正意义上的财富积累在19世纪80年代以后。1913年，他凭借改组后的德和洋行迅速扩张地产业务，成为上海滩的房地产大亨，上海市徐汇区图书馆馆长房芸芳说："19世纪80年代，雷士德以800两白银买下了后来先施公司的那块地产，到了20世纪30年代已经上

雷士德

涨到了22万两，投资地产是他财富积累的一个重要手段。"雷士德通过房地产买卖累积了大量财富，单以南京路上的地产为例，顶峰时期他在南京路上就拥有八块地产。当时地产业上居第一位的是哈同，但雷士德的八块地产远远超越了处于第三的沙逊家族，他拥有南京路上近14%的地产。

德和洋行是上海历史上最著名的建筑事务所之一，它为上海留下许多优秀建筑作品的同时，也给雷士德带来了巨大的财富，资深媒体人张景岳介绍说："南京东路四大百货公司，第一家就是先施公司，是德和洋行于1917年造的。外滩还有好几幢著名的建筑，比如日清轮船公司、字林西报大楼、台湾银行等都出自德和洋行。"与其他所谓的"冒险家"不同，虽然坐拥巨额财富，但雷士德的生活却简朴到令人无法理解的地步。当时很多外侨在上海发了大财后，他们首先会想到享受，比如哈同造了花园洋房，沙逊每周都要开豪华舞会，他们的生活极尽奢华，相比之下，雷士德却是极其俭朴的，他很少做衣服，往往是穿人家穿过的衣服或者朋友多余的衣服，外出的话，雷士德只以电车代步。虽然雷士德拥有那么多地产，又是很多公司的股东，但是他的私人生活极其低调、俭朴，甚至有人说他吝啬。雷士德终身居住在上海总会的一个单身宿舍里，当时，上海总会里有一个非常有名的酒吧，作为会员，雷士德平时从不光顾

雷士德靠先施公司的那一块地皮挖到了第一桶金

酒吧,只有在每年的圣诞夜,上海总会免费招待会员时,他才会出现在酒吧里。

为上海教卫事业倾尽所有

大爱无言的雷士德用他的种种行为,体现着他对上海的爱,1926年5月24日,87岁高龄的雷士德在上海逝世,生前生活俭朴到极点的雷士德却将死后的全部巨额财产留给了他深爱着的、生活了近60年的上海,他说他一直在上海工作,就是上海人,死了也要永远埋葬在上海。雷士德将自己的大量遗产做了很详尽的分配:一是将少量现金赠送给朋友;二是将一部分遗产捐赠给教会以及和教会相关的慈善团体;三是将绝大多数的遗产捐赠给上海的教育卫生事业。

接受雷士德捐助的医疗机构中就有仁济医院,仁济医院是英国人雒魏林创办的上海第一家西式医院,至今已有170多年的历史。雷士德向仁济医院捐赠了白银200万两,其中100万两用于仁济医院新址的建造,另外100万两用于医院的各项支出,因此,仁济医院还有一个中国名字——"雷士德中国人医院"。

雷士德的遗嘱明确规定:遗产中最大的一部分必须用于发展上海的

雷士德工学院

雷士德工学院建校典礼

教育卫生事业，负责托管遗产的工部局为此专门成立了"雷士德基金会"，基金会下的"雷士德奖学金"专门资助在上海的贫困学子，让他们有机会进入大学校园并进一步深造。而接受捐赠的学子也遵循了雷士德先生定下的原则，即所学知识和专业一定要对中国的发展、对中国人民的幸福有益，并且毕业之后一定要回到中国，为中国人民服务。

一段拍摄于1933年的长达20分钟的珍贵影像资料完整地记录了雷士德医学研究院成立初期的科研概况。雷士德医学研究院和雷士德工学院都是"雷士德基金会"严格遵循他遗嘱而兴建的，当时，在一穷二白的中国办医学院的创举是石破天惊的，雷士德医学研究院的所有设备、材料都是进口的，非常昂贵，而且医学院还聘请了第一流的中外研究人员，这是为上海市民造福的事业，也是雷士德医学研究院成立的意义所在。

雷士德医学研究院实验室

当年从雷士德工学院毕业的学生，如今都已是耄耋之年了，从1985年到2014年的29年间，世界各地的雷士德工学院的校友们一直用校友会来维系着彼此的联系，后来因为年龄太大，校友会的运作不得不终止了。每次说到雷士德工学院，这些校友们的眼神里总会流露出些许骄傲，校友会会长沈定良说："雷士德工学院的特点之一是上课不用教科书，老师按照当时的技术发展情况来随时更新讲义；之二是除了中文课由中文老师来上以外，其他的课程是全英文教学。"正是依循了这样先进的理念和做法，雷士德医学研究院和工学院为中国乃至世界，培养造就了许多优秀人才，而雷士德无言的大爱也始终与上海同在。

奈格、毛根与上海航运及造船业

19世纪末20世纪初，上海的洋行数量迅速增加，经济快速发展，港口开始呈现出繁忙的景象，但此时的黄浦江却因为淤积严重，很难满足航运快速增长的需要。据上海社会科学院历史研究所副研究员牟振宇介绍，到19世纪末，上海的江心洲就已经非常大了，差不多有几千亩的规模，江心洲形成之后，把黄浦江分成了两个航道，靠近浦东的航道比较窄也比较深，一般可以让轮船通过，而靠近浦西的航道则比较浅，一般只能让帆

整治后的黄浦江符合了世界一流大港水深的要求

船通过，大部分轮船停泊在吴淞口，要等上一两天，等到高潮水涨的时候才能进入航道，所以，当时黄浦江的航道是非常惊险的。

1905年，在清政府和西方列强的博弈下，浚浦工程总局成立，聘用荷兰人奈格为总工程师，开始对黄浦江进行疏浚。牟振宇介绍说："奈格基本上采用了堵塞老航道、开通和挖深帆船航道的方案，只有使河道变窄、水流变快，那么河底的沙才能被冲走。同时奈格希望把更多的潮水引进来，所以他在吴淞口筑堤，一个是通往海岸的海堤，另一个是导水堤。潮汐从长江口进来，每隔六小时一涨潮一落潮，涨潮的时候把泥沙带进来，落潮的时候又把泥沙带走，一旦把河岸固定住，那么潮水的冲刷力就比较大，携带泥沙的能力也比较强，因此航道就会变深。"1912年4月，北洋政府成立浚浦局，在奈格之后，又聘用瑞典人海德生为总工程师，海德生基本沿用了奈格的计划，并沿黄浦江向南延伸，对河道进行了深层次的整治。经过十年的治理，黄浦江航道从吴淞口到江南造船所一线基本上有了28英尺（约8.5米）的深度，如果再加上涨潮，就有30多英尺的深度，基本符合世界一流大港水深的要求。

应该说，是奈格、海德生以及后来的查德利这三任工程师使上海港一跃成为世界一流港口。20世纪30年代初，上海港已是世界第七大港口，而到了抗战前，已是世界第五大港口。上海港地位的提升与这三任工程师，特别是奈格的治理有着密不可分的关系。

就在浚浦工程总局成立之时，英国人毛根被任命为江南船坞的总工程师，1905年3月，在荒废了近20年的船坞"穷极当变之时"，造船业务正式从江南机器制造总局划分出来，江南船坞专营造船，这也就是现在江南造船厂的前身。毛根是一个地地道道的轮船工程师，精通机械原理，又做过外国船厂的经理，既懂生产技术，又懂经营管理。毛根刚刚接手江南船坞的时候，这里完全是封建衙门式的运作方式，造船业务荒废了近20年，几乎已经到了垂死的边缘。

当时，上海已是全国的外贸中心，进进出出的中外轮船很多，江南船坞有三四条小轮船，毛根就让负责接业务的人员乘船主动出击。江南船坞在上海的南面，吴淞口在上海的北面，中间隔了几十里的水路，业务员就坐着船到吴淞口附近，等中外轮船一停靠，就去打听要不要修船，用低价来争取生意。毛根不但从之前工作过的祥生、和丰等英商船厂带来了一批英籍技术人员，而且还带来了许多有经验的中国技术工人，在他的主持下，江南船坞的经营状况开始有了起色。辛亥革命后，江南船坞改名为江南造船所，1918年，毛根亲自出马，拿下了江南造船所历史上最大的一笔生意，张景岳介绍说："美国参与一战后，要从大西洋运兵、运送枪支弹药，因此要造好多军械运输舰，也就是万吨轮。毛根亲自出马，拿下了两艘轮船的订单，是5 000吨以上1万吨以下的载重量，两个月后正式签约时，变成了四艘万吨轮，载重量1万吨，排水量14 750吨，这是从来没有过的一笔大生意。"接下这单大生意之后，江南造船所的业务达到了有史以来的最高峰，从垂死挣扎的状态起死回生，很快进入了第一个全盛时期。

历史总是有着惊人的巧合，也就是雷士德去世的1926年，在江南造船所工作了20多年的毛根离开了船厂，但他给江南造船所留下的物质和管理财富，却伴随着这个百年老厂一起走过抗战，直到迎来中华人民共和国成立后新的辉煌。在毛根执掌江南造船所的22年里，造船所共造了502艘船，而在这之前的40年内，江南造船所总共只造了15艘船。

20世纪30年代的上海已经是远东第一大都市，其城市经济总量、金融证券市场规模仅次于纽约、伦敦，超过巴黎，也超过东京和大阪的总和，但无论是雷士德、毛根，还是奈格，与上海的缘分都在30年代之前戛然而止了。

20世纪初的江南造船所

建筑奇才邬达克的"黄金时代"

20世纪20年代初,伴随着黄浦江水深的不断增加和江南造船所开始进入全盛时期,上海这座城市逐渐展露出国际大都会的雏形,而此时,一位建筑世家出生的匈牙利小伙子已经在美国人开的建筑公司里工作了一段时间,与其他人相比,他流落上海的经历更加传奇,他就是建筑奇才——邬达克。

1914年邬达克大学毕业没多久,第一次世界大战爆发了,他代表奥匈帝国参战,1916年,军队遭遇伏击,邬达克变成战俘,被送往西伯利亚的战俘集中营,在那里度过了两年。1918年一战结束后,25岁的邬达克本应该从西伯利亚往西回到欧洲,结果为了避免回到捷克继续打仗,他就跳上火车逃往东方,辗转来到上海,邬达克很幸运,他来上海后的几十年,恰好赶上了上海建筑业的"黄金时代"。

20世纪30年代的上海是一座完完全全的国际大都市,来自各国的建筑师和大批的"海归派"带来了世界上最先进时髦的建筑理论、建筑模式和建筑材料,上海因此成为展示世界近代建筑风格的大舞台。邬达克很快就在美国人开的建筑公司克利洋行里做助手,其间还学会了汉语,虽然一开始他只是担任绘图员,但这个职业的前景非常好,随后邬达克以飞快的速度,先当上了经理,后又当上了合伙人。在克利洋行的七年中,邬达克设计了一批包括医院、俱乐部、学校、银行、教堂、电影院、剧院在内的

邬达克

建筑,这段时期他的代表作便是沐恩堂。沐恩堂带有明显的复古主义的色彩,虽然克利洋行给了邬达克不错的发展机会,但偏古典主义的设计风格并不是邬达克所喜欢的。七年后的1925年,在岳父的资助下,32岁的邬达克在上海组建了自己的建筑设计事务所。

在外滩24号,也就是横滨正金银行的大楼里,邬达克租了一处办公室,从此开启了他具有个人特色的"黄金年代",邬达克的建筑才华很快被这座城市认可,并得到充分施展。1931年,四行储蓄会根据当时地价猛涨、投资房地产有利可图的契机,决定投资兴建"上海四行储蓄会二十二层大厦"。为了把这座大厦建成最有标志性的摩天大楼,四行储蓄会曾邀请多家外国知名公司设计,最后邬达克在这次竞标中表现突出,最终拿下了足以名垂青史的重要工程,这座大厦落成后更名为"国际饭店",上海日报社城市和建筑历史专栏作家乔争月介绍说:"因为上海的土地属于软土层,所以工部局不允许建很高的楼,邬达克经过详细的测算,认为国际饭店只有建22层的高度才是最合算的,再往高就不合算了,因为高层的电梯运行成本大,再降低也不合算,必须建这个高度。"

邬达克设计的"远东第一高楼"国际饭店

上海位于长江三角洲冲积平原，地基松软，在这里建造摩天大楼必定会面临前所未有的挑战，因此，在建造技术和建筑材料的选择上必须有新的突破。1934年12月底建成的地下2层、地上22层，高83.8米的国际饭店，无疑是邬达克影响最大的建筑作品。这座大厦建成后近30年内，一直是"远东第一高楼"，直到20世纪80年代中叶，国际饭店始终保持着上海高度的神话。

1933年，邬达克接到了重新设计大光明电影院的订单，原本生意不景气、很不起眼的电影院经过邬达克的重新设计之后，成了"远东第一影院"。邬达克特别擅长"螺蛳壳里做道场"，大光明电影院坐落在一块很糟糕的基地上，但是业主的要求却很高，要求他设计一个可以容纳2 000名观众的大型电影院，邬达克改了很多稿，不停地优化内部的空间设计，最后他设计出了一个腰果型的休息厅。今天走进大光明电影院，我们依旧感到空间非常流畅，毫无逼仄感，一进门就有一个很大很漂亮的楼梯在迎接着观众，而主放映厅也非常大气。

1947年，功成名就的邬达克离开上海，但他一生中90%的建筑作品却永远留在了这座接纳过他的城市。

上海交响乐团的奠基人梅百器

2018年4月21日，中央电视台《经典咏流传》节目年度盛典现场，一位年近九旬的老人扶着钢琴颤巍巍地坐下，10秒钟之后，全世界都安静了下来，这首她弹奏了59年的乐曲再一次流淌出动人的旋律，以震撼人心的力量，感动了所有观众。已过耄耋之年的巫漪丽是新中国第一代钢琴演奏家，《梁祝》钢琴演奏缩谱的编写者与首演者，32岁时，她已经是新中国第一批国家一级钢琴演奏家，而她音乐生涯的开始是与一位钢琴大师的启蒙和教育密切相关。1939年，当时只有9岁的巫漪丽有幸成为一位世界级钢琴演奏家的首位儿童学生，这位钢琴家当时还是上海公共乐队的指挥，名叫梅百器，梅百器与上海的缘分，还要从1902年说起。

1902年，成名于意大利的钢琴家梅百器开始了世界巡演，或许当时他自己也不会想到，这场巡演会持续16年之久。16年后，梅百器来到了上海，下船后

梅百器

就因病住进了医院,而且这一病就是几个月,直到1919年2月他才康复。1919年4月,梅百器在上海开了一场音乐会,上半场是钢琴独奏,下半场是乐队演出,他负责指挥,那场音乐会非常轰动、非常成功。

结束了上海巡演的梅百器,准备去往印度尼西亚的苏勒巴亚,当他坐在黄浦江中的一条小舢板上划向大汽轮,准备开始自己的旅程时,梅百器得到了上海工部局董事会将自己选为上海公共乐队新任指挥的消息,在写给妻子的信中,梅百器写道:"吉普赛式的生活已经够了,我们要搬到上海了。"或许这就是梅百器和上海奇妙的缘分,1919年9月1日,梅百器正式上任,成为上海公共乐队的指挥,随后开启了乐团历史上长达23年的"梅百器时代",并打造出了当时远东地区最优秀的一支乐团。上海音乐学院副研究员韩斌说:"梅百器是中文名字。他是指挥家,但他是以钢琴家出名的,他并不完全以指挥家而出名,他的钢琴弹得非常好,他是李斯特的再传弟子,也是傅雷之子傅聪的老师。"

俄国十月革命后,一大批俄国音乐家流亡上海,二战期间,犹太音乐家也避难于此,当时的梅百器正值事业的黄金阶段,并且早有组织交响乐队的愿望。梅百器留在上海后,于当年11月就举办了第一场音乐会,当时乐队有36人,其中菲律宾人22个,欧洲人14个,梅百器感到乐队人还是不够。1921年,董事会同意他去欧洲招募演奏员,这一次他又招来了6位演奏员,其中有一位叫富华,很多年以后富华就成了这个乐队的指挥。

梅百器不光教人演奏乐器,更主要的是做教育训练,也就是教人如何欣赏音乐,是梅百器把这个理念带到了上海,直到如今,上海交响乐团依旧遵循着这个理念。当时,随着上海公共乐队的名声越来越大,这使远在北京的中国音乐教育家、作曲家萧友梅也有所耳闻,正值他辛苦经营的音乐传习所因为师资力量的问题难以为继时,他做出了一个对中国音乐史发展有着重大影响的决定——把音乐传习所搬到上海,成立了上海国立音专,也就是上海音乐学院的前身。上海音乐学院不仅培养了大量中国学

梅百器（二排左六）与学生们的合影（前排右一为巫漪丽）

生，而且很多教师本身就是上海公共乐队的演奏家。

梅百器是西方文化的使者，他在一定程度上也促进了西方先进思想的传播和普及，在他的主持下，上海公共乐队的艺术水准大幅提升，交响乐在上海的普及也取得了可喜的成绩。1941年12月7日，太平洋战争爆发，日军进驻公共租界，上海公共乐队被日军接管，更名为上海音乐协会交响乐队，1942年5月31日傍晚，上海公共乐队在兰心大戏院举办了告别音乐会，梅百器除照常指挥外，还演奏了自己最拿手的曲目——贝多芬的《热情奏鸣曲》，之后便愤然辞职，1946年他病逝于上海的家中。

1959年，在梅百器举办告别演出的兰心大戏院，由上海音乐学院学生创作的小提琴协奏曲《梁祝》首演成功，巫漪丽成为《梁祝》钢琴伴奏缩谱的编写者与首演者，承继着梅百器衣钵的上海交响乐在他去世13年后，再一次感动了世界。

为上海城市发展做出杰出贡献的饶家驹、鲍立克

1937年8月13日，淞沪抗战爆发，成千上万的普通百姓流离失所，沦为难民，此时，一个名叫饶家驹的法国人出面在方浜中路至人民路的区域，建成了一个让30万中国难民逃离战火的"南市难民区"。饶家驹首创

的保护平民安全区模式直接促成了战后《日内瓦条约》的修订，并在其中加入战时平民保护的相关条款，成为写入国际公约的第一个"上海模式"。上海师范大学都市文化中心主任苏智良介绍说，"南市难民区"最多的时候有30万难民，为此饶家驹要去"化缘"，他甚至还跑到华盛顿向罗斯福总统求援，向他介绍难民保护区的情况，结果罗斯福总统提供了70万美金的援助。

淞沪抗战期间，日本侵略者随军记者拍摄的战争纪录片使我们在80年后的今天，能有幸目睹饶家驹当年的身影。饶家驹是法国桑特市人，1913年就来到上海，对上海有着很深厚的感情。从1937年11月到1940年6月，饶家驹一直维护着难民区的安全。他对难民非常友善，他的口袋里永远装着给小孩子的糖果，当年难民们提议说，要把方浜路改名为"饶家驹路"，而上面的一座木桥就改名为"饶家驹桥"。这些事例表明，饶家驹用他善良和爱心赢得了中国人民的尊敬，更重要的是，他的勇气和实践，建立了二战中最出色的难民中立区。他不仅仅保护了30万中国难民，而且这样一种模式为人类文明的进步提供了借鉴，对于饶家驹开创的这一难民保护模式，国际红十字委员会图书馆与公共资料馆历史研究员丹尼尔·帕米尔耶里给予了高度评价，他说："这是一个中立的、只有一平方公里大的保护区，它没有先例，它是一个战时成功建立的保护平民的管辖区，我认为饶家驹开启了一个保护区的新模式。"

饶家驹在抗战中为保护流离失所的难民做出了巨大的贡献，而于1933年迫于国内纳粹势力来到上海的德国建筑师鲍立克则为战后上海的重建贡献了他的智慧。鲍立克来到上海后，经营着好友留下的建筑设计事务所，主持了沙逊老宅、孙科南京住宅等建筑的室内设计。1943年，圣约翰大学建筑系成立，鲍立克成为该校的教授，他也是其中唯一的都市计划学教授。抗战胜利后，上海市都市计划委员会迅即成立，着手编制全新的"大上海都市计划"，虽然1929年的国民政府也有类似规划，但因无力收回租界，只做了偏安于江湾一带的区域性规划，由于鲍立克的专业背景，理所当然地成为新"大上海都市计划"的核心人物。1946年，鲍立克领衔的规划小组完成了"大上海都市计划"的初稿，几年后，鲍立克亲历了解放军

鲍立克

进入上海的盛况,对共产党和新政府产生了更多的好感。1949年6月,鲍立克和他的团队完成了"大上海都市计划"的第三稿,并交到当时的上海市市长陈毅的手中。

作为中华人民共和国的第一部城市规划文件,"大上海都市计划"为上海未来发展做出了详尽的阐述,至今一直影响着上海城市建设的发展。同济大学建筑与城市规划学院副教授侯丽说:"鲍立克团队提出了非常现代化的高架快速干道网络的设计,把铁路和汽车的快速道全部都高架并行,这是一个直接穿入市中心的完整的网络体系,这在当时是非常激进的。我想当时很多人也是非常惊异的,但上海能够在宣布浦东开发开放以后,迅速地完成内环线的建设,包括后来的中环和外环的建设,而且全部是高架的体系,这多少带有当时的影子。"鲍立克团队设计的火车站,强调了南北的跨越,人们可以方便地到达和离开。20世纪80年代上海北站改建时,就有南广场和北广场的概念,最后得以实现,也可以看到鲍立克的影响是如何跨越时空,在几十年后重新得到体现的。

在鲍立克最困难的时候是上海接纳了他,他从1933年起一直住在上海,并专注于"大上海都市计划",直到1949年10月他才离开上海,重返德国。1949年8月12日,《日内瓦第四公约》诞生,饶家驹提出的战时平民保护区模式被列入国际公约,这种难民区救助方式还被称为"上海模式",成为战时各国遵守的国际准则。他们是外国人,却都在上海这片热土上,挥洒了青春、热血与智慧。

"大上海都市计划"设计图

藤本道生：让紫藤花见证中日友谊

每年4月，嘉定紫藤园花期正盛、游人如织，紫藤花穗成串悬垂，似花瀑般在眼前倾泻而下，随风摇曳送香，游人宛若置身紫色花海之中。人潮花海间，一位西装笔挺的银发老者漫步其中，时而环顾，时而凝望，满目深情，就像看着自己的孩子，这位年过耄耋的老人有一个埋藏已久的心愿，希望百年之后，能将自己骨灰的一半埋在日本，一半撒在上海嘉定的紫藤花下。

这位老人来自日本冈山县和气町，他是嘉定的"紫藤园之父"，名叫藤本道生。受家乡和朋友的影响，藤本道生从小就对上海有着很好的印象，他小时候有一个忘年交，以前是在上海做贸易生意的，做得非常成功，也结交了很多上海的好朋友。回到日本后，他一直对这段时光非常怀念，也经常跟藤本道生讲起在上海的故事，这让藤本道生从小就对上海有非常亲切的感觉。

20世纪80年代，中日两国民间交流日益活跃，民间友好成为推动两国关系发展的重要力量。时任冈山县和气町町长的藤本道生建议在中国选择一个地区长期友好交往，最终定在了民风淳朴、交通便利的上海嘉定。

嘉定紫藤园

对于展开友好交往，藤本道生是这样讲的："在和气町曾有一位非常著名的人物叫和气清麻吕，他资助遣唐使到中国长安学习，这些遣唐使回国后，让日本的制作工艺大放异彩。我们应该向祖先学习，也需要发挥这样的作用，像'平成遣唐使'一样，与中国进行交流，我们最终决定跟上海嘉定进行友好交往。"

1987年11月，藤本道生首次访问上海嘉定，受到了嘉定人民的热情款待，他把在访问期间的所见所闻如实地带回日本国内，凭借在日本较高的政治地位和良好的社会声誉，积极宣传中国改革开放以来的崭新气象。此后他不断组织青少年和专业技术人员开展互访，感受两国文化，实实在在地推动了两国关系的健康发展。中日两国有着共同的文化，藤本道生十分期待两国国民一起携手合作、共同进步。

1997年，为纪念和气町与嘉定开展友好交往十周年，藤本道生从和气町紫藤公园中精选出花穗长、花色美的品种，嫁接培育了30余种、120余株紫藤幼苗，亲自栽种在嘉定城南古城河畔，对于这一灵感的产生，藤本道生回忆说："100多年前，东京的议员们就将3 000多株樱花树苗种到了美国华盛顿的波多马克河畔，如今那里也成了全世界非常著名的赏樱景点，为纪念和气清麻吕诞辰1 250周年，开放的紫藤园给了我灵感，我开始与政府部门洽谈这件事。"从选址到栽种，藤本道生都亲力亲为、严格要求。1999年，嘉定紫藤园正式开园，在随后的20年里，藤本道生坚持每年都来嘉定，像看护自己的孩子一样看护着紫藤，观察它们的长势，指导修剪养护，紫藤园的工作人员也在藤本道生的身上学到了精益求精的

"工匠精神"。那时,他坚持身体力行地跪在地上嫁接每一株紫藤苗,就连搭建紫藤花架所用的钢材也是藤本道生通过外事办调到嘉定的。

从藤本道生第一次来中国算起,已经过去了30多年,其间他往返上海近100次,藤本道生不但见证了改革开放以后上海经济的飞速发展,也用满园紫藤花与这座城市结下了深厚的情谊。2018年9月30日,藤本道生获得了上海市对外表彰的最高荣誉——"上海市荣誉市民"。如今,藤本道生还是会一如既往地出现在嘉定紫藤园中,随着年龄越来越大,他开始培养年轻人对紫藤进行修剪护理,永远守护和陪伴紫藤园是藤本道生的夙愿,他希望后辈们能继承自己的事业,让象征中日友谊的紫藤花在上海永远绽放。

古林恒雄:"白玉兰"精神的实践者

20世纪80年代,来上海的外国人逐年增多,他们中有很多人为上海的经济建设和社会发展做出了突出贡献,上海市政府决定对与本市开展友好交流合作、经济建设和社会发展中做出积极贡献的外国专家进行表彰。

1988年,在藤本道生与嘉定建立友好关系后的第二年,经国家外国专家局同意,上海市外办开始筹备首次对外表彰仪式,并特制了正面印有上海市市花白玉兰,背面印有上海地标外滩景色的铜制纪念奖牌。1989年1月20日,在上海市外事办公室百花厅举行的新春招待会上,首批获奖的外国专家盛装前来,从上海市政府领导手中接过印有"上海感谢您"的白玉兰铜制纪念奖牌,这就是"白玉兰纪念奖"的前身,也是上海市首次进行的对外表彰。排在首位的获奖者是中国福利会顾问、从事儿童健康教育的美国人耿丽淑,耿丽淑是宋庆龄的好友,在1949年前曾两度来华帮助中国人民的进步和解放事业。值得一提的是,耿丽淑也是"上海001号"永久居留证的获得者,成为居住在上海的外国人中获得永久居留资格的第一人。

1992年,上海市确立并完善了"白玉兰纪念奖""白玉兰荣誉奖"两

外国人在上海

1993年1月18日，第一届上海市白玉兰荣誉奖授奖仪式

古林恒雄展示他获得的白玉兰奖章

个层次的白玉兰奖表彰制度。1993年1月18日，上海市人民政府第一次正式向9位外籍人士颁发了"白玉兰荣誉奖"。1997年，上海市对外国人奖励的最高形式"上海市荣誉市民"正式诞生。"白玉兰纪念奖""白玉兰荣誉奖"与"上海市荣誉市民"一起构成了上海市对外表彰的系列奖项。上文提到的藤本道生就是2018年"上海市荣誉市民"的获得者，而这里要说到的古林恒雄则于2003年和2007年，先后获得"白玉兰纪念奖""白玉兰荣誉奖"，并于2009年获得上海市外国人永久居留权。

时光追溯到1972年9月，日本首相田中角荣访问中国，中日建交，两国关系步入了一个新时代。1978年，十一届三中全会确定的改革开放政策推动了中日两国民间交流的发展，党的十一届三中全会召开期间，作为日本钟纺株式会社代表之一的古林恒雄就住在北京饭店，参与中国推进"聚酯工业化项目"的竞标。

上海华钟袜子有限公司开工典礼剪彩仪式

经过激烈竞标，日本钟纺公司最后胜出，古林恒雄代表钟纺株式会社向中国有关部门推荐了"聚酯直接连续纺丝法"，这项先进技术被上海金山石油化工总厂采纳。古林恒雄作为金山石化涤纶二厂项目日方驻现场总代表来到上海，并参与金山石化总厂的国家级涤纶成套设备引进项目。古林恒雄认为，随着中国人口越来越多，要解决好穿衣问题，光靠棉花面料难以为继，化纤是一个很好的选择，金山石化涤纶二厂的建设项目旨在为每个中国人每年供应一件衣服，1983年11月，该项目大获成功。

1987年，钟纺株式会社又与上海纺织局下属的第十九棉纺织厂合资成立了沪上第一家中日合资的纺织企业——上海华钟袜子有限公司，古林恒雄说："华钟这个名字中，华是中华的'华'，钟是钟纺株式会社的'钟'。"华钟公司生产的丝袜一上市就受到了上海女性的欢迎，当时大家都要到第一百货商店排队购买，但即便如此也不一定能买得到。华钟袜子在上海的成功让古林恒雄信心倍增，接下来他们在上海又陆续成立了几家合资公司，为中国引进外资企业数百家。古林恒雄，这位中日经济界的元老对上海做出了巨大的贡献，"开拓创新、奋发向上"的白玉兰精神，在古林恒雄的身上体现得淋漓尽致。

夏邦杰：为上海留下建筑杰作

改革开放初期的中国是一片热土，吸引着来自世界各地的建筑设计师，1984年，对中国充满好奇的法国建筑师夏邦杰首次来到上海，当他看到刚刚建成不久的上海宾馆这幢90多米高的准现代主义建筑时,他的神经被触动了,并当即决定在苏州河边买下一套房子,以备来沪时居住。

初来上海时,夏邦杰觉得这就是一座沉睡的城市,他回忆说:"晚上照明不够,城市显得比较安静,那时只有几家对外开放的酒店,但设施比较陈旧,整个城市不是很有活力。记忆中,我在浦东散步的时候,周围还是一些农田和农民的住房,南浦大桥正在建设中,去浦东必须坐船。"虽然初来乍到的夏邦杰对上海一见钟情,但作为建筑设计师,他的第一个设计项目真正落地却是十年以后的事情,时任华东建筑设计院副院长的曹嘉明对此事记忆犹新,他说:"我告诉夏邦杰,上海有一个非常重要的项目上海大剧院要启动招标了,听说此事时,他两眼放光,因为他对剧院有着非常深厚的感情,他的祖父就在剧院工作,从小他就在剧院里长大。回到巴黎后,他就给我发了一份传真,说他决定参加这个项目的投标。"

1994年,夏邦杰和他的事务所在国际竞标中胜出,赢得了上海大剧院的设计项目,此时距离他1984年第一次来中国已经过去了整整十年。对于上海大剧院的设计方案,曹嘉明介绍说:"上海大剧院的造型体现的是中国天圆地方的传统思想,和对面正在施工的上海博物馆天圆地方的造型形成了一个对话,同时又很像一个聚宝盆。"中标只是项目开始的第一步,接下来还需要双方进一步协调和沟通,当时,夏邦杰是按照欧洲建筑界的通行做法开出的设计费,占到了整个项目预算的14%,这个费用对于1994年的上海来说,不仅是天价,甚至有些匪夷所思。其实在西方,建筑师所承担的工作范围和中国建筑师还是有些不同的,他们除了负责设计以外,

夏邦杰绘制的上海大剧院设计稿

还负责监造，这个项目的设计费最后谈到只占4%，但是夏邦杰的工作职责丝毫没有减少。夏邦杰为上海大剧院的建设投入了全部的情感和心血，初步设计还未完成，整个人就已面容憔悴、消瘦大半。为了保证大剧院建设的正常节奏，经过双方协商，设计的主体方由夏邦杰事务所转移到了华东建筑设计院。

1996年7月2日这一天，上海大剧院正面临着建造以来的最大挑战——飞瓦形钢结构屋顶的提升和定位，因为整个屋顶所用钢材的总重量已经超过了巴黎的埃菲尔铁塔，对于那一天的施工情形，参与了这个项目的曹嘉明说："施工单位是江南造船厂，他们用造船的技术把整个屋顶升上去，当时非常紧张，因为在顶升的过程当中，如果有一点偏差的话就会前功尽弃，当顶升上去以后夏邦杰非常高兴。"

1998年8月27日，高度仅40米，但造价高达12亿元人民币的上海大剧院正式开业。上海大剧院外立面由玻璃和大理石组成，从上至下晶莹透亮，是现代化与民族风的结合，夜晚通过光线照射，晶体的立面、屋顶组合的光幕与喷水池的水光反射相映，把整个建筑物幻化成美轮美奂的水晶宫殿。上海大剧院采用拉索的玻璃幕墙，这个技术是首创的，可容纳1 800个座位的大厅的设计，非常摩登、非常时尚。中国科学院院士郑时龄认为是上海有容乃大的气度接受了夏邦杰的设计，才有了如今的上海大剧院。上海大剧院设计项目一炮而红，让夏邦杰和他的建筑设计事务所声名大噪，随后他又主持设计了南京路步行街、浦东世纪大道等地标，逐渐成为在中国最著名的法国建筑设计师之一。

诺扬：热心城市治理和社区服务

上海有2 000多万人口，约有6万辆出租汽车，打车碰到同一辆车的可能性非常小，被司机认出来的概率就更低了。可偏偏就有一个老外，遇到了这样的巧事，他刚开口便被出租车司机一眼认出。

每一个巧合背后往往都会有精彩的故事，这个老外名叫诺扬·罗拿，是上海出租车行业的"圈内名人"，不但为的哥的姐进行过英语培训，每年还参与出租车行业的服务评估。除此之外,在路口、社区居委会、养老院等地方都能见到这位土耳其老外的身影。来到中国30年的他有着对这个国家改革开放以来的"独家记忆",从一名留学生小伙,到不折不扣的热心市民,他用自己的行动诠释了什么是"中国心、上海情"。诺扬是中国与土耳其建交后第一批公派到中国的留学生,也是迄今唯一一个在中国取得硕士学位的土耳其公民,1983年,从土耳其安卡拉大学汉学系毕业的诺扬被公派到北京语言学院进修汉语,之后在武汉大学攻读历史系硕士学位。

一部80年代由上海电影制片厂摄制的青春校园片《女大学生宿舍》,其外景主要在武汉大学拍摄,有趣的是,热心的诺扬就在群演队伍当中,虽然只出现了短短4个镜头,但诺扬却非常自豪,他还因此拿到了五块钱的片酬。硕士毕业后,诺扬先后任职于土耳其外交部、土耳其驻华大使馆、土耳其驻上海总领事馆,也许是学生时代的机缘,参与上海电影制片厂的拍摄给他留下了良好的印象,诺扬在中国辗转了几个城市后,最终选择定居上海,并在银行工作。说起留在上海的原因,诺扬说:"上海是一个很有活力的城市,天天有变化,天天有发展,天天有更新,这很吸引人。你可以在这个环境中找到自己的位置,找到自己发展的路。"

诺扬定居上海后,居住在长宁古北新区,他所在的荣华居委会有着近2 000户境外居民,是当时居住在上海的境外人士最为集中的地方。偶然的一个机会,荣华居委会的工作人员在小区调研,热心的诺扬主动上前询问,慢慢接触并融入其中。与大多数老外不同,诺扬积极参与社区活动,

诺扬担任交通协管志愿者

跟居委会建立联系，除了时常向居委会反映情况，最吸引诺扬的是小区里那块"文明家庭"的铜牌，他也想要一块这样的铜牌。

很难想象，一个每天从事着银行工作的老外居然这么接地气，还对上海的城市治理如此上心。脱下西装，穿上志愿者马甲，诺扬就会出现在上海的某个路口，参与不文明现象整改、交通协管、垃圾清理等活动，而对于一些不文明现象的处理，诺扬有着自己的办法。他说："首先要尊重当事人，如果你不尊重他，他肯定不高兴，他能接受的也不接受了。比如有人把一个喝完的杯子随手就扔了，如果我说你为什么扔，他肯定会跟你搞，但如果我说先生你掉了一个杯子，或者说你不要扔在这里，你看前面十米处有个垃圾桶，你可不可以放在那里，他就会接受这样的做法。"对于社区治理，诺扬形成了很多独家经验，诺扬说："我没有把自己看成一个外国人，我是这个社会的成员，既然住在这个城市，既然在这里生活、工作，就要对社会有责任感，我觉得每一个上海人都要对这个城市有一份责任，还应该要管一点'闲事'。"

2010年，全球瞩目的上海世博会开幕，诺扬就任"外国志愿者团队"的团长。由于在社区、世博会志愿者活动中的突出表现，他获得了2012年"上海市荣誉市民"的光荣称号。

星屋秀幸：浦东改革开放的见证人

1995年，日本人星屋秀幸因工作原因开始长住上海，星屋秀幸与诺扬有着相似的经历，同样是在北京语言学院学习汉语，同样在中国辗转几个城市之后，与上海结下了缘分。

在浦东开发初期，星屋秀幸毅然决定将公司办公场所从浦西的瑞金大厦搬迁至浦东的森茂大厦，成为沪上第一家入驻该大楼的日企。星屋秀幸不但是浦东改革开放的见证人，也是中日经济和城市合作发展的助推者，他与上海的缘分要从1979年说起。

1979年9月8日，星屋秀幸乘坐日本航空的班机，行李箱里带着一本二手的《毛主席语录》、辞典、相机、收录机和一些基本生活用品踏上了

在北京语言学院学习期间的星屋秀幸（左二）

中国的土地，星屋秀幸所在公司三井物产派他到北京学习一年，那时他29岁，能不能学好汉语是星屋秀幸最担心的事。1979年12月，当时正在北京语言学院读书的星屋秀幸从电视里看到了日本首相大平正芳在北京发表的演讲："今后在（日本）全国范围内，为助力中国经济发展，将推进企业、市民、大学等进行广泛的对中合作，即使日中两国历经很多磨难，但若站在日中友好交流的历史上来看，是可以共同携手度过的。"这些话语令星屋秀幸顿时热血沸腾，可以说大平首相在北京的演讲确定了星屋秀幸的人生方向。

一年留学生活结束后，星屋秀幸没多久就被委派到天津，从事三井物产天津事务所的相关工作。1990年，星屋秀幸突然接到经营管理层的特殊命令，请他促成与宝钢的业务合作体系。之后，他每月前往上海进行方案磋商，一年后成功地促成了合作。

就在星屋秀幸往返于天津和上海之时，1990年4月18日，国务院正式宣布开发开放上海浦东，由此奏响了中国新一轮开发开放的号角。但浦东开发初期可谓困难重重，时任上海市副市长、浦东新区管委会主任的赵启正对此深有感触，他深感如果浦东的知名度不够，存在感不强，何谈到浦东来开发、到浦东来合作？

1994年，三井物产的合作伙伴森大厦株式会社在浦东取得了土地使用权，要建造两栋摩天大楼，一栋叫上海森茂国际大厦，即现在的上海恒生银行大厦，另一栋就是上海环球金融中心。作为三井物产的投资方，森大厦邀请他们入驻其中的上海森茂国际大厦，当时这栋大楼还在建设中，为此星屋秀幸特地到浦东进行考察,星屋秀幸回忆说:"我看到浦东的这些工地以后,吓了一跳,因为当时的浦东还有农田和荒地,很荒凉,森大厦的森稔社长说服我,劝我搬家,说浦东开发项目是有希望的。"1995年,星屋秀幸再次被派往上海,担任三井物产上海总经理,于是他们举家搬迁到了上海,从1995年到2003年,他在上海长住了8年。

当时森大厦株式会社的社长森稔十分看好浦东的未来,作为日本最大的房地产开发商,他们也是最早在上海投资地产的日本企业之一,而此时的星屋秀幸却面临着前所未有的压力。三井物产上海办公室所在的瑞金大厦地处浦西的黄金地段,如果搬迁到浦东陆家嘴的上海森茂国际大厦,不但三井物产总部对浦东的前景持怀疑态度,就连上海的员工也非常反对。1996年3月,犹豫不决的星屋秀幸决定去见时任上海市副市长、浦东新区管委会主任的赵启正,赵启正副市长告诉星屋秀幸,浦东的未来值得期待,如果三井总部领导对浦东的未来没有信心的话,他到东京出差时会亲自去说服三井的最高领导。赵启正的一番话给了星屋秀幸决心,最后他把办公室从瑞金大厦搬到了浦东。

1998年6月,上海三井物产办公室搬迁至森茂大厦45楼,之后三井物产在上海的业绩飞速飙升。上海市人民政府高度评价三井物产最早将办公室搬迁至浦东的勇气以及公司业绩发展对于浦东开发做出的贡献,1999年星屋秀幸荣获了"白玉兰纪念奖",2003年又获得了"白玉兰荣誉奖"。2003年,星屋秀幸完成了在上海三井物产的任期,调离上海,回到了日本东京。2008年8月29日,森大厦株式会社在浦东的另一栋摩天大楼——上

2003年星屋秀幸（左二）获得上海市白玉兰荣誉奖

海环球金融中心竣工，而就在这一年，星屋秀幸也正式进入森大厦担任特别顾问。

马溯：为魔都创造建筑新高度

美国设计师马溯是全球屈指可数的超高层建筑设计师，上海中心大厦是他为上海量身打造，又在恰当的时间里建成的一座恰当的建筑。如今，上海中心大厦已经成为这座城市高度和速度的象征，诠释着魔都独有的魅力和影响力。

上海中心大厦是目前上海最高的摩天大楼，经过国际招标，美国建筑设计事务所的"龙型"方案中标，马溯·斯特巴拉担任首席设计师，马溯介绍说："我们第一次竞争时，上海环球金融中心刚刚完工，我们试图将上海中心大厦定位在它的附近，做它的好邻居，这样一来，它不会阻碍金茂大厦的视线，也不会挡住上海环球金融中心的视野。"

全球三座超高层建筑都蕴含了马溯的设计才华和匠心，之前，他带领团队设计完成了828米高的迪拜塔和450米高的南京紫峰大楼，而上海中心大厦则是他带领团队为上海量身打造的。起初马溯团队的第一个设计方案是680米高的大厦，而后经过商议改成了632米，632米正好是金茂大厦到上海环球金融中心、上海环球金融中心到上海中心大厦的两倍的距离，所以在竞争初期，马溯团队就把这一项目看作是建筑的集合。上海中心大厦建设发展有限公司总经理顾建平介绍说："上海中心大厦的规模是非常庞大的，不光是高度，它的建筑面积几乎等同于外滩，有近60万平方米，有时候我们经常打比方说，上海中心大厦就是一座竖起来的外滩，像一座城市。"

为了节约能源，马溯带领设计团队在借鉴迪拜塔设计的经验基础上，提出了在上海中心大厦使用双重玻璃幕墙的方案，因为在一栋高楼里想看看城市的景色，玻璃是最好的，但玻璃是最差的绝缘材料，能量会从玻璃中泄漏出来。上海中心大厦的建筑设计借鉴了保温瓶的原理，即瓶子里还套着一个瓶子就可以使茶水保持温度，因为马溯团队想建造的是一座节省

上海中心(中)

能源的建筑。从高空俯视,上海中心大厦的外形酷似一个吉他拨片,随着楼层的增加,每隔一层扭曲近1度,目的在于减少风阻,延缓风流,这对于饱受台风困扰的上海来说尤其重要。这幢大厦的外立面从上到下旋转了137度,它创造了一种被称为"无序涡旋脱落"的现象,这使风变得混乱,整个大厦的外观呈螺旋式上升,从建筑表面的开口螺旋向上贯穿至顶部,搭配高耸入云的楼层,成为上海的城市天际线。

上海中心大厦是这座城市新的地标,也是城市的天际线,可以说,上海中心大厦承载了很多人的梦想。马溯认为金茂大厦这一座不锈钢塔型的摩天大楼,它代表着中国的历史,上海国际金融中心是日本开发商建造的,它代表着中国的现在,而上海中心大厦则代表着中国的未来。

2014年8月3日,上海中心大厦全面结构封顶,顺利到达632米最高点,刷新了中国第一高楼的新纪录,而这一年的9月,星屋秀幸再次返回上海,成为上海环球金融中心有限公司的总经理,与上海中心大厦成了邻居。2014年,为了加深白玉兰获奖者与上海的情缘,星屋秀幸还在日本东京发起成立了"日本人上海白玉兰会",并得到了上海市人民对外友好协会的支持,该会每年在上海或者东京组织白玉兰奖获得者聚会,为上海的发展出谋划策。星屋秀幸相信中日交流有无限的可能性,他决心用尽一生当好中日交流的使者。